政协委员履职风采·黄方毅

黄方毅◎著

中国文史出版社

黄方毅（2006 年）

2007 年考察上海浦东磁悬浮列车

2013 年 7 月接受香港文汇报记者凯雷采访

2016 年 2 月在菲律宾某论坛上作报告

2017 年 1 月老红军王定国 105 岁寿纪念会

2017 年 1 月，与周恩来侄女周秉德交谈

2017 年 3 月全国政协第十二届五次会议口头发言

目 录
contents

自述：往事拾零

建言献策　尽责履职

【提案】

文史资料工作

随感·报道

序

全国政协的中国文史出版社编辑来约我撰写回忆，置于本书首章作为开篇，起初我推却，一而再，再而三，经不住再三请求，诚心相邀，于是允下，拿起笔了。

自传是一生记录，自传是一生叙述，自传是一生回忆，自传是一生总结。

更为难得的自传，应当是一生的反思与批判。

但我此书不是自传，由于健康原因，客观限制，我之此书拟只叙少评，甚至多述不评，在此望见谅。而且我之此书确实算不上自传，它并非我一生全面的记录、叙述、回忆和总结，充其量不过是将一生迄今70年之中，今天仍有记忆而且看来尚有价值也适宜发表的回忆片断，林林总总，或长或短，记录下来。不求其精彩，只求其真实；不求其价值，只求其存在；不求其历史地位，只求于“40后”“50初”同代人之精彩斑澜之时代画卷，抹上自己虽普通却也独到的一笔！

70年前的国家、社会、城市、街头远非今日之景象。儿时尚有城墙，西直门、复兴门、宣武门、广安门；现在只有二环、三环、四环、五环、六环。儿时街上有牌楼，西单东单，西四东四；现在是立交桥，复兴门桥，建国门桥，西直门桥东直门桥。那时走出家门，多是胡同，没有小区；多为平房，少有楼房；楼只有三五层高，哪会有二三十、五六十层，悬在天上之楼。街上汽车很少，多的是马车、人力车，偶见骆驼，还有开起来叮当响的有轨电车，20世纪“困难时期”，街上一度出现一种装有烧炭锅炉、开起来突突响的车，或背上装有气囊的卡车。今日大城市里几乎家家有轿车，路上车辆排着队，行路之“堵”算得上都市“新常态”之一吧！过去公交车里偶有学生捧着书，边乘车边读书；今日公交车里十有八九都捧着手机，或在微信或在上网。时代发展，社会变迁，先人如此，我辈亦同。从这一角度讲，以免断代而将我辈所见所闻、所历所阅，记录下来，也算是对自己、对社会、对同龄、对后人一个交代吧！

与先人与前辈相比，我们“40后”“50初”之人是幸运的，无论如何我辈未曾经历战火，未曾身处真枪真炮的战争。世界进步，从之前几千年追求你生我死，到今天大多只争个你强我弱、你多我少，而非兵刀相见，肉体消灭。我辈预期寿命已在80岁左右，几十年中因病因祸业已结束其一生的，只占同龄人口的10%左右而已。

我父亲进入80岁时开始撰写其人生回忆，由于时代所限，原拟80万巨著的宏大计划后来只成文8万字，取名《八十年来》。我三兄黄万里有他人为其撰写传记《长河孤旅》，四兄黄大能写有其人生回忆《傲尽风霜两鬓丝——我的八十年来》。我的此书当然远非堪与父辈之书相比，但父有父书，儿有儿书，父言儿从，父行儿随。当然与父书有其时代限制，不能“知无不言，言无不尽”一样，我之此书亦是如此，读者当谅！

父有“八十年来”，儿有“七十年来”，有其父必有其子，有父书当有儿书。

70岁拿起笔，试写“往事拾零”。

这便是撰写此书提笔之初所思所想，记录下来，堪称前言，做个引子！

囿于健康原因，此书不拟写长，也为的是有朝一日，或能有条件，再拿起笔，写此书之续，或写我的“八十年来”，但愿能够。

自述：**往事拾零**

一、祖先故事

自从1965年底去八宝山革命公墓安放父亲遗骨开始至今50余年中，除了居住的家和上班的单位，我去的最多次数的地方居然就是这八宝山。父亲走后，1968年初送别“文化大革命”中不堪受辱而诀别人世的母亲姚维钧。此后尤其“文化大革命”结束之后又先后来此数十趟，送别一个个与我有直接间接关系的老人或亲友。每到这苍松翠柏环绕、肃穆静谧之地，哀乐声中，总是一次次地升华着我追寻先人的念想。国人爱国，系于一族。家人爱家，系于一家。我中华民族文字记载之始祖乃为尧、舜、禹，而于我之黄家——黄炎培家族：始祖是谁？如何发源开基？又如何演变迁移？这些问题经常盘念在心。

1969年11月3日奉中央令，我所在外贸学院（今对外经贸大学）全校迁至河南信阳地区固始县。21世纪初年，我竟发现此处正是黄氏祖先居住之地。

据《史记》记载，大约在公元前22世纪，即帝舜时代，东夷部落首领伯益助人禹治水有功，且“佐舜调驯鸟兽，鸟兽多驯服”，被舜赐姓嬴氏。伯益后裔有十支：徐氏、郯氏、莒氏、终黎氏、运奄氏、免裘氏、将梁氏、江氏、修鱼氏、白冥氏、蜚廉氏、秦氏、赵氏和黄氏，合称嬴姓十四氏。而之中黄氏大约在商末周初的公元前11世纪年代里，在今河南信阳潢川建立了黄国。周朝封其为子爵，故又称黄子国。春秋时期，南方楚国称霸，而只有黄国和随国不买楚国账与之抗衡。据《春秋》记载，公元前704年诸侯各国应楚子之约会于沈鹿，唯“黄、随不会”。公元前648年楚成王时代，黄国拒不向楚国贡献，受楚责问不予理睬，同时错误地以为黄国距楚地九百里之遥，没有危险，因而对楚不设防，该年夏天被楚所灭。亡国后黄国子孙即以黄为姓，大部分南逃至今湖北境内。今湖北黄冈、黄安、黄陂、黄梅等地均因黄人居住而得名。

另一说则认为黄氏是陆终后人。据《黄氏大宗谱》记载，陆终之长子昆吾之子高为黄氏一世祖。唐人林宝《元和姓纂》也称：“黄，陆终之后，受封于黄，为楚所灭，以国为氏。”宋朝郑樵在《通志·氏族略》说：“黄氏，嬴姓，陆终之后，受封于黄，今光州定城西十二里的黄国故城，在楚与国也，僖十二年为楚所灭，子孙以国为氏。”陆终乃是何人？据《史记·秦本记》记载，伯益是颛顼之玄孙，陆终也是颛顼之玄孙。可见，伯益与陆终均为帝颛顼后代，二人出于同一祖先，因而伯益或陆终之中谁是黄氏始祖则已非重要。关于黄国故城，文物工作者已有明确考证。挖掘出的黄国遗址在今天潢川县西北六公里处的淮河南岸、小黄河西岸。旧址呈长方形，南北长约1500米，东西宽约1300米，周长约2.8公里，城墙系黄土夯筑而成，高约3至5米，虽经几千年风雨但四面城墙仍在。城西是一群古墓，挖出过许多青铜器。城内遍布春秋文化遗迹，鼎足、鬲足、瓦当、箭头等到处可见。黄国青铜器黄太子伯克盘、黄父盘、黄群盘、叔单鼎等曾被郭沫若收录于其所著《两周金文辞大系图录考释》。据悉1978年潢川又收集到一批青铜器，其中有的器皿上刻有“黄孙须子白亚臣”，铭文中“黄孙”即黄国公侯，“须子”即须劲子，是伯亚臣的称号。由此证明，古代黄国在今日潢川应确属无疑。

中原大地，烟尘滚滚，金戈铁马，浩浩荡荡。民族之始，家族之先。黄氏家族，源于豫南。寻根故事从这里开始。

黄氏先祖中最值得一提的是战国时期楚国春申君黄歇。

黄歇生于战国晚期，时秦国入侵，目睹山河破碎，他立志复兴家国。少年的他能言善辩，智慧过人，危亡时刻挺身而出，只身赴秦，上书秦昭王，秦昭王读后深为叹服。一书退秦军的事迹传为美谈，后楚国成为战国七雄之一。楚与秦结盟，派太子熊完赴秦做人质。黄歇此时已任太傅，受命随太子来到秦都咸阳城。公元前263年楚顷襄王病危，派人赴秦欲召回太子，秦王不允。黄歇此刻清楚，若太子不归而楚王驾崩则楚国必乱。关键之时黄歇设计让太子装扮车夫混过了秦楚交界回到楚国，之后主动求见秦王报告：“太子已归，歇当死，愿赐死。”秦王听后大怒，当堂令黄自尽。但黄歇大义凛然，感动秦国众臣，相国范雎进言：“黄歇身为人臣，出身可以徇其主，太子熊完回楚继位后，必定重用黄歇，不如以无罪放黄歇回去，以表示秦对楚是友善的。”秦王接受了范的建议，待之以大礼送黄归国。黄歇又一次拯救了楚国。

后太子熊完即位，任命黄歇为令尹即相国，封他为春申君，赐予当初黄国所在地今潢川、固始等为封地。黄歇来到昔日黄氏故地，看到土地肥沃、民众安居而百感交集。昔日的黄氏先人曾关起门来自给自足以为天高皇帝远可以闹独立，故拒向楚国上贡而遭灭国之灾，今日我接受了此地会不会也招嫌受忌，也遭先人下场？何况这片肥沃之地收入我黄氏手中，国家不是受损失嘛！黄歇毅然将此封地全部献回楚王。然而民众仍然怀念春申君而把潢川城更名为春申镇，沿用到清代。

黄歇出任相国受封春申君后，以一己之贤明博得天下人心，声望愈隆，各地人才投奔，门下食客三千，与齐国孟尝君、魏国信陵君、赵国平原君并称战国四君子，甚至声势居于其他三位之上。当然，他选人重人品道德，后来做了秦国丞相的李斯曾欲投春申君门下而被拒之门外。黄歇发现学者荀卿即荀子品正才高，果断收其门下，并拜其为兰陵令，成就荀子一番事业。

黄歇所建功业中尤值一提的是开凿春申江即黄浦江。公元前247年，楚王鉴于黄主动献回封地，重新封他长江东部地区吴国故地废都苏州等地。黄歇初到江东，发现这里地处平原，土地肥沃，适宜种庄稼，只是受制于水患，正如几千年后马克思所指出的，东方社会治国即治水。聪明的黄歇紧紧抓住治水这一主线，首先率人攀上今浙江湖州安吉县龙王山，开江挖河，引水下山。又对娄江、吴淞江等年久失修河流疏浚。黄歇学习当年大禹治水的精神，以身作则，亲临现场，在江边铺草搭窝，与修河民工一起，同吃同住同奋战。民众深受感染，群情激昂，倾巢而出，自备干粮，携带工具，奋战在浦江大地上。经过多年的整治，终开凿成后来浩浩荡荡之大江。为纪念他，浦江即被称作黄浦江或歇浦江，又名春申江。

作为黄氏后人之我读到家族先人的这段历史，不禁扼腕。两千多年前春申君领人掘江治水成黄浦江，近百年前黄炎培率众修建上海至浦东的上川铁路和上南铁路。祖先开江，后辈建路，先天下之忧而忧，后天下之乐而乐。有此祖先，亦造就了父亲忧国忧民的情结。始有其祖，乃有其后。先春申君，后黄炎培。家族民族，代代相传。

二、内史第宅

北宋末年战乱，黄氏历经一番迁徙，于南宋初年落居浦东川沙高行镇。高行当时被称作“沪东首镇”，经济繁荣，人文鼎盛。黄氏在此繁衍相传20余代，人丁兴盛，三里长街遍住黄姓氏族，黄家在此修建了多处祠堂，还建有书屋，藏书万卷，既是黄家后人读书修学处，也是当地的文化中心，文人墨客常聚于此，吟诗赋词，作画行书。

内史第系1834年由黄炎培祖上沈树庸所建。沈中举后进京做官，在天安门东南角中书署任内阁中书，专司政令，处置奏章，权重一时。沈博学能文，酷爱书画，收藏颇丰。在家乡川沙沈修建内史第也专事收藏。据悉内史第藏有精品初帖三箱，有汉碑、唐石、宋拓数百件，尤其是沈树庸从西泠印社创始人黄易手中，觅得我国最早官定儒家经本的开山之作《熹平石经》的宋代拓本“小蓬莱阁本”残块，大为喜悦。后更从孙承泽处觅得《熹平石经》的“砚山斋本”，清时熹平石经只有三家有藏，除黄易、孙承泽外还有阮元“文选楼本”，三家珍本中沈一人已收其二于屋下，故将内宅二楼辟为“汉石经室”，引得江南名士纷至沓来，争相目睹，或题咏或考证，一时名声大振，川沙也得以名声渐响，内史第从而誉满江南，成为“富甲东南”的藏金楼。

内史第成为浦东文化瑰宝不仅在其丰厚的收藏，而且缘其优雅的风水景致和建筑风格。内史第坐北朝南，三进两院两厢式院落，南接王前街（今新川路），北临鸿园（今川沙书场），东邻兰芬堂，西靠南市街，是座典型的清代徽式宅第。高高围墙，门外小河，一棵几个人围不住的大银杏树，树旁有一眼井，内史第宅里宅外的人们在树下乘凉，在井里打水，在河边洗衣，其乐融融，一派小桥流水人家的江南水乡风景。黄炎培生于斯长于斯，对此留下深刻印象，70年后的新中国成立初年南下考察时发现许多水乡被改造，面目全非，黄极为痛心而上书毛泽东请求保护水乡尤其是周庄等地，毛泽东遂下令保护周庄，如今周庄成为举世闻名的旅游景地。内史第第一进后边为花园，东西两边为侧楼。第二进为正厅，后期悬挂着黄炎培题写的匾额“立本堂”。第三进为内宅，穿过第二进砖雕门楼是长长的天井，种有树木花草，内宅与厢房都是二层楼。内史第中的木刻石雕别具匠心，处处彰显书香门第的魂魄，最突出的是门框图，两侧为“案和石”雕刻有历代人物和花鸟虫草。门楼正面砖雕是“戏牡丹”状元游京和“状元献宝”的砖雕。“立本堂”柱梁上镶着紫檀制作的精致图案，栩栩如生，惟妙惟肖。

沈树庸的父母为沈老太爷和沈夫人吴氏，除树庸外还生有二女。大女儿嫁给黄炎培的祖父黄典谟，小女儿嫁给黄炎培的外祖父孟庆曾。黄典谟身材魁梧，为性情中人，是国学生，从其家高行移居南汇六灶瓦屑村，一段时间后又携妻小迁回内史第，夫妻育有六子。第三子黄林，又名黄叔才，秀才，私塾师爷，娶了孟庆曾之女孟樾清，成婚于内史第第三进东厢房二楼南首间，1878年10月1日在此生下黄炎培。黄炎培幼年起熏陶在这座文化浓重的书香名宅，6岁随母识字，逐渐博览家中藏书，临古碑名帖，摹汉石经墨，先后专习柳公权、王羲之等字帖。沈树庸幼子沈肖韵童年曾受教于黄叔才，成年后的沈肖韵又教授童年的黄炎培道德文章，对黄影响甚大。几十年后黄炎培在回忆姑夫时说：“问川沙百年来文化中心，必推我姑丈沈肖韵先生家……甲午后，锐然以新知识授我后进。”黄近10岁后因父长年在外，遂随母迁居外祖父孟宅东野草堂寄读。孟家系川沙望族，孟宅是座美丽的园林，树木环绕，花果满林。孟家誓不为官，而后黄成年后几十年也不肯做官。黄在私塾老师指导下饱读四书五经，阅遍诸子百家、二十四史。黄18岁时外祖父去世，又回内史第，继续寝馈于内史第书斋。黄炎培成年后，在内史第与王纠思成婚，先后生五男四女。大儿黄方刚为哈佛大学博士，归国在东北大学等任教。二儿黄竞武留美归来，新中国成立前夜被特务杀害。三儿黄万里系美国水利博士，1957年被打成右派且终生不悔。黄自是黄炎培的侄子，系20世纪30年代著名音乐家，1904年在内史第出生，留美耶鲁大学毕业，创作了我国第一部交响乐曲《怀旧》，后来发表著名的乐曲《梅花三弄》和《抗日歌》《九一八》《热血》等一批抗日歌曲，编著我国最早的音乐史，我国一批有成就的音乐家贺绿汀、刘雪庵、陈田鹤等均出于他的门下。1991年，川沙县政府重修内史第第三进院落，辟为“黄炎培故居”（陈云题）。

宋家三姐妹的父亲宋耀如又名宋嘉树，海南文昌人。1886年，20岁的宋留学美国后受美基督教会派遣回国，来到上海开始传教生活，后停止巡回传教来到浦东，成为川沙地方传教士。宋庆龄的母亲倪桂珍祖籍安徽桐城，遭贬到浙江宁波鄞县，祖父倪继山率宋庆龄的父亲倪蕴山迁到浦东川沙，1887年宋、倪成婚。倪蕴山曾受教于沈树庸之子沈毓庆，倪桂珍又是沈毓庆的学妹，久慕内史第的名望与文化，于是倪蕴山向沈租借内史第第二进西厢南侧上下四间房，做女儿女婿的新房。宋在川沙布道有方，在镇上常作讲演，10多岁的黄炎培听得有声有色，禁不住学起宋讲演时手舞足蹈的姿势。宋又借内史第的“立本堂”作为福音堂，为教徒做礼拜之用。1893年元月一天大雪纷飞，宋庆龄在内史第出生，1894年倪又在此生下长子宋子文，1897年生下宋美龄，宋家六个子女中有五个是居住在内史第时出生。1891年不甘于传教的宋耀如在内史第房中开办小型印刷厂，印刷《圣经》，十分畅销，赢得大利。当时川沙引进棉花种植的创始人沈毓庆正着手推广毛巾业，于是沈、宋合作，用宋从日本进口的编织机，在内史第办起了川沙第一家毛巾厂。同时宋、倪合作开办了一家小书店，由倪经营。随着事业的发达，1914年，完成了原始积累的宋、倪率子女全家离开内史第，迁往上海浦西市区，而宋子文继续留在川沙读书。可以说宋家儿女是在浦东川沙、在内史第度过了少年生活，除大女儿宋霭龄5岁便送到上海市区后又送到美国读书外，其余儿女均在川沙城厢镇上私塾里学习。1903年宋耀如还通过他的同学，美国牧师步惠廉，救出了在南汇新场讲演反清被捕而即将送于刀下的黄炎培等四青年，并掩护他们坐船去了日本。

胡适原籍安徽黄山脚下绩溪县，1891年生于上海。嘉庆年间，胡的祖上到浦东川沙开办了万和茶庄，将黄山茶叶运到上海来销。由于市场选择得当加之理财有方，茶店日渐兴旺。万和茶店离内史第很近，又久闻内史第名气，1894年胡适父母携3岁的胡适租下内史第第一进东厢房的房间，住有年余。后来童年胡适返回皖南老家，14岁时胡适来到上海市区住下，就读中学，开始了长年在上海的生涯。

三、未生俱来

1945年7月5日，父亲一行从延安回到重庆，友人一一登门相问，关切延安情景。为作答众友，父母闭门谢客数日，由父亲口述，母亲姚维钧执笔，写成《延安归来》一书，首次未经审查自行发行，在重庆等国统区产生极大反响，人们争相传诵，抢购一空，后来加印数次。随之，书里记载的“黄炎培周期率”故事也被人熟知。这本书改变了我家的命运。1946年1月26日，一群匪特闯入在重庆巴蜀中学旁菁园我家，翻箱倒柜，四处翻查。当时父亲正在参政开会，母亲怀着腹中的我。事发次日，在刚召开的政协会上，民盟和中共代表对此坚决抗议，中共《新华日报》头版报道并发表社论，讨伐当局。2月，父母率全家重返离别了9年的上海。之后3月25日，在母亲怀里仅8个月的我提前降生了。在此抄录父1946年日记中我出生前后有关部分：

《黄炎培日记》第九卷第124页至第140页（《黄炎培日记》第九卷，华文出版社2008年）：

“2.4. 偕维钧带当当坐……赴飞机场飞沪……维至此呕吐。三时抵上海龙华飞机场。”

“2.28. 维自廿五送六叔母殡，又发寒热，咳呛气喘，夜不安眠。”

“3.1. 维咳甚，昨又一夜不得安眠…迁入大华医院…夜仍甚咳，胸闷胀，彻夜惶急甚。”

“3.11. 昨夜维咳渐止，决趁今晨天有晴朗意出院……迁入职教社二楼二〇……”注：住院十天。

“3.24. 夜，若飞、博古来商谈。“

“3.25. 下午五时四十三分，男方回生。

“3.27. 到中共办事处访王若飞……到盟办事处共恩来、若飞及同人商谈。”

“3.28. 得起孟廿五信，知维廿五午入医院。

“3.30. 九时半始起飞……下午四时半抵上海龙华机场……先至枫林桥妇孺医院卅号房与维握见，虽尚在病榻上，气色好，精神健，视吾出门时大不同了。别室视所生婴儿亦好，从此吾放下一桩大心事。”

“4.3. 觅得乳母沈，验乳汁无毒，送往产院，始哺（音BU）新婴。”

“4.5. 维出院平安。”注：住院12天。

上述日记中记述了母亲生我之艰难和父亲忙于国事同时为出生前后的我之操劳。几十年后在政协会上我曾动情说，在座委员不少是从童年起，“与生俱来”参与政治斗争，我则是“未生俱来”，在娘肚子里尚未降生的我，便身临激烈场面，亲历严酷斗争。

我家返居上海后首先面临无处居住的问题，父亲抗战前居住的黄家阙路上的老房子早被日军炮火所毁。于是父母只好带着两个姐姐和刚出生的我，借居中华职业教育社楼上，这座淮海路旁雁荡路上的六层办公楼本系早年友人赠予父亲，父亲不受而由职教社接受作为办公楼。看到辛劳国事几十年的七旬老父无处安居，众老友看不下去，后来解囊相助，帮父亲购置了常熟路房子，我母亲又从娘家拿钱购置家具，我们终算定居下来。早产的我生下来才三斤多重，母亲说我那时瘦小的像只小猫。母亲自己的奶水不行，于是母亲请来奶妈沈氏喂我，几个月后我就胖了起来，一年后沈妈走了，我哭闹着不食，母亲请来我的大姨妈姚荇绚（我们都称之为大妈）带我，大妈及她的丈夫几年后做了父亲的文书，自此成为我家成员，至我父母去世后才离去。

1946年底，国民党抛开中共，单方面召开国民代表大会，父亲等拒不参加。次年民盟被迫宣布解散。父亲回归家中，开始了几年卖字生活。父亲写有一首《五斗歌》，写他当时心态：“潇明不为五斗折腰来作官。我乃肯为五斗折腰来作书。作官作书有何殊。但问意义之有无。作官不以福民乃殃民。此等官僚害人孙。如我作书言言皆已出。读我诗篇。喜怒哀乐情洋溢。读我文章。嬉笑怒骂可愈头风疾。有些写格言。使人资敬惕。我今定卖一聊一幅一扇米五斗，和人身与心。非徒糊我口，还有一言。诸君惊焉。非我高抬身价人前。无奈法币不值钱。”1952年初，抄有这首诗等的父亲书法册页被毛泽东读到，称赞有加。

1948年时局迅猛发展，国民党输掉三大战役，政权开始倒计时。张治中、杜月笙等友人处都递来消息，父亲已上了当局“黑名单”，被列首名。1949年初中共地下党安排父亲出走，在常熟路家中宴客三天，其实父亲偕母亲姚维钧携我大姐黄当时从家后门走掉，次日化名登船，逃离上海，转道台湾地区又赴香港地区。而我大妈带着二姐黄丁年和3岁的我留在家中，继续宴客。几天不见父亲，当局不明父亲去向，派来荷枪实弹的匪特进驻里弄，盯住我家，从而我幼时便成为枪口下的人质！当局抓不到父亲，气急败坏。当时我家二兄黄竞武在中国银行，是民盟上海支部负责人。当时当局将各大银行黄金抢运到台。竞武在中共地下党指示下，组织职员罢运。未抓到父亲的国民党本已恼怒，此时便抓捕了竞武，竞武坚决不肯供出组织，被打断腿脚后遭活埋，此时离上海解放仅九天。

四、新中国成立前后

父母辗转香港地区后坐船北上，1949年3月23日登岸天津，受到黄敬市长欢迎。25日中午，父母赶到北平住进六国饭店，下午赶赴西郊机场，迎接自西柏坡北上的毛泽东等中共中央领导。3月26日晚，父母应邀来到香山双清别墅，成为毛进入北平后的第一位客人。

上海解放后，父亲受中共中央委托回沪做工作安定沪上人心。父母回到上海常熟路家，见到曾掩护过他们离沪的大姨妈与我和二姐，悲喜交加，泪如泉涌，不久举家迁居北京。1949年6月中共与各民主党派开始着手新政协筹备。6月11日，周恩来到父亲临时下榻的六国饭店（今北京饭店）与父亲长谈，希父亲出任中央财经委员会副主任，主任为陈云，副主任薄一波。父亲长年不当官，故此次未允周恩来。15日周恩来又来长谈，仍邀父出任中财委副主任，父亲提议深谙经济的老友马寅初代替自己出任，周认可但仍请父亲也出任副主任。然而父亲仍未允，最后只答应出任财经委委员。

8月里我家从暂住的六国饭店，迁入东城小雅宝胡同65号院。1950年又迁居西城西单南安儿胡同1号院，但此房不仅老旧且也仅有十多间，父亲身边的警卫与工作人员就有十余人，住得很挤。

此前，毛泽东从香山双清别墅迁入中南海颐年堂。8月1日，毛泽东邀父赴中南海，从而又成为颐年堂里毛泽东的首批客人，两人在颐年堂里长谈近五个小时。其间周恩来晚餐前赶来，三人共进晚餐，之后续谈。此次会谈，绝不仅仅是为刚从沪归来的父亲洗尘，听父亲汇报上海一行的观感，而是毛泽东、周恩来由衷希望父亲参加即将成立的新政权，做父亲的工作。10月，忙于筹组政府的总理又接连两次来我家，代表中共中央和毛泽东邀请父亲出任以他为总理的政务院副总理兼轻工业部部长，周对父亲说：我是受毛主席委托来请你，我们中共同志对你黄老都有好感，中共中央开会大家都赞成你。父亲尤为激动，自他民国三年（1914年）因看不惯腐败而辞去江苏省教育司长一职以来，几十年来他拒绝当官，拒绝从政，两次民国政府宣布任他为政府教育总长但都被他拒任，之前周请他出任中财委副主任也为他所拒。父亲好一番思虑，最后同意出任，周欣然而去。为此，父亲专门在报上登《为参加行政工作一封公开的信》。之后，父亲立即辞去中铁、上川、民生、劝工、浦电、铅笔等六家公司的董事职务，又致函商务印书馆张元济辞去所任监事一职。

五、从小严教

父亲早年书房“非有斋”里挂着他给儿女亲书的条幅：“毋忘孤苦出身看诸儿绕膝相依已较我少年有福、切真奢侈过分闻到处向隅而泣试问你独乐何心。”

父母儿时生活都很苦，新中国成立后生活安定了，最怕孩子养成浪荡公子败家子，所以从早年起就对我们严格要求，教育我们要节俭朴素，终生要靠自己，而决不能依靠父母。当时父亲行政二级每月工资400多元，母亲十三级工资150元，收入不少，但要抚养资助的人多。我姥姥、两个年迈的姑姑、丧夫的舅妈和儿女、三姨及儿女等十余人都要抚养或接济。在我家的孩子除我们姐弟四人外，还有已牺牲的竞武的两个儿子孟强、孟复及已故我舅的女儿，总共七个孩子，所以经济并不宽裕，尤其是后来父母谢绝了公家补助的保姆费由自行支付保姆工资，又退掉50元办公费之后。

从我小学三四年级开始，母亲每月给我发5角零用钱，我记得那时刚开始发行一分、二分、五分钱的钢镚，母亲发了工资就备好几份5毛钱钢镚，分装在几个信封里给我们每人一份，规定只许买书、坐公交车、学校组织上公园或少先队集体活动时用，而且必须记账，手把手教我们写账本，每月发钱之前必须交上账本，审查合格方可领取下月的5毛。初中开始零用钱逐渐增加，1元、2元，高三临高考需买参考书时涨到5元。母亲的教育使我养成节俭习惯，以至大学时父母亡故后每月才有不到18元生活费，也并不觉得紧张，而是仍觉宽裕有余。

除艰苦节俭之外，父母要求我们参加劳动，生活要自理。从10岁开始，要求我们自己洗衣服，里里外外的衣服要自己洗。于是周末洗完澡，我就用浴缸里的水，放进搓板，先内衣后外衣，先洗后投。每天起床后得自己整理床铺，自己住的房间自己打扫。那时我特盼自己单独住一间房子，有自己的书桌书架，但我家住房很挤，不能满足我。

父母教育我们不追求安乐享受，首先他们自己做到，以身作则。父亲吃饭极简单，长年素食，因为出国看到屠宰厂被杀的牛流泪而决心不再吃鱼肉，抱定终身。毛泽东几次留父亲进餐，都给他面前摆上素菜，开玩笑称之为“黄道素食”。与我一起生活的年代里，由我大妈单给他做小灶，每顿只有两素一汤甚至一素一汤，汤是蛋汤、菜汤，菜比给我们做的炒菜略多放些炒菜油而已，鸡蛋、豆腐对他而言算是佳肴，青菜、菠菜、豆角是他的最爱，于是母亲让在院子里藤树架下种上父亲爱吃的宽扁豆和丝瓜，或让保姆去城边摘些马齿菜，多放些油，父亲吃得很香。食如此，穿着更不讲究了，除参加礼宾活动外，父亲长年布衣布鞋，去公园或上街，看去与常人无异。母亲更是如此，诀别人世时身上的棉袄补丁有20多处。我们从小都穿老家乡下土布做的衬衫，脚上是自家做的布鞋，有时是旧花色布做鞋面，穿到学校觉得很没面子，有两次我拒绝穿，被母亲数落一番，直到10岁以后才穿买来的新鞋。

父母教育我们要劳动，多干活。除自理生活外，屋内、屋外的扫除必须参加，我就拿起大扫把，扫院子，扫廊沿，扫完母亲要来检查，有时还要扫胡同里家门前一块地。入冬了运来锅炉用煤，于是全家总动员，肩扛背挑，铲煤御煤，将几吨煤运到里院，人人累得满脸是汗。成年以后上山下乡，我也从不怵挑水扛土，少年时都干过。20世纪60年代初困难时期人人节衣缩食，减少定量，我家也如此，主食不够吃，于是在房顶种上南瓜，拌到米饭里，父母带头吃。

六、父母让房

安儿胡同1号院是个前朝破落的小王爷府，珠红色大门并不大，五六层台阶上左右各蹲着一个小石狮，门两侧写着“忠厚传家久、诗书继世长”，我天天午晚两次放学回来都要按门铃等警卫来开门，早把这对联背得烂熟。进了院门是一块不到十平方米的小天井和影壁，来了客人我总爱站在天井一侧，好奇地看是哪位客人来，我亲眼见到周恩来、刘少奇、朱德等来访，父亲还在这里接待聂鲁达、爱伦保以及外国大使们。进院门向右的小院住有警卫秘书、四名警卫、厨师、服务员、司机、保姆等十几个工作人员，向左转沿廊沿是第一进院子，院子不大，只有南厢房，有20余平方米做客厅用，摆着我家唯一的一套沙发。院北边两侧是两片竹林，长得不旺，看上去老是枯黄色衰。第二进院子是正院，正院后边是狭长的夹道，夹道南边是二进院北房后身，北边有三间小房和锅炉房，孟复兄弟俩或来了客人都住在此。我们都不大去。父母我们都在第二进院里起居，北房三间中两间打通了，也不大，是父母的办公室兼卧室，卧室里并排两张双人床。办公室里L形摆放父母的两张办公桌，父亲的办公桌一侧是书柜，转椅后边是我们称为的书斗。四年前我手捧刚出版的父亲日记，心中格外激动，唤起了儿时留下的“书斗记忆”：父亲每晚都要从书斗中取出日记，伏案记下，又随手放回书斗中，随他生活20年几乎天天如此。他对日记珍视有加，历年日记都摆放在书桌椅子背后随手可拿的黑色硬木书斗中，书斗可装可卸，装起来是书柜，卸下则是书箱，专放他最为珍视的几十年日记，几个书斗伴随了他一生。从1911年开始，一直记到1965年12月他去世之前仅几天，共计54年半。北房西边一间是我两个姐姐住，向东是耳房，又接出廊子，摆着好几个书橱，加之在西厢房和第一进院客厅专放全套《四库全书》围成半圈的七八个书柜，父亲带来北京的藏书有上万册，留在上海的数万册书则捐给了鸿英图书馆，后改为上海图书馆。东厢房主房为餐厅，餐厅南头是厨房，北头是父亲的两位秘书办公室，我就住在这间屋里，白天我姨夫张秀奎和另一位秘书钱雪庵在此办公，一人一张桌子，傍晚他们下班离开了，办公桌就归我用，桌上尽是各类报纸期刊，我做完作业可以“尽情享用”，尤其是每天上下午两本新华社出的大参考是我之最爱，使我受益。1985年我去美国霍普金斯大学高级国际研究院访问研究，国际知识不比美国学者少。我那时读书入迷，母亲要求熄灯后，我忍不住又把《三国演义》放被窝里点上手电筒来读，被母亲发觉没收了。上高中了，母亲满足了我要求，腾出西厢房大妈姨夫的卧室，让我搬去，我由衷高兴，床、书桌、书柜、衣柜和我从小做作业或阅读时听的收音机，一一摆放入室。白天我从父亲的书柜中陆续挑出我当时尚能读懂也不乏兴趣的书，主要是人物传记和历史书籍，搬到我房里，每到晚上是属于自己的世界，历史地理，国际国内，文山书海，趣味无穷。

安儿胡同1号院不仅住房少，且房子旧，漏风漏雨是常事，一两年就得大修。国务院管理局的刘基平局长几次来查看，临走都感叹，这是首长官邸中最差的，要给我家调房，都被父母谢绝。20世纪50年代中期，越南黄文欢大使代表胡志明主席来看望父亲，并送上胡的《狱中记实》诗集。黄看到我家客厅如此拥挤，风趣地调侃：“黄先生，中国有句古语说‘山不在高，有仙则名；水不在深，有龙则灵；斯是陋室，惟吾德馨’。好像中国的先民早已看到你这间会客室，才写出这样恰如其分的句子。”我家住房条件差的情况通过不同渠道反映到周恩来处，责成国管局在东城圆恩寺为我家特盖了一座带花园的二层洋楼，楼盖得考究，车直接到花园楼前，楼上楼下十几间房子。房落成后我们去看，都颇觉新奇，孩子们盼着早日搬去。但父母商量结果，对新楼婉拒了。父母是想起祖先春申君谢拒楚王封地，或怕住房奢华不利于儿女成长？总之不肯迁去，向中央明确表示婉拒。2015年乔石去世，我去乔家致哀，而乔老所住恰是该楼。

父亲去世次年的1966年4月，国务院管理局通知我家腾房，迁居西便门国务院宿舍。将出事的陆定一一家软禁在安儿胡同1号院，“文化大革命”之后周扬家搬去居住至其去世。2003年我们全家重访安儿胡同老宅，向北京市西城区领导表示希能保存该房，但后来不幸被拆掉，这些都是后话了。与我家沪上的常熟路宅、周姚宅、川沙内史第等三处私宅的故事相对应，北京的小雅宝、安儿胡同、圆恩寺等，则是父亲在京城三处住房的另一番故事。

七、二小时光

小学我有幸进入今日京城名校师大二附小（又名实验二小），当初似还未有现在的名气，只是离家近，都在西单路口南，从安儿胡同西口出来穿过马路，进石驸马大街就快到了。

忆起二附首先当想起陶淑范老校长，记忆中她代教过我珠算课，陶绝对属于德高望重一类，教学能力虽似一般，但人慈祥可敬，戴着个金丝框眼镜，笑眯眯的，眼睛缩得很小，显得特高贵。陶校长挺活跃，很会公关，学校后边是某大人物送来的几只猴子，成为学校一景，引得学生下课就去逗猴。儿时印象里常见陶陪首长在校参观，王光美等都来过，学校设备遂逐年改善，后来二附小地位明显上升，似都与陶有关。学校的楚校长则一般多了，是个转干，人呆板拘谨，寡言少语。1966年我家搬去西便门国务院宿舍，不久看见陶也在那儿，独自一人住在个小单元里，我去拜访过，后知陶在抗日年代与未婚夫走散而终身未嫁。“文化大革命”中陶遭不少罪，常从学校挨斗回来，远远见她撑着拐杖蹒跚地走回她家，怕她尴尬我绕路避开了。有几次碰见她拐着腿艰难地行走，我躲不开了，只好迎上去向她深鞠一躬，叫一声“陶校长好”。听我叫她，陶似乎瞬间找回“文化大革命”前当校长时的感觉，那副金丝架后的眼睛，顿时泛出昔日的自尊与高贵，兴奋与满足，可惜只短短几秒，甚至不到几秒钟之短，之后又恢复先前落魄状态，眼中一派惆怅与无奈，落魄与尴尬！她那样子我至今记得。如果说陶校长是二附小的“魂”，二附小的汪主任代表的一批老教师则是二附小教学的骨干。汪起初是教导主任，主抓全校教学，后来升为副校长，但人们习惯称之为汪主任，她老爱待在一进学校大门穿过影壁的教导处，她为人拘谨，不苟言笑，老远见了学生就绷着脸，站在教导处的中式老房门口，或老房的大柱子旁，盯着学生衣冠整否，领巾戴否，指甲长否。偶或也来到操场，正戏耍的我们见她就老实了。汪是教语文还是算术记不得了，但她算老教师代表之一，可惜后来成了“右派”分子。

霍冒臻应列二附小的骨干教师之首，可惜也未逃厄运被戴右冠，“文化大革命”后平反，被奉为全市优秀教师，常获中央领导接见，殊荣备至，但未教过我。另一位杰出教师代表是关敏卿，似也系右派。做我三年班主任的王德英老师属于另一类，教学一般但对学生严厉甚至苛刻，我们当学生的都怕她，但终把淘气的我们管住了。王老师有一着，当我犯了事她不是让请家长，就是让回家后告父母，然后将父母意见反馈到她处。我几次犯了错她都如法炮制，本来我就怕父母，这回就更怕了。但那时我们所谓犯事，不过就是上课说话，下课打闹。期末对我的评语上缺点总是贪玩、马虎一类男孩的通病。

我那时确实贪玩，课间小玩，放了学就大玩，主要是踢足球。四年级学校来了一位年轻的体育教师李庆林，从专业足球队下来，酷爱踢球，后来又做了我们的代理班主任，这可与从小迷球的我对上了。每天下了学，李老师就带上我到操场，他射门我守门，看我动作敏捷反应挺快，愈觉与我踢球过瘾，我呢向他学了不少足球基本功，除个别时候基本每天都踢。到了五年级在李老师带领下组建校队，到周日来校练球，又与几个学校比赛，大多获得胜利。那几年里踢球成为我童年生活的一部分，锻炼了身体，更锻炼我的体魄。事隔30年后的1988年，当40余岁的我在美国北卡州一望无边的原始森林掩映中的杜克大学攻读下学位时，住在美国房东老太的漂亮花园洋房里，沐浴着美利坚阳光，陶醉于成功之时，我蓦地想起二小，想起王老师，想起李老师，我居然未加犹豫便拿起笔，向遥远的王老师写信：今日之我，是老师当年心血之果！可惜无李老师地址，否则我也会给他写信：谢老师的足球教会我人生的吃苦！“牙被打掉也要咽进肚里去！”这是当时一位留学生的话。2014年12月11日早，冒着冬日凛冽的寒风，我和同学来到牛街清真寺，送别李庆林老师。我们按回族习俗绕行李之遗体告别。躺在那里的已不再是风华正茂、头发微卷、在球场上奔驰之师，今他人瘦皮干，大大缩了。我真想向他鞠躬，但按回俗不可！

因为从小爱运动，我身材挺好。小学四年级时，国家体委来学校挑选全国少年广播体操模特，体育老师叫来三四十个学生，请体委的从中挑选，最后选中了我，于是一连几天去体委拍摄少年体操的几十个分解动作，最后照片刊登在《少年报》《体育报》等有关报刊上，体委奖励我一些学习用品、乒乓球拍、背心裤衩和20元钱，父母表扬我同时叮嘱我不许骄傲，不许在学校显摆，我听了父母话，学校同学几乎都不知道。六年级快毕业时，北京芭蕾舞学校来挑人，我又被叫去，过了两关后第三关被淘汰，我松了一口气。

六年级时学校搞姐妹班，咱班对应的比咱小三年级的班，里边有几位今日名人，其一为刘少奇王光美大女儿刘平平，当时我开始和她认识，“文化大革命”中刘少奇遭殃，“文化大革命”后期宽松些了我去新中国成立门外永安里灵通观刘家看她们一家，后来1987年我和她同在美国哥伦比亚大学，我去她家看望。世纪初年要强的她脑梗成了植物人，几年后去世。

前不久我所在二附小59届63班的同学们重聚一堂，共庆我们的70寿辰，欢言笑语，似重新回到60年前的岁月。小小的二附小，埋藏了多少代人的记忆，又埋藏了多少往事！且最终将随着无情的岁月，随着我们的逐一离世，我们的昔日终将被埋葬！而新一代们的今日又将开始，历史又前进了！

八、三十五中

小学升初中考试是我人生头一次失败，三项志愿中第一、第二志愿均未获录取，基本上应验了王德英老师对我的评价：马虎不认真，骄傲自大。有些很简单的问答题却答错了，但有些考题我觉得出的值得商榷，难以服气。比如至今记得有道改错题："……工场……"，当时我想到读过历史书讲欧洲发展先是作坊，后来演变成工场，最后工场演变成工厂，于是我未画工场的"场"为错，更未写上取而代之为正确的"厂"，这样白白丢了分。升学考试失败重挫了我的自大，颇觉伤颜面，却也并未完全让自卑心理取代，我未服输，决心用中学成绩证明自己。

半个多世纪之前我进入的三十五中可不是今日之三十五中，今天之三十五中几年前迁到新街口之后，绝非当年在旧址可比。新址三十五中其富丽堂皇程度，不仅绝对居于京城中学之首，而且让我想起了后来20世纪80年代我赴美国读研的杜克大学，杜克大学之豪华在美国是出名的，远赛哈佛、哥伦比亚大学。近日我去三十五中参观，看到有像样观众席的豪华足球场，立刻想起了杜克大学同样豪华的球场，当年毕业仪式在那儿举行。当年三十五中在太平桥大街，系20世纪20年代由李大钊等一批京城名人倡导所建，取名志成中学，大钊先生出任校董之一。我父曾与大钊熟，20世纪20年代北上北平来晤大钊，后来在报端共同创办纪念巴黎公社专刊，大钊被囚他试营救未果。当年在太平桥大街的三十五中是座老式的中式学堂，二层简易教学楼，木制楼梯建在楼外，踩上去"咯噔、咯噔"作响，比起二附小的钢筋水泥楼房差了整整一代，据说20世纪50年代流行电影《林家铺子》的拍摄地，就在三十五中的此座楼。

三十五中的师资队伍基本由两部分人组成，一部分老教师在新中国成立前就不乏阅历，有的教龄很长，还有些当过军官甚至将军或从过政；年轻教师有些师范毕业，有些则系留校。无论年轻的还是老些的教师，他们共同的特点是极其敬业，对教学一丝不苟，从不糊弄。比如有个教语文的吴琪园老师是民进的什么委员，瘦弱得走路要扶拐杖，但有水平，我们佩服得不得了，不止一次去他家听其海阔天空；还有一位魏忠绪老师也教语文，金丝眼镜老架在鼻梁上，据说是旧将军，对我是先贬后褒，上来给我作文判不及格，几个月后不仅给我判高分且在课堂上作为范文来读。虽然他未当过我班主任，但20世纪90年代我几次打电话问候他，给他拜年，感谢他当年对我的严教。教数学的几位老教师也很有特点，如教三角的么其宗，虽一米四的个子其貌不扬，但极具才华又不失风趣。还有位教历史的腹中墨水多，上起课来旁征博引，娓娓道来。另外教俄语的龚老师据说也当过将军或专员，还有一位漂亮的俄文中年教师黄敏，与教化学的美丽的曾老师等一起，组成我们这一男校中引人注目的女教师之花，给成长中的我们留下了深刻印象。黄老师的儿子吴杰后来曾任北京市工商联和统战部的领导。

上初中不久，我就被选为学习班委，当时称学习班长，一直当了六年一直到高三毕业。有了之前升中学考试失败，我立志以一丝不苟的态度，认真预习，认真听讲，认真作业，这三个环节做好了，拿下学业好像并不费力。初中若不是音乐成绩不好，我应当得金质奖，后来获了银质。快初中毕业以我的学习水准转为报考高中上市里拔尖的四中、八中当无问题，但我对三十五中、对这里的同学老师有了感情，于是我考高中第一志愿、第二志愿到第三志愿，都是三十五中。于是高中我如愿再上三十五中三年，仍获银质奖。

中学时代不仅学业好，我还继续了小学时代喜好体育活动的传统，主项仍是足球，在校当我的守门员，以扑球赢得赞誉，到高中我们在四中场地上踢赢了四中，那是一场难忘的比赛。当我来到几年前曾如此期盼却不得进入，今以客人兼球场对手身份第一次迈入的四中，争胜之心涌上心头，一场普通球赛变成捍卫自尊与荣誉之战！我高接低挡，成功保住大门，以1比0战胜昔日偶像，我极获满足，走出四中，口中喃喃“拜拜，四中，不过如此”。足球以外，我还打篮球，高中又喜欢上了排球，篮排球也都是校队成员。继足球胜四中之后，我校的篮球校队在任佩璋老师带领下也赢了四中。还有在高三时，我校排球也胜了男八中，又一个我昔日曾经的期盼对象，心中更感满足。还是那句话，体育是我少年时代生活的一部分，锻炼了身体，更锻练心理，为成年之后无论上山下乡，还是留洋彼岸的人生挑战，都打下了一定的基础。

在三十五中六年里，学业顺利，唯独一事梗在心头不得而解，即一直不批准我入共青团，虽然申请书写了不知有多少份，虽然我的学习在班级和年级都名列前茅，虽然我担任班干部多年，虽然老师不时夸我且我与班里的团干部关系也不错，眼见一批又一批新团员名单下来了，可次次落空，就是没有我。我懊丧！我失望！起初百思不解，后来直接间接的信息传来，障碍就是因为家庭，我的父亲是黄炎培。而父亲黄炎培，他不是开国的副总理，现担任人大副委员长兼政协副主席之职的党和国家领导人吗？我找到团干部，找到老师甚至校长。都被告知，要好好认识家庭，认识父亲，他是我国属一属二的资产阶级代表人物。我不理解争辩，他一无工厂二无资产，列宁不是讲经济地位决定政治态度嘛！但又被告知民主党派就是代表民族资产阶级的，而民族资产阶级是有两重性的云云，总之为此我不得入团。在“文化大革命”之后获知，不允我入团的决定来自上层，不是小小一个中学组织能够决定的，今日想来也够难为三十五中当年与我要好的老师同学了。

不光是我，中学里不少所谓“出身”不好的同学，都不得入团，后来高考，在中学报上档案里就注明“不得录取”，例如我们的班长虽然学习好又德高望重，他的父亲就是批准成立志成中学的有关官员，但仍不准大学录取他，很不合理。好在“文化大革命”之后这些荒谬都得以纠正，这些都算是我们对时代的付出吧！

九、父亲离世

1965年9月，我以平均每门93分的高分考入外贸学院（今对外经贸大学）。当初的贸院并不在现所在的北三环外中日友好医院北侧，而是在紫竹桥外车道沟现军乐团所在地。

1965年12月21日星期二凌晨5时，在贸院熟睡的我被人叫醒，赶赴北京医院，在太平间里打开白布包裹着的父亲，比往日更显硕大的身躯，然而其肢体竟已毫无反应，还是那张熟悉的令我记事起就感生畏的威严四射的面孔，此时似比生前更加庄严。之前一天的12月19日星期日晚我去北京医院看他，本已昏迷不醒的父亲那晚似乎“回光返照”，我走近他身边，母亲靠近他耳边轻轻说了句“方方来看你了”，之后父亲不仅醒了，睁开眼，看着我，略笑着，对我说：“方方！你来了！”虽已临终，但父亲对我说的这几个字咬得非常清晰也非常重，其声其调至今荡在我耳边。“你来了”这话意味什么？来迟了？父亲在等我？床四周站满了大哥大姐们：三哥黄万里、四哥黄大能、五哥黄必信、大姐黄路、二姐黄小同、三姐黄学潮、四姐黄素回。那时我的两个姐姐黄当时、黄丁年都远在外地搞“四清”，后来才赶回。父亲睁开的眼睛也就持续了一两分钟，凝视着我，又看看周围的我妈及兄姐们，没力气再说啥，双眼又闭上了。这是父亲生前我最后一次见他，最后一次对我说话。父亲生前这最后一幕，在我脑里存活至今50余年！其间虽历经岁月尘埃和空间变换但也冲不淡上述一幕！而父亲最后的话则更让我思索体会，传递给我的期许和托盼也伴随了我五十年。从父亲床前到太平间，我几乎都冥冥然：周恩来、朱德、彭真、陈毅来医院向父遗体告别；母亲和兄姐我等送父遗体到东郊火葬；在中山堂前半夜我和荣毅仁、孙晓村等四人一组为父亲守灵四个小时；中山堂公祭，周恩来、朱德、邓小平、彭真、陈毅、陈叔通、郭沫若、刘宁一、胡厥文、胡子昂等几百人前来。为何冥冥然？因为我脑里一直思索这个问题。尤其面对着白布中露出我熟悉的他那张比平时更为庄严的脸就更感茫然了：父亲，他是谁？这个在别人家不成问题的问题，在当时不到20岁的我心中却纠结了十几年。而进入“文化大革命”中晚期尤进入改革年代，我终于明白“黄炎培是谁”的问题了，而且进入20世纪90年代后我愈加愿用我余生对父亲的研究来回答这一童年起就纠结于心的难题。带着“文化大革命”与改革引发的思考，我开始了了解父亲的人生之路。随着我自己的人生岁月不断展开，随着我越来越了解他，了解他一生所做的事，从而理解和认同了父亲，理解和认同了父亲的选择，理解和认同了父亲所走的道路。

十、下乡上山

1969年11月3日奉中央令，我所在外贸学院全校迁至河南信阳地区固始县。那年在信阳下火车后，坐上无车篷的罗马尼亚进口的普切齐卡车，在凸凹不平的公路上坐了五六个小时。沿途所至，五里店、罗山、光山、潢川等诸县，一派开阔丘陵。大别山下，初冬时节，庄稼已割，树叶尽落，唯有稀落苍松，点缀中原黄土，一派肃穆之景，令我回想起八宝山。第一次迁离长年生活的北京，凛冽寒风中，不禁思乡念家，想念年前诀别的母亲。我穿着母亲快告别人世时给我们缝制的蓝布棉大衣，大概是母亲预感到我们迟早会离开北京上山下乡，也预感到她不久即要撒手人寰，故而为尚在学校的我们最后备上御寒之衣。除大衣，母亲和我大妈（我大姨妈）还为我们做好棉衣棉裤、毛衣毛裤。那时坐在卡车上，迎面寒风阵阵，刺脸削面，我深切感念母亲的先见之明，心中默作起诗来。在固始近一年中我成诗几十首。每天早披星晚戴月，十余小时挖渠的重体力劳动锻炼着我，而这让我感觉既生疏又熟悉的中原大地的古远氛围感召着我，令我诗兴大发。几十年后，我从尘封的历史故堆中获知这片土地正是我们黄氏家族的故土，这片土地上的先人正是我们黄氏家族有文字记载的先贤始祖的圣地，心为之冲动！半世纪前受“文化大革命”发配之我，踏上的竟是始祖之地，手中所挖竟是先贤之土！潢川潢川，黄家之川。固始固始，黄家祖始。有文字记载的黄氏祖先生活于此，黄氏族人春申君黄歇受封于此。何等巧遇，何等幸运！

在固始将近一年里，我们的主要工作是修筑南干渠，此系固始的主要灌溉水道。每天天不亮即起，扛着铁铲，排着队，高唱革命歌曲，一派昂然状。晚上天黑才收工，顶着月亮，又是歌声伴随归来。那是大兴水利时代，至今南干渠里水仍流淌在这片我先祖的故地上，为故土庄稼做着贡献。现在在北京每次遇见固始来人都要问起，获知南干渠仍在，自豪感油然而生，“那是用青春的血液来浇灌的”！

1970年7月我们结束在固始的干校生活，外贸学院就地解散，学生被分派到天南海北，我被分配到山西晋东南长治地区高平县，我扛着行李先到长治，又到高平，再到公社，最后把铺盖卷放到我住的宰李村大队老乡的炕上。这里据说是春秋战国时赵国旧地，秦将白起坑埋赵兵十万就发生在此，故取名“宰李”。而我的祖先春申君黄歇率兵救赵的故事也发生在此。公元前257年秦国围赵，赵国平原君夫人捧书赴魏求救，但十万魏军慑于秦军而不敢进军，赵人毛遂向赵王自荐赴楚，与平原君为友的黄歇说服楚王，偕景阳将军率楚军救赵，楚魏联军击败秦军。为酬谢春申君，赵王封以灵丘。当然这些都是近些年接触历史我才知道的。当时我并不知晓是在祖先为之征战的故土上“与农民相结合”了几年。在高平基本是每日三顿稀，每月28斤定量含两斤糠，面对一个个面黄肌瘦的老西儿乡亲，我无语，无语中思考亦思虑，思想更获启迪。从大别山下到太行山上，在固始和高平与祖先的同一空间中，在这两处革命老区里，我接触到社会实际，获知许多之前不知的史实和真相，对我是启蒙，是教育。“文化大革命”后我选择研究经济，进入五六十岁又对历史产生兴趣，皆与此有关。几年之中的所见所闻教育了我，研究之路从此开始。同时也让我懂得，父亲等人对20世纪50年代的政策争辩，在上层是文字，到了下边，到了基层，可真是关乎百姓饥饿甚至身家性命的大事，懂得“为民请命”是啥内涵！我也越来越理解了父亲，他当年作为党的诤友大胆建言，在新中国成立初年曾为毛泽东接受，挽救了多少人的性命，我对父亲愈加滋生敬意，这也为我后来读他写他原因之所在。

在高平我被分配的单位是县外贸公司，在乡下两年后我回到公司。公司在县城里，靠近铁路，公司大门里有几个院子，里边还有少许驻军，好像是六十几军系统的。公司只有七八个人，当时我20多岁，在公司里最为年轻。公司业务就是收购当地产品，各类山货，为地区和省外贸公司等供货，业务很是冷清，经常性的工作基本就是政治学习，每天上班读一小时文件或人民日报社论，再讨论会儿就散会了，一天算打发过去。一有政治运动来县里抽调人员，组织下乡，我这个公司唯一的新分大学生“当之无愧”。下乡时在乡下老乡家吃住，别的没啥，只是刚去时在炕上被虱子臭虫咬得不行，我本有神经性皮炎，被小咬们一咬，全身长满红疙瘩，但只能涂点带去的药水，好在人的适应性终起作用，日子一长，皮肤也木了。下乡下常要走山路，我从小会骑车，常常骑车翻过一座座山头。太行山有崇山峻岭，但高平县城地处平原，然而出了县城一会儿就是山岭。我那时年轻胆大，一个人骑夜路也不怕。有一次翻山遇见四只狗，向我狂吠，又跃跃欲试，向我扑来，我抄起石块向它们打去，但狗仍往上扑，我踢球出身，抓起自行车向它们抡去，车砸到狗身上，狗叫唤着再不敢上，我安然骑走了。

整个高平县里有百八十个类似我一样的大学生，来自城市，一下班就三三两两地凑在一起，打牌聊天。整个县城不大，只横竖几条街，串来串去也方便。我在高平发起疟疾来，属“间日疟”，是在固始快离开时被蚊子咬的，带到高平，隔一天发作。发作时全身发冷，高烧到43摄氏度。分来的大学生友人们纷纷来探望，说起狗肉可治疟疾，于是七八个人当晚动手，关起我公司大门，拿起大木棒，追着两只野狗打死，当下剥皮煮熟，喝酒吃肉。当然我的疟疾并未好，但伙伴们的热诚，在特定逆境下所闪烁着的相互关爱这一人性的光辉，加深着我对人、对人生、对社会的理解。

后来与地方人熟了，我们也参加县里的体育比赛，我得了县乒乓球赛第五名。那个时代没有电视，只有样板戏，精神生活很是单调。“老西”们好喝酒，不敢赌钱，只是划拳罚酒，他们时或拉上我，我不会划拳但不怵酒，就和他们“石头、剪子、布”，从未醉过。

离开山西已40余年，不知当年的老乡老友安在否，谨此遥祝他们晚年幸福。

十一、发展研究

经过十年有余的农村工厂生活之后，1980年我考入中国社会科学院世界经济研究所。尤感庆幸的是，我进入经济研究领域的时间，几乎与我国的改革启动同步。20世纪70年代末到80年代是我国历史上最为活跃与难忘的岁月，恰也是我个人从事学术研究最为活跃和硕果累累的时期。

我从事经济研究，重点是研究“经济发展”，或称“发展研究”，也主要在1980至1990年的十年里，先后发表学术文章百多篇，共六七十万字。

当时正值改革开放之初，经历十年浩劫，百废待兴，全党全国，达成共识，从中国共产党十一届三中全会开始，党和国家的工作重心转到经济发展上来。因而，面对经济发展这一全党全国面对的共同课题，从党和国家的决策层到地方政府，上上下下都迫切需要了解国外成功的经验，因而当时我很快意识到我从事的研究对我们国家经济发展的价值所在。这是我开始着手研究经济的国内背景。

在世界经济研究所，我被分到发展经济研究室，主要是研究不发达国家走向经济发达的所谓经济发展过程，其中的理论和政策，在国外称作发展经济学，被认为是西方经济学的一个分支。第二次世界大战结束以后，亚洲、非洲、拉美几十个国家获得独立，他们共同面对着的就是走向发达的经济发展问题，从而呼唤着经济理论和经济研究，在这一背景下发展经济学开始兴起，这是我着手研究经济的国际背景。

我从阅读翻译国外经济发展著述入手，先后翻译了几十万字，这使我对国外的发展理论有所了解。而且那时思想解放，学术活跃，各种学术会、研讨会极多，我印象很深的是社科院联合有关部委召开的“双月座谈会”，每两个月在大会堂召开一次，孙冶方、于光远、马洪、薛暮桥、许滌新、宦乡、浦山等一批老一辈经济学家担纲，吴敬琏、厉以宁、吴明瑜等现仍健在的经济学大师们崭露头脚，初露锋芒，我那时以世界经济所常务副所长罗元铮的助理身份与会，大大开了眼界长了见识，尤其听于光远、吴明瑜等访问考察南斯拉夫、波兰、匈牙利等国后介绍当时的社会主义国家向市场经济过渡的经验，尤受启发，当时我所从事的发展经济学主要关注不发达国家，尤其是亚洲的发展，东欧经验对我是个补充。

掌握到一定程度，1981年我开始写文章，主要是对国外发展理论与经验的“引进”与“消化”，介绍一些国外对经济发展的理解，有关的概念和政策。我的文章主要发表在中国社科院出版的《经济研究》《世界经济研究》《经济研究参考资料》等刊物，也陆续在当时名噪一时的《读书》等刊物上发表。我首先关注和集中介绍的是对“发展”的理解，“经济发展”与“经济增长”的区别，发展不等同于增长，发展不能仅用经济发展指标如当时时兴的“GNP”国民生产总值（20世纪90年代后被“GDP”国内生产总值取代）等来衡量，而应从社会、从教育、从生活质量、从环境等更多视角予以考察，后者重量，前者重质，决策者必须明白。其次，我的文章偏重介绍国发展学中的一些概念，如“二元经济”“经济起飞”“城市化”等，其中最引起我关注，予以重点研究和重点介绍的是“经济发展战略”问题。

当时举世公认的是亚洲四小龙即香港地区、新加坡、台湾地区、韩国等国家和地区的发展成功，它们继日本之后，从落后地区步入到较为发达之列，到底有什么经验呢？我发现它们都有一条经验，都经历了其自身经济发展战略的成功转型，成功诀窍就在此。

在亚洲，先是日本经济从战后废墟中兴起，由于从明治维新开始长年重视教育的结果，日本劳动力的知识水平和素质很高，战火之中百物皆毁而唯独剩下了人，剩下高知识、高素质的人，由于百年之中实行了教育优先的人力资源开发战略，才为日本而后的战略转型和经济起飞，奠定了基础。有了上述认识，1983年底我参加了国务院有关部委组织的我国经济社会发展战略研讨课题，目的是研制我国的发展战略，上报中央，为此特邀我等中青年经济学者参加。在一次社科院院长马洪等领导召集的内部会议上，我提出以人力资源开发启动我国经济发展的思路，受到马院长重视，随即叫我牵头，组织了十多位当时的中青年经济学者参加，研讨并形成方案，最后上报中央，得到较好反响。我执笔的此方案即称“人力资源优先开发战略”，是当时上报中央的三个战略选项之一。今日回想当时能提出形成这一构想，与父辈几十年从事兴学办教、教育救国的影响不无关系。确实，改革开放中的许多问题，恰恰仍是百年前的我国所曾面对的，许多应对之策也不过是昔日的翻版。

在1983年底获得一定成功的基础上，1984年初中央提出应对世界范围内新技术革命的课题。由国务院总理牵头挂帅，成立研究课题组，包括当时著名经济学家、国务院有关部委领导，其中特拨五个名额让中青年学者参加，当时37岁的我被选为其中之一。世界新技术革命问题的提出是极有意义的（虽然至今我也未考证出最早的提出者是谁），它将我国的改革开放置于一个全球范围内的特定发展阶段和背景之下来予以观察思考，更为开拓了眼界，从而不仅获取了横向的信息，而且获取了纵向的观察和思考。以18世纪中下叶瓦特发明蒸汽机为标志的世界第一次技术革命，以19世纪末20世纪初汽车、飞机为标志的世界第二次新技术革命，以二战后原子能、电视机为代表的世界第三次新技术革命，无不极大地改变了人类社会和人们的生活，从而也改变了全球的经济格局。按此思路，20世纪七八十年代以来以信息技术和生物技术的变革，又将引领出新一轮的技术革命，这对刚刚迈上改革开放之路的我国，既是机会，又是挑战。我按此思路写出了《论对策》一文交课题组，主干部分发表在《经济参考报》，引起较大反响。我又将有关内容陆续发表在《读书》等期刊上。如果说前三次世界新技术革命我国先后被西方国家拉开了距离，那么此次由于中央重视，学者奋力，应对及时，我国未被落下太多，20世纪90年代后电脑流行，21世纪以来手机普及，我国均占据世界前茅，与20世纪80年代我国决策层意识早，动作快，以及我辈的付出不无关系。

20世纪80年代，一批中青年学者来到地方，为地方的改革出谋划策。我本人也与其他学者一起，应邀奔赴大连、福州、厦门、深圳等对外开放的前沿，参与了地方经济发展战略研制，向地方政府有关部门做报告，提建议，受到欢迎，有的城市还授予我等为该市荣誉市民。

在几年的研究积累之后，经过上述人力资源发展和世界新技术革命等两波研究高峰之后，我开始了我的第三波经济研究高峰，提出我国实行的经济发展战略转型问题。我国长年实行的是“进口替代”，即出口我国的农副产品和矿产资源，换回国外的机器设备，生产面向国内市场的制成品，这种战略虽发展初期尚为必要，但久施则不利。我国地大物不博，自然资源并非我国优势所在。我国的优势在于人口，在于充沛的劳动力资源，因而我国应实施“出口替代”战略，进口国外设备，出口制成品，从简单制成品如制衣鞋袜、家具玩具开始，逐渐向高级制成品升级，“出口替代”战略也有一个从低级向高级升级的过程，最后形成面向全球的“外向经济”，资源和市场两头在外，凭借我国丰富的劳动力资源，让我国的制成品走向世界，而要完成这一战略转换，关键在有关政策特别是汇率政策的调整，实行人民币大幅贬值，乃为关键一步。我将此论文《我国对外经济战略的选择》分成上下两篇，发表在经济研究最权威刊物《经济研究》（1985年12期、1986年12期），据说被摘编上报中央。而后一些学者陆续提出类似建议，几十年后的今天当看到当年的设想早已成为现实，从20世纪80年代前期人民币与美元1比3贬成1比6，又经20世纪90年代汇率改贬成1比8.3，进入21世纪我国又搭上WTO的快车，中国货物充斥世界，中国成为“世界工厂”，我国的外汇储备世界第一，心中尤感欣慰。

我的学术研究获得国外学者的重视，之后开始了访美生涯。

十二、在美三年

1985年到1988年底，我先后在美国首都华盛顿的霍普金斯大学高级国际院、纽约的哥伦比亚大学、北卡罗来纳州的杜克大学等三座大学，度过了三年多时光。

1985年9月里我应邀来到美国首都华盛顿，这是我第一次出国，第一次来到美利坚的土地。资助我的是鼎鼎大名的美国《时代》杂志创始人哈瑞·鲁斯。霍普金斯大学本部坐落在华盛顿以北马里兰州的巴尔的摩，我和友人曾到访这里。霍普金斯大学高级国际研究院（SAIS）是该校的一个分部，建在华盛顿市马萨诸塞大街1740号一座独栋楼房，其培养出的人才很多就职于美国国务院和驻外机构，SAIS也以其向美国政府及各界提供出色的政策咨询而闻名，当时其对华研究系由曾在美国政府任职，在当时美国对华问题专家中坐头几把交椅的鲍大可担纲，它与邻近的布鲁金斯研究所等，都是华府比较著名的智库之一。

我作为访问学者来到刚到SAIS，彬彬有礼，斯文儒雅的校长拉斯坦德在他的办公室接待了我，他问我来SAIS是谁人推荐，可我不知。他笑着告诉我，是当时社科院世经所所长浦山亲笔写来非常强烈（Very Strong）的推荐信，又由当时国务院国际问题研究中心总干事宦乡推荐我，申请者数百而选了我，他用手比画落在他桌上的申请书有几尺高。

浦山有着传奇般的经历。20世纪五六十年代流传“浦家三姐妹”：浦洁修、浦安修、浦熙修，一位是民主党派领导人，一位是彭德怀夫人，一位是著名报人也是右派领袖罗隆基的女友。同时还有“浦家三兄弟”：老大是银行家，老二浦寿昌是周恩来的英文秘书后任外交部副部长，老三则是浦山（亦名浦三）。浦家兄弟之父浦心雅是20世纪初年上海名人，曾解囊襄助我父亲的职业教育，因而当年沪上流传“黄浦江上有‘黄’‘浦’，摇啊摇到大海去”。浦山年轻时赴美，1945年入美国，师从诺贝尔经济学奖得主熊彼特获哈佛博士。浦山的博士论文《技术进步与就业》使20余岁的他一举成名，他的同窗诺奖得主克莱因等认为浦将获诺奖无疑，熊彼特再三邀浦与他一同研究，但浦毅然回国，被周恩来点将随董必武赴联合国，后做志愿军首席翻译参加停战谈判，《纽约时报》惊呼：中国代表团来了一位精通英语又知识广博的年轻人！后来浦又随周恩来参加日内瓦谈判、万隆会议，访问十一国。但1957年风暴来临，浦山兄弟被打成右派。40年后的20世纪70年代末浦山重新踏上美利坚土地已是六旬老人，不言而喻，当年曾深谙的经济学前沿领域，他曾让世人眼前一亮的思维火花，早已随沧桑岁月远离了他。1985年我赴美前去看他，他再三嘱我学成归来。1988年我获硕归国去他家，他高兴地举酒而尽。2003年浦老师去世，我去八宝山送别他。

刚抵美国一切生疏，学校不适应，生活不适应，但说到底是语言障碍，我的英语底子太差。访问学者身份很自由，可去听课也可查阅资料，我真如刘姥姥进了大观园，四周一切摸不着北。鲍大可那时有60岁左右，精力尚足，叫我去了许多次，他用半生不熟的中文，我用半生不熟的英文，两人吃力却真诚地交流，当时我国尚处发展之初，全世界都在关注中国，观察我国走向，为此由鲍为主，SAIS搞了个中国论坛，每月一次，请来华府几座知名智库的学者，共同研讨。鲍还把在该校的中国学生学者几十人请到他家做客。

1986年在SAIS的一次中国论坛上，我赴会后一位美国中年学者走来找我，后来晓得他是美中贸易全国委员会专家也是SAIS的教授叫邓特（Dennty），告诉我他们读到了我在国内发表的论文（指我在《经济研究》上的上下篇文章），极为关注，认为是“十几年来中国在对外经济领域最为重要的论文”，“极其符合中国利益，预示着中国下一步的政策走向”，等等。有意思的是，赴美之后我根本不知道这两文已在《经济研究》上发表了。他随后给我拿来该文的英译文本，我一看果然是，之后他们请我去参加了几场会议，可我英语实在不行，交流困难，后来不去了。在华盛顿的一年里，主要是打开眼界，熟悉环境，结交美国友人不多。布鲁金斯研究所的中国问题专家哈瑞·哈丁经常约我交流，彼此都感受益。鲍大可、但特和哈丁都是对华较友好人士，都期盼我国改革开放取得硕果。

经过数月思考，我决定选择台湾地区经济作为下一步的研究方向和重点，由于我的论文毕竟引起美方学界尤其中国问题专家的关注而奠定基础。为争取次年研究资助，我应邀赴纽约福特基金会总部，与其主管中国项目的负责人皮特·盖特纳晤谈，此人即前任美国财政部部长小盖特纳的父亲。我与皮特·盖特纳交谈了两个多小时，陈述我选择台湾地区经济选题的来龙去脉。老盖特纳是很懂中国的人，他当场拍板，决定单独立项资助我，次学年在哥伦比亚大学东亚研究所任访问学者一年，专门研究台湾地区经济。结束了谈话，他打破不下楼送客的惯例，破例送我到大楼门口，据同行友人讲他从来只送客到楼上电梯口。就是这位对中国情有独钟的老盖特纳，据悉当时他也把儿子送到北京大学学习，而三年之后我归国后也来到北大，而人家的儿子后来曾是美国财经界的最高掌门人。但当时我并不知道这一切，更不知道我父亲曾与福特基金的创始人老福特交往。1915年前来美国考察的父亲来到福特汽车制造厂总部，老福特出来接待东方来客。当时老福特提出要让汽车走进每个工人家庭的概念，他向父亲演示了新研制的汽车，之后请父亲一行到工人食堂，他亲自陪父亲用餐。父亲在日记中记下了这位不擅辞令，甚至外表木讷的老福特，说他像中国的安徽人，讷于言而敏于行。

1986年秋，我从华盛顿搬到纽约，开始了在哥伦比亚大学一年的研究，开始了我在美国第二年的生活。坦率地讲，台湾地区弹丸之地其经济发展不难搞明，我数月时间阅读了陈诚所重用之财经团队中的尹仲容、李国鼎、蒋硕杰等经济掌门人或学者们的相当资料后，已对台湾地区经济起飞过程了然于胸。几十年至今留给我深刻印象的，一如国民党退守台湾地区后“痛定思痛”，搞了土改，以几家大企业股份赎买地主土地和搞“三七五”减租等方式和平进行（正是我父亲黄炎培当年的主张）；二如台湾地区经济起飞平稳进行，既未伴随过高通货膨胀，也不拉开贫富过大差距，反映了尹仲容等人的经济理念；三如及时转型等；从而使台湾地区经济跻身于亚洲四小虎之列。当时我对其总的评价是：在当今世界上，一流人才造机会，二流人才用机会，三流人才跟机会，台湾地区经济发展说到底还是因缘际会成分居多，借用了20世纪60年代美日经济发展与转型之机遇，算善用机会的二流人才吧，当然其“经济起飞之父”尹仲容等人的学识、理念和操守的确令人钦佩。比起台湾地区经济来，哥伦比亚大学更吸引我的是东亚研究所那座地下六层的中文图书馆，我每每沿着狭窄倾斜的楼梯，走进昏暗灯光下的地下室，在排排书架之间穿行，浏览浩如烟海的世界各地出版之中文书籍，眼界大开。

在哥大由于我研究台湾地区经济，我和国内来美届时在俄亥俄州立大学读书的李凡等大陆旅美学者共同发起与台湾地区学者的对话会。21世纪的今天，两岸人员交往、学者间互相来往已经成为常态。但是30年前却是处于敌对状态下的两岸关系，大陆和台湾地区学生在海外的交往不能不带有一定的风险。1987年4月在纽泽西州，在北美华侨日报和亚洲太平洋教育基金会资助下，两岸各十几名学者召开名为“中国现代化模式：大陆与台湾地区经验比较研究”的研讨会。参加会议的大陆方面学者除李凡和我之外，还有何维凌（已故）、文贯中、金观涛、丁学良、李银河、乔依德、王绍光、谢文、刘青峰、翟志海、郝雨凡、陈小于、赵全胜、史天健（已故）、周小忠等，台湾地区方面则有明居正、唐代标等。会议开得很成功，绝大多数台湾地区学者与我们一样，坚持一个中国和和平统一的理念。会上，我运用对台海两岸经济都熟悉的优势，多次发言。会议前后由《北美华侨日报》《世界日报》等媒体对此会做跟踪报道，会后北美华侨日报对我进行专门采访。台湾地区的媒体对此也极为重视，大篇幅地报道了此会，我和大陆方面一些学者的发言都上了他们的报纸。

由于是首次由两岸留美学人自发组织的非官方研究会，我驻美使馆和国内社科院等有关方面对此会始终关注。会后，各方都表示好评，我驻美大使韩叙、驻联合国首席代表李鹿野等当面夸赞。王波明、谢文都发了言，我在会上讲话，我发言中再三强调此会留给我的体会是“接触、接触、再接触”，只有接触，两岸才能打破僵持局面。

1987年时逢我父亲诞辰110周年，国内有关方面予以隆重纪念，请回了生活在海内、海外各地人士，包括正在美国学习的我，纷纷赴北京参加纪念活动。总不能空手返国登上父亲祭坛吧，于是我花了几个月利用每天上午时间，写了近十万字的《黄炎培的故事：为父亲110周年诞辰而作》，在当时《北美华侨日报》（后改为《侨报》）连载刊登，当时我还先后给此报写过多篇社论、经济评论等文字。然而我却孤陋寡闻，不知这家报纸正是新中国成立前由浦山老师和其二兄浦寿昌、唐闻生父亲唐明照等老共产党人在美期间创办，与美国共产党也有些关系。

1987年夏在哥大的访学即将结束，受友人吴若思女士推荐，我获得了世界银行首次颁发的高级奖学金，此次总共向中国颁发三个名额，我是其中之一。友人纷纷向我道喜：第一年是时代周刊创始人哈瑞·鲁斯给钱，第二年是福特老板给钱，第三年是世界银行给钱，一年更比一年高，这般连续三年三处获得研究基金殊为不易。于是在回国参加纪念父亲活动后，我即拿起行李离开纽约，向南来到位于北卡罗莱纳州德热姆的杜克大学。这是自1985年来美之后踏入的第三座大学，论历史和名气，霍普金斯大学，尤其是哥伦比亚大学都在杜克大学之上，都是所谓的常青藤大学。然而比当时排名，杜克大学那时前后几年居全美第五或第六名，在霍大与哥大之上。再比学校建筑，霍大和哥大更是难与富丽堂皇之杜大相比肩；尤其是环境方面，前两校均处繁华都市之地，不乏政治空气与商业氛围笼照，并不宜做学问，而杜克大学却坐落在一片森林之间，树木之茂密使人走入不到几米即被挡住走不动了。置身于这般郁郁葱葱的幽静林木之中的杜大，加之其雄浑的古哥特式建筑，其能有上千人之席的大教堂、其能坐数千观众的体育场，而处处凸显其富丽堂皇，磅礴大气。几十年前老杜克卖烟草发了大财，要买下普林斯顿大学遭到拒绝，老杜克一气之下建了这座比普大还要普大的杜大，但老杜克本人的塑像在杜大却未加彰显。我在杜大的研究是世界银行研究项目，既作为访问学者是此项目组成员，又作为杜大研究生在杜大计学分攻读硕士学位，项目组设在杜大教堂右侧古朴的化学大楼内。当时世行刚提出人类发展要与自然和谐的概念、可持续发展的概念，于是来自美国、印度、埃及等国的四五位学者与几位世行专家及来自中国的我组成了这一课题组，每日与导师研讨半天。项目组长是一位美籍犹太人，据说是南美某国总统顾问，参与过白宫决策，牛气烘烘，不可一世状，欺负我这个中国人英语不好，年轻气盛的我当然毫不犹豫，一直与他顶着。项目课程之外是自行选修，我选择自然经济学及与中国经济相关的课程。那时我已40岁，年龄偏大，英语是自学出身，底子很差，读学位对我绝属挑战。当然历经农村工厂十余年，辗转过各地的我对吃苦决不怕，无非是多下功夫多出力吧！别人下了课去玩了，听得一头雾水的我下课第一件事就是向美国同学借来笔记去复印，之后便是对照书本与笔记的数小时啃读，每日开车回到宿舍大多是夜里11点之后的事了。其实人活着就是为了印证或证明，来杜克之前我几乎问遍了所有能问到的中国学人同样的问题："中国学生能读下学位吗？容易吗？"来杜克后则是以我之行动来予以回答和印证了。我记得一位来美多年的中国留学生当时对我讲："来美几年无非学到了把苦水咽肚子里，即使掉了牙也要把血水吞下去！"这响铮铮的回答在之后的杜克生活中被我的求学生活印证了。第二学期开始，我逐渐找到感觉，逐渐适应了重做学生，做洋学生。最后，我的毕业论文以《中国经济改革中的中青年经济学人》为题，讲中国的事，引起在座的世行专家和各国学者满堂喝彩，而那位犹太人导师则灰头土脸，好不沮丧。世行女专家当场表示我的论文要送交世行总部，我为作为中国人在洋人面前露了脸而自豪。其实，与其说我的论文写得好，不如说当时的外国人对我国太无知，我不过是把当时国内正进行的轰轰烈烈的经济改革向他们介绍一二罢了，洋人们听得大感新鲜，大有收获。1988年夏，我与几百位头戴黑学位帽、身穿黑学位袍的毕业生们站在杜克大学体育场上，校董会成员和来宾们坐在主席台上，数千学生坐在观众席里，校长对着喇叭一个个宣读毕业生名字，含糊不清的"黄方毅"三个音刚毕，场上一片掌声响起。我向主席台和观众席注目行礼，感谢给我机会，给我知识的杜克大学！而后我们这些穿着学位服的毕业生们排着队，鱼贯进入杜克大教堂，依次接受校方提供的毕业赠礼——一部英文《圣经》。出教堂后着学位服的我站在教堂前留下几张纪念像。我与韩大使是老朋友了，1985年我到华盛顿不久宦乡老来美，在欢迎宦老的招待会上，宦老拉我到韩大使面前将我介绍给韩，以后我几次前往使馆拜访韩大使。作为周恩来培养出来的出色的老外交官，他的大度、机敏，尤其是对后辈的关爱给我印象很深。怀着去国三年多的思国思乡情绪，揣着浦山老师、宦老和韩大使的殷殷关爱与嘱托，我结束了在杜大的学生生活，后于1988年底离美返国。遗憾的是，我回国不久宦老即去世，我赶到北京医院，向他告别。追悼会上看到了宦老的讣告生平，方知宦乡当年曾追随过我父亲，抗战后在上海时常在一起。几年之后，韩叙也归国做了对外友协主席，我特地去拜访他，不久韩叙也患癌症病故了，三位恩师走掉两位。留美三年多的学习生活结束了，足迹和思念留在霍大、哥大、杜大三座予我学识开我眼界的美丽学府里，回到既熟悉又多少觉得陌生的国内，继续我的人生之路。我来到北京大学，这是继中国社科院、国务院国际问题研究中心之后，我足迹所到的国内第三座高等学府，恰与我曾踏入的三座美国高等学府遥相辉映，丰富了我的绚丽人生。当然，这些都是近30年前的往事。

今我已迈入70岁，在此文收笔之际，我深切怀念育我养我的父母和带我的大姨妈，深切感念在我学途上予我关怀指导为我树做人楷模之浦山、宦乡等师长们，怀念他们。

建言献策　尽责履职

【提案】

关于民营经济呼唤投资银行提案

改革开放以来，民营经济取得长足的发展。二十多年的经济增长之中，民营经济的贡献是国有经济贡献的两倍，即国有经济对GDP的贡献占1/3，民营经济的贡献占2/3。国有经济年均增长率为9.5%，非公有制经济年均增长则达到30%左右。截至2002年底，全社会39万亿元总资产中，国有资本占11万亿元，民间资本占28万亿。全国134.46万个工业企业中，国有及其控股企业数量为4.23万个，非国有企业则为130万多个。在全国主要经济指标中，非国有经济在GDP中占62.3%，全社会固定资本中占52.69%，全社会税收中占64.42%，进出口总额中占55.04%，城镇就业人数中占68.09%。上述数字清晰地勾勒出民营经济在我国整个国民经济中所占的规模、地位与作用。同时也预示着其更大规模的发展新阶段到来。从民营经济发展的外部条件来看，十六大上民营经济作为“三个代表”的重要组成出现在国民经济舞台上，在政治层面上已无障碍。在经济层面上，我国面临着经济结构调整，面临着国企改革，面临着振兴东北和西部大开发等方面的任务，无一不依托民营经济的介入，例如，仅要把国企的资产负债率平均水平降至50%一项，就需3.4万亿元的资金投入，只靠政府投入，是绝无可能的。民营经济本身的发展轨迹也预示着新阶段的到来。20世纪80年代初我国经济面对的是短缺，民营经济的任务是从无到有，从而在邓小平同志召集的“五老火锅宴”上，老辈民营企业家建言创建“信托投资公司”，那时我国经济是从产品经济进入商品经济阶段。20世纪90

年代我国经济从商品经济进入货币经济阶段，民营经济面对的是从小到大、从有到好的新课题，需要的是商业银行，从而民生银行等民营股份制银行应运而生。21世纪我国经济已从货币经济进入资本经济新阶段，民营经济本身面临着整合转型、做强做大的新任务。十六届三中全会指出："支持非公有制中小企业的发展，鼓励有条件的企业做强做大。"企业如何做强做大，无非是两条途径，一是企业的产品经营，从产品的品种、数量、质量、市场营销、企业管理等方面入手。另一条途径是资本经营，以企业的资本为对象，进入资本市场予以运营，以上市、兼并、收购重组等形式。翻开世界500强企业的发展史，几乎无一不是先依靠生产经营后引入资本经营，依托资本市场发展起来的。要发展资本经营，就需要投资银行。要做强做大我国民营经济，就需要民营的投资银行。目前我国只有国有商业银行与外国投行合资的数家投行，民营的商行也处于萌芽阶段，尚无一家民营的投行，似与民营经济的蓬勃发展不相符合。所谓投资银行，是指资本市场上从事资本运作的专门的金融机构。它的业务主要围绕在"一级市场"上市、并购、重组，"二级市场"的买卖和基金、资产管理等内容。投资银行与商业银行不同，商行从事存贷款业务，属于间接融资，而投行从事股本融资，属于直接融资。我国民营经济二十多年的发展，基本是依靠股本融资。与国有企业大量依靠信贷，因而资产负债率较高不同，我国民营企业包括外资合资企业在内，大多数都负债较少，从而资产结构较为合理，财务风险相对较低。事实证明，这种直接融资的"事先约束"，优于商业信贷的"事后约束"。而我们的国有企业，正是太多依靠商业银行的贷款，从而不仅使自身负债累累，而且形成我国商业银行数万亿元的呆坏账，成为我国经济的一大隐患。民营投行的建立与发展有利于：（1）帮助民营企业参与国民经济结构调整，实现资产整合与增值；（2）帮助民营企业的整合、重组、提高其竞争力；（3）引导民营企业的规范化，适应现代经济需求；（4）引导民营企业的国际化，顺应经济全球化潮流；（5）利于民营企业以投行的技术参与化解处置国有资产的呆坏账；（6）培养机构投资者，开发专业基金，完善我国资本市场；（7）有利于聚集国内外一流人才，尤其是有国际经验的"海归"人才；（8）有利于引进国际资本，扩大引资规模，提高其效益。国际上投行如美林、高盛、摩根斯坦利、瑞银华宝、汇丰投资银行等在几百年的历史发展中，曾有力地支持了各发达国家的经济发展。现在，他们将目光集中到发展中国家特别是中国寻求商业机会，并通过国际猎头公司寻找到大批中国海外留学人才为其工作。这些国际型人才应成为我国民营投行的人才基础，用外国的投行来为我们的投行培养人才，可算作一件双赢的好事。我本人去年用了半年的时间，考察调研了这一课题，至今已掌握积累了一定的人才和知识。建议由全国工商联或其他有关单位牵头，或由几家有实力的民营企业领头，也可先由地方试点，组建我国的民营股份制投资银行。我和一些在国外从事投行业务的专家们认为，这不失为我国民营经济下一步发展的突破口和新增长点，如同20世纪80年代的信托投资公司和90年代的民生银行是那个时期的新经济增长点一样，进入21世纪的民营经济呼唤着的正是民营投资银行。希望有关部门和有识之士为此作出努力。

2004年

关于完善信用担保体系，加强中小企业金融支持的提案

随着科技水平的提高和社会分工的细化，中小企业在世界各国的经济发展当中，扮演着越来越重要的角色。尤其对我国这样一个转型中的发展中国家来说，中小企业更是在促进科技创新、增加就业、扩大出口和促进所有制改革中发挥着重要的作用。但是，同大企业相比，中小企业又是社会经济当中的弱势群体，其发展面临着许多困难。其中金融支持不足，贷款和筹资困难是困扰中小企业发展的主要障碍。通过调研，我们发现在中小企业发展的过程中，一方面，由于直接融资渠道相对不通畅，为解决资金问题，他们不得不更多地求助于银行；另一方面，银行也希望通过贷款来增强盈利能力。但实际情况却是中小企业从银行贷款非常困难，其原因主要包括以下几个方面：（1）从中小企业自身来说，他们缺乏能够得到银行认可的信用记录；而要寻求信用担保等增信手段，又缺乏相应的实物资产等反担保条件。（2）从担保机构方面来说，由于担保资金规模和人力有限，他们面对众多素质参差不齐的中小企业无从选择，并且在缺乏反担保抵押物的情况下得不到有效的风险转嫁、分散和补偿。（3）从银行方面来说，向中小企业贷款所需要的审批手续和贷后监管工作与向大企业贷款基本相同，而却要承担更大的风险，所以出于防范风险和降低成本的考虑，银行缺乏向中小企业贷款的积极性。（4）即使中小企业能够获得担保公司的信用担保和银行的贷款，也会因为担保公司的初审、详审及银行的贷款评审需要耗时数月，从而使贷款发放的时间严重滞后，影响了资金发挥应有的效用。针对以上问题，为了寻求解决中小企业贷款难问题上的突破，北京市探索出了一条新的道路——实施北京市中小企业金融支持工程

（以下简称金融支持工程）。该工程是由中共北京市委金融工作委员会、北京市经济委员会、北京市财政局、中关村科技园区管理委员会主办，由北京市国有资产经营有限责任公司牵头，联合多家银行、担保公司和信用管理公司，共同为中小企业建立融资“绿色通道”。其目的是通过创造性地采取集中授信、联合审查、多层次担保和再担保等多种手段，综合提高中小企业信用水平，从而降低银行和担保机构的管理成本和风险水平，放大担保机构担保倍数，提高贷款效率，进而促进那些有市场、有效益、有信用的中小企业得到快速的发展。在金融支持工程实施的过程中，我们认为需要在政府的引导下加强以下几个方面的工作：一、大力推进中小企业信用体系的建设。政府应该从加强中小企业的信用意识入手，建立和健全信用记录、信用评估、信用披露等制度，发展信用服务机构，整合工商、税务、司法等政府信用资源和来自企业、市场甚至全社会的信用资源，将中小企业的信用信息及时在全社会范围内公开披露。同时，对重信用、守信用的企业给予多方面的政策倾斜，形成企业视信用为生命的氛围，营造良好的社会信用环境。二、建立信用再担保机制，完善中小企业信用担保体系。从发达国家的中小企业信用担保体系的建设来看，直接担保和再担保都是不可缺少的组成部分；而政府在其中都发挥着主导作用，并投入相当的财力。从我国的实际情况来看，主要通过政府财政的力量，建立信用担保机构，为中小企业提供专门化的信用保证也是目前解决中小企业融资难问题的直接而有效的途径。但是，我国的中小企业信用担保机构的担保能力除了受到资金实力的制约，还缺乏合理、有效的风险分散和转移机制——再担保机制的保障。再担保是担保机构分散和转移风险的最主要方式，是在一定的担保资金规模下，增强担保机构的担保能力、同时有效地控制风险、使担保机构实现可持续发展的有力保障。所以，为了完善我国的中小企业信用担保体系，更有效地发挥信用担保的积极作用，政府除了要大力发展直接担保机构，更重要地是应该通过财政资金的支持，尽快建立起省级和国家级的再担保机构。三、改革商业银行的审贷机制，对中小企业贷款实行单独监管。中小企业的贷款需求的特点是金额小、频率高、时效性强，这与大企业的贷款需求显然不同。因此，商业银行应该针对中小企业贷款需求的特点，采取更加灵活的策略和方法，在保证贷款质量的前提下，更加注重时效性，适当下放审贷的权限，简化审贷环节。人民银行等监管部门应该鼓励商业银行向中小企业提供贷款，并对贷款实行分类监管，避免由于其他不良资产的发生影响了商业银行对中小企业贷款的积极性。

2003年

关于扩大就业面，关键要扶持中小企业发展的提案

当前，国民经济运行状态总体良好。然而在大好形势下，若干矛盾也日益突出，其中的焦点问题之一是就业。近年来社会各界已在不同程度上感到了就业的压力：国家机关、事业单位精减人员；国有企业调整结构，大批人员下岗；大量农民进城务工；应届毕业生就业困难。其中仅以大学本科应届毕业生为例，几年前还是“毕业即就业”，几乎是百分之百的一次就业率，而当下大学毕业生的一次就业率，据悉2002年降到60%左右，将要形成“毕业即失业”的局面。而2003年是大学扩招之后的首届毕业年，面临的就业形势无疑将更加严峻。如何解决千千万万人的就业，似乎已成为国民经济当前面临的最为紧迫的问题。解决就业，重要的一点是发展经济，尤其是发展中小企业。过去我们实行“抓大放小”的政策思路，这对于经济结构调整、国有资本有序退出等方面来说是有益的，当然也应该看到，中小企业是经济增长的重要推动力量，是经济中最为活跃、最富生命力的微观实体，同时也是国民就业的主渠道。我国各类中小企业已超过800万家，占企业总数的99%以上，占全国工业总产值的60%，实现利税的40%，出口总额的60%左右，在中小企业就业的职工占全国就业人数的75%以上。然而我国的现实中，长期以来形成向大企业倾斜的政策倾向，自觉或不自觉地偏向大型企业，在某种程序上未对中小企业的发展予以足够重视。在此，我们认为应加强以下几方面的工作：一、树立应有的中小企业发展观。我国与发达国家的经济差距，不仅表现在缺乏一批国际知名的大型名牌企业，而且也表现在缺乏大量开放高效、灵活敏捷的中小企业群。规模大小不同的企业都有各自不同的存在理由，对应不同的产品、需求和消费人群，一个有竞争力的经济体系，其微观经济的大小实体应当是在空间上并存，在时

间上继起，每日有千万家企业死，又有千万家企业生的良性经济生态环境。二、各级政府要重视中小企业发展。今年1月1日，《中华人民共和国中小企业促进法》开始实施，之前国务院也有相应的政策出台。问题在于各级政府要按照中央要求制定相应的实施办法和配套措施，清理与此相抵触的地方性法规、政策；地方政府要制定中小企业发展规划，将各地中小企业发展状况，尤其是就业状态，作为对各级政府政绩考察的重要指标；在地方财政中设置中小企业科目，安排专项扶持资金；对中小企业发展给予地方税种的优惠。三、营造适于中小企业发展的环境，形成以下支持中小企业发展的体系：（1）政策支持体系。在规划、审批、立项、用地等方面对中小企业进行支持。（2）技术支持体系。向中小企业提供技术信息、技术咨询、技术转让、技术服务等。（3）融资体系。发展风险投资、上市等融资手段的支持。（4）间接融资体系。包括政策性银行、商业性银行等金融机构对中小企业的贷款支持。（5）信用担保体系。完善担保、再担保、互助担保等机制。（6）信用制度体系。以信用记录和信用公开化为主要内容。

2003年

关于呼吁落实国家支持中小企业信用担保体系建设的指示精神，减轻担保机构税收负担的提案

一、政策调整情况

2012年4月11日，财政部、国家税务总局下发《关于中小企业信用担保机构有关准备金企业所得税税前扣除政策的通知》（财税〔2012〕25号，以下简称《通知》）。本次《通知》是对中小企业信用担保机构准备金税前扣除政策的延续性文件，但出现重大政策调整。根据《通知》，自2011年1月1日起至2015年12月31日止，“符合条件的中小企业信用担保机构按照不超过当年末担保责任余额1%的比例计提的担保赔偿准备，允许在企业所得税税前扣除，同时将上年度计提的担保赔偿准备余额转为当期收入”。

二、政策影响分析

（一）加重了中小企业信用担保机构的税负，影响担保行业的发展积极性，与国家支持中小企业信用担保体系建设的一贯政策不协调。《中小企业促进法》及2000年以来一系列国家相关政策，均体现了国家为加强中小企业信用担保体系建设，加大对其财税支持力度的精神。其中，国发〔2009〕36号文中明确指出“落实好对符合条件的中小企业信用担保机构免征营业税、准备金提取和代偿损失税前扣除的政策”。但本次《通知》虽明确了符合条件的赔偿准备金可当年扣除，但上年度所计提的赔偿准备须转作收入，实质上是跨年对赔偿准备进行征税，与“准备金提取和代偿损失税前扣除”的政策精神不符，加重了中小企业担保行业税收负担，严重影响了担保机构的积极性。

（二）与监管政策导向不符，严重降低了中小企业信用担保机构的担保代偿能力和抗风险能力。2010年3月中国银监会、财政部等七部委出台《融资性担保公司管理暂行办法》，第31条明确规定："融资性担保公司应按不低于当年末担保责任余额1%的比例提取担保赔偿准备金。担保赔偿准备金累计达到当年担保责任余额的10%，实行差额提取。"截至2011年末，全国担保行业的担保责任拨备率为2.9%，仍处于较低水平，且较2010年的3.1%还有所下降。现若按照《通知》执行，一方面，担保公司每年计提的责任准备金不再能持续累积，《暂行办法》规定的准备金累计达到10%，才实行差额转作收入的政策目标无法实现；另一方面，赔偿准备金转为当期收入后，将直接增厚担保机构报表利润并须缴纳相应所得税，将极大影响各担保机构计提赔偿准备金的积极性，反过来却增加担保机构分红的动力。长此以往，将撼动中小企业信用担保机构可持续发展的根基，进而严重影响中小企业发展。

（三）对中小企业信用担保行业的融资担保能力带来了直接的负面影响，不利于缓解中小企业融资难问题。根据银监会统计，2011年末全国融资性担保机构的在保余额达到19120亿元。按照现行监管政策1%下限要求，预计全年担保行业提取赔偿准备超过191.2亿元。若按《通知》要求，2012年担保行业须将上年准备金转为收入并仅纳税，预计全行业须多缴所得税将超过47.8亿元。若按照监管规定最高10倍的担保放大倍数测算，全国中小企业融资担保行业整体担保能力每年受到的影响可能接近500亿元；按户均贷款额不高于500万元估算，每年有可能受影响的中小微企业户数将达到万户左右。

三、政策建议

《通知》出台后，全国各地反响强烈，并通过各种渠道向政策制定部门反映情况；国家融资担保业监管联席会及其牵头部门中国银监会已针对此问题与有关部门进行了沟通。鉴于《通知》已经颁布要求实施，我建议：

（一）建议请融资性担保业务监管部际联席会议的成员单位，与下发《通知》的财政部、国家税务总局共同研究会商，根据国家支持中小企业信用担保体系建设的政策指示精神，充分考虑鼓励担保机构通过累积担保赔偿准备，提升担保代偿能力和抗风险能力的监管要求，就《通知》内容进行修改。

（二）考虑到《通知》的研究、修改需要时间，建议对《通知》的具体执行给予一年的过渡期，即2012年暂缓征收2011年赔偿准备转为当期收入对应的所得税，以便为后续修改、调整留出足够的时间。

2013年

关于进一步完善融资扶持体系，解决小微企业融资难问题的提案

2011年以来，在通货膨胀及信贷紧缩双重压力下，小微企业经营难、融资难和融资贵的问题日渐突出。为此，有必要就有关政策问题给予进一步关注。

一、政策性再担保机制建立与发展所带来的启示

融资性担保行业在弥补中小微企业信用不足，缓解融资难方面发挥着重要作用。为支持担保行业发展，近年来政策性再担保机制受到了普遍重视，2008年以来全国14个省份先后设立了区域性政策性再担保机构，注册资本金合计134.6亿元。

政策性再担保机制是由政府出资设立的再担保机构，为市场化担保机构的贷款提供分保和再保。利用该机制，一是使政府资金通过再担保直接向担保体系注入信用，缓解了担保机构资本金放大倍数的限制，扩大担保能力；二是通过再担保为担保项目分保，扩大了风险分散范围，降低了单个项目风险的冲击，有助于行业的稳定；三是利用政策性风险补偿，可以重点支持信誉良好、管理规范、积极服务于小微企业的担保机构，为规范和引导行业发展提供了新的手段。因此，再担保机制设立以来得到各方面的普遍认可，自身也取得了快速发展。以北京市为例，北京中小企业信用再担保公司作为全国第一家省级再担保机构，2008年11月开业，2009年就实现再担保承保额141亿元；2011年承保额增长到407.66亿元。纳入再担保体系的担保机构平均担保放大倍数也由2008年的3.9倍，增加到2011年的7.56倍。

再担保机制的成功，首先是由于政策性再担保不以营利为目的，不与市

场争利，加上政府的补贴和优惠，起到降低企业融资成本，引导资本向中小企业流动的作用；其次是再担保机制依托较为成熟的信用担保机制，快速将政策支持辐射到广大中小微企业中去；此外作为独立于政府的市场主体，再担保机构非常关注自身的风险控制和持续经营，不断降低自身的经营风险。

二、进一步完善融资扶持体系，支持小微企业发展的政策建议

中央和地方有关部门加大政策支持力度，构建更加全面的小微企业融资扶持体系过程中，也可以借鉴政策性再担保机制的成功经验。因此，我提出以下建议：

（一）研究设立小微企业政策性银行并有序发展微型商业银行

建议政府研究小型政策性银行试点的可行性，探索专门为小微企业提供信贷服务，同时为小微企业的各类融资机构提供政策性贷款支持的政策银行，并通过专门的考核机制，保证其服务于小微企业。另外，可以考虑引入针对小微企业的小型商业银行，增加融资渠道。

（二）进一步完善信用担保与再担保体系，加大政策扶持力度

（1）建议将中央财政已经连续两年给予地方担保机构的补助机制化、长效化。同时适当给予银行“小微企业融资业务风险补助”，并强制性享受补贴的机构必须执行优惠的小微企业费率。

（2）建议地方政府每年安排财政专项资金用于对担保机构开展小微企业业务的风险补偿；并可通过动态管理，依据风险代偿率升降，对小微企业担保规模进行缩放管理。

（3）建议财税部门对担保机构所从事小微企业融资担保业务收入进行税收减免，允许担保机构将这部分政策性收入全部计提风险准备金。

（4）建议对管理规范的担保机构，将其支持小微企业融资担保余额不再纳入净资产10倍放大倍数的限定范围或适当提高其担保整体放大倍数。

（三）引导和培育小微企业融资综合服务平台

建议积极培育专门为小微企业提供快捷融资支持的服务平台（包括但不限于协会、商会、中介、小贷公司等），并以平台为依托，大力开拓集合票据、集合信托、集合企业债等批发性融资业务。

（四）鼓励传统金融机构加大创新力度和政策倾斜

（1）建议金融监管部门加强面向小微企业金融机构的“窗口指导”，要求按指导政策安排资金、设计利率，并从承担社会责任角度实施考核，引导银行对中小微企业不上浮或少上浮利率。

（2）鼓励商业银行和政策性银行谨慎选择一批小额贷款公司，为其小微企业放贷业务提供批发性信贷支持。

（3）建议金融监管部门制定给予小微企业提供中长期信贷支持政策，对确实具备可持续经营能力但短期出现资金链紧张的小微企业，视情况采取“借新还旧”的续贷政策。

（五）积极推进小微企业信贷资产证券化试点

建议经金融监管部门进行小微企业信贷资产证券化试点，通过引入信用评级和信用担保机制，允许银行的小微企业信贷资产对外转让，引导社会资金合法有序介入小微企业融资。

2015年

关于强化产业研究，成立汽车产业研究院的建议案

当前，中国经济和社会进入发展的关键时刻。摆在中国面前的是一个全新的局面。过去20年来，中国经济发展在世界领域的竞争优势，主要立足于廉价劳动力，随着中国经济的增长，这种优势正在迅速丧失。许多拥有更低廉劳动力的国家，如越南、印度等国都在中国后面学习和追赶，如果我们不认识到这种形势的严重性，不仅目前经济社会的重大问题，如劳动就业、国力提升等，不能得到解决，进而如果不能满足人们不断增长的物质和文化需求，还将会出现更大的社会经济问题。面对着逐渐失去的竞争优势，我们应当怎样实行替代，成为摆在我们面前的最大问题。其实，这种问题在经济社会发展中是随时存在的。世界在变化，中国的情况在变化，尤其是中国的经济要发展，随之而来的国民收入的增长和人民生活水平的提高，必然使中国在世界上的竞争势态发生变化，如果对这种变化认识不足，便会形成道路不清、发展盲目的局面。解决当前问题的方法，是实现产业升级，把中国在世界经济的立足点，从以适合低廉劳动力的产业，逐步转向以低廉劳动力与适应技术相结合的产业。继而随着中国经济与国际竞争环境的发展，不断进行调整，采取正确的产业路线，从而得到持续发展。然而，我们目前并没有明确的产业升级路线。产业路线不清，不仅体现在国际竞争方面，在国内发展方面也同样存在。许多产业反复处于严重的过剩与短缺震荡之中。有人认为电力发展过剩，减少和限制电力投资，随之而来的却是电力严重短缺，有人觉得粮食过剩，甚至建设一批“粮变油”工厂，准备大批消化陈粮，却出现粮食供应不足、粮价上涨的现象。从自行车、手表、缝纫机，到冰箱、彩电、洗衣机，继而到汽车，中国几轮消费品都出现过市场严重供不应求、产业发展无序的局面，带来巨大的产业调整损

失。形成这种状况的原因是多种的，而产业研究不足，对产业发展认识不清，致使国家政策不能很好地与产业发展结合，不能制定正确的产业发展路线，也是其中重要的原因之一。因此，当前迫切需要建立产业研究院，对产业问题进行长期持续的研究，结合中国经济发展的实际情况，不断提出产业发展方向，同时为各种可能遇到的问题准备解决方案，提高政府决策水平。建立产业研究院，也可在若干重点产业先期进行，汽车工业便是其中之一。汽车产业是工业社会典型的代表产业。中国汽车产业目前发展很快，但从国际竞争能力到合资合作方式以及国内市场环境等多方面都暴露出很多问题，需要研究解决。尽管中国汽车产量已经达到430万辆，超过法国，排名世界第四，并很可能于今年突破550万辆，超过德国，排名世界第三，但是用支柱产业的标准来衡量，汽车产业发展对中国国民经济没有起到应有的作用，在发展过程中存在很多不尽如人意之处，尤其是中国汽车产业在市场上让位于外资，在技术上受控于外资，形成了产业从属化局面。任何工业发展都有其固有特性和规律，汽车工业发展规律性极强，如果我们能够结合中国经济发展的环境，及早认识到这种规律，就会发挥巨大的经济发动机作用，可以形成新的经济增长点，提高总体经济规模，增加就业机会，提升国力，为当前中国经济遇到的很多问题提供解决方案。然而，回顾中国汽车工业发展过程，不计“文化大革命”及以前的时期，自改革开放以来，仍然受到人们思想认识的局限。当汽车市场和汽车产业处于发育初期之时，本应给予大力支持，做好发展准备。但是，社会上一部分人认为中国不应当发展汽车工业，另一部分人则认为中国汽车工业的发展时机尚未到来。尽管20世纪80—90年代，国家也曾几次提出将汽车工业作为国民经济的支柱产业，然而受到各种思潮的影响，有关部门没有充分认识到汽车产业巨大的市场潜力和和产业影响力，支柱产业的提法没有得到真正的政策落实。反之，国际汽车公司早就看好中国，随时做好准备。当中国汽车市场潜力变为现实市场之时，外国企业已经大量涌入，使中国汽车工业多次错失发展良机，形成了目前中国企业靠外资发展，由外资占据主导地位的局面，出现了令业界人士痛心疾首的用中国汽车市场，培育外国汽车产业，用中国汽车市场解决外国的资金投向和劳动就业问题的严重局面。这种现象产生在支柱产业中，对国民经济发展十分不利。遗憾的是，WTO保护期已经快要结束，这种现象并没有得到真正的改变，甚至没有清醒的认识。关于这些问题，没有专门的机构、人力和资金进行认真研究，只有媒体的跟风炒作左右人们的认识，汽车工业发展遇到的问题仍然得不到解决，产业从属化的现象日益严重。业界人士忧心忡忡，社会看法不一。国家应当从现在开始改变这种现象，制定相应的政策，调整汽车工业的发展，使中国汽车产业对中国经济起到真正的推动作用。这些问题主要表现在国家宏观层面，不是企业力所能及的问题，因此，应当建立国家汽车产业研究院，认真研究有关问题，提出解决方案。具体做法应当是，将原有国家汽车管理部门遗留下来的研究院所、社会团体组织起来，从产业发展角度研究中国汽车工业发展中遇到的问题，不断就中国汽车工业的发展提出宏观及中观决策方案。国家有关领导和有关部门可以结合其他经济研究部门的相关研究工作，全面合理地制定相关发展政策，支持中国汽车工业发展，为中国产业创造发展机会，带动整个国民经济发展，使中国经济得到新的发展机会。

2004年

关于提请国务院成立控烟履约领导小组的提案

作为WHO《烟草控制框架公约》（以下简称《公约》）的履约国，我国已经跨入履约的第六个年头了。五年来的控烟现状显示中国政府控烟履约的进程仍然迟缓而艰难。按照《公约》每一缔约方应“设立或加强并资助国家烟草控制协调机构”的要求，建立一个完全摆脱烟草业利益的、坚定维护政府履约立场，领导我国控烟进程的履约机制至关重要。

目前在中国的控烟履约机制，由领导、管理政企合一的烟草专卖局的工业信息化部牵头。于是，“工信部”牵头负责控烟履约，就等于让烟草管理、生产、销售部门来负责烟草控制。这样的控烟履约机制，无法摆脱烟草企业利益的牵制，许多触及烟草企业利益的控烟措施不能得到顺利实施。许多应该做的事情，一直拖延不决；许多着手在做的事情，也障碍重重，步履蹒跚。近两年来，专家的批评，人大代表、政协委员提出的相关建议，民间控烟组织要求改变我国履约机制的呼声，一直没有得到有关部门正面的回应。

烟草控制涉及十多个相关部委，如何有效协调各政府部门，发挥各部门的作用，建立不受烟草企业干扰、高效务实的协调机制是我国是否能做到善意履约的关键所在。

主题：

提请国务院成立控烟履约领导小组，改变目前的履约机制，发挥控烟履约相关部门的作用，为实现政府的履约承诺作出贡献。

建议依据：

（1）烟草的危害已是不争的事实。

烟草消费和接触烟草烟雾会造成死亡、疾病和残疾，已被科学研究所证实并成为全球共识。我国是全球最大的烟草生产国、消费国和受害国，有烟民3亿多，还有7.4亿人口受到“二手烟”的危害，2005年归因于烟草死亡的人数已达120万，超过了因艾滋病、肺结核、交通事故及自杀死亡人数的总和。据有关专家预计，如国家对烟草不加以有效控制，我国每年因吸烟死亡的人数将愈来愈多，对国家、民族和家庭都是巨大的灾难。

（2）中国政府承诺控烟履约的各项国际义务。

《公约》于2003年6月获得通过，很快成为联合国历史上得到最广泛接受的国际条约之一，并于2005年2月27日正式生效。中国参加了《公约》起草、制定的谈判，签署并批准了《公约》，并于2006年1月9日在中国生效。中国政府对制定《公约》的参与和促成，为中国赢得了良好的国际声誉。签署《公约》，表明中国政府认同《公约》对控制烟草流行的各项原则及控烟措施，并承诺控烟履约的各项国际义务。

（3）目前的履约机制在组织结构上偏离了《公约》有关规定。

工信部是否具备足够的权力来履行“综合协调”的职能受到质疑。为履行《公约》，国务院指示成立了以国家发改委为组长，卫生部、外交部为副组长的八部委（财政部、国家工商管理总局、国家质检总局、海关总署、国家烟草专卖局）组成的履约协调机制。2008年3月机构调整后，履约协调机制的组长由工业与信息化部承担。

《公约》第五条第三款明确规定在制定控制烟草的公共卫生政策时，要“防止这些政策受烟草业的商业和其他既得利益的影响”。

由于烟草专卖局归属工信部管辖，而烟草专卖局与中国烟草总公司至今仍是政企合一。工信部负责控烟履约，就等于让烟草管理、生产、销售部门来负责烟草控制。中国的控烟履约工作一直受到国家烟草专卖局（中国烟草总公司）的干扰，但凡影响到烟草企业利益的控烟措施，他们总以各种形式加以反对或消解。我国目前这样的控烟履约机制，从组织结构上就偏离了《公约》规定，势必在国际上授人口实。

（4）事实证明履约机制亟待改变。

《公约》在我国生效五年多来，国家层面既未制定控烟规划，也未制定全国控烟法规或采取有效措施，致使烟草产销量不但未能有效控制，反而大量增加。据统计，自2000年后，卷烟产量逐年递增。2009年达到22901.5亿支，销量达到22887.5亿支，与2000年相比，增长了近40%，是在全球全面控烟背景下增长最快的国家之一。相对于西方国家卷烟产量因控烟履约而下降的趋势，我国产量已从占世界总量的三分之一进而跃升至占世界总量的40%。尤其是2008年在南非德班举行的缔约国第三次会议上，由于中国政府代表团领队发言时，不恰当地为中国烟盒包装辩解，以致与会的非政府组织给予一个尴尬的奖项“脏烟灰缸奖”，理由是“宁要漂亮的烟盒，不要公民的健康”。中国代表团在这次缔约方会议的表现，不仅暴露了中国烟草控制工作中的问题，也直接影响到中国的国际声望。

（5）只有多部门参与，协同作战，才能实现政府的履约诺言。

履行《公约》是一项长期性的工作。控烟又是一项需要多部门共同努力的系统工程，涉及计划、立法、工商、税务、海关、环境、卫生、文化、影视、教育、民政、质检、监察等十多个国家部门和单位。与食品安全一样，多部门的协调，形成合力是一个十分重要的问题。为切实做好履约相关工作，加强部门间的协调配合，为实现逐步减少烟草供应与需求的总体目标，达到保护人民健康的根本目的，有必要提高控烟履约协调机制的级别。

建议：

（1）由国务院牵头组建履行《公约》协调领导小组。领导小组由卫生部、国家发改委、外交部、财政部、商务部、教育部、司法部、农业部、环境保护部、文化部、监察部、审计署、国家工商管理总局、海关总署、国家食品药品监督局、国家税务总局、国家广播电影电视总局、国家新闻出版总署、国家质量监督检验检疫总局、国家预防腐败局、政企分开的烟草专卖局等部门和单位组成。

（2）国务院履约协调领导小组负责协调解决履约工作中的重大问题；统筹制定烟草控制战略、履约规划及有关政策；提出履行《公约》须制定和调整法律法规的意见；审查履约报告；评估履约工作进展情况。

（3）考虑到《公约》本身是公共卫生条约，各国控烟履约又多由卫生行政部门负责，建议领导小组办公室可设在卫生部。

（4）《公约》明确规定：“缔约方在制定和执行烟草控制公共卫生政

策时，应尽最大可能不受烟草业的影响。”因此，国家烟草专卖局在实行政企分开前，不得参加国务院控烟履约领导小组；工信部是烟草生产主管部门，且在牵头控烟履约中表现“不作为”，也不宜参加领导小组，必要时可请其列席。

2011年

关于将控烟纳入《国家“十二五”规划纲要》的提案

烟草流行是我国慢性病快速上升的主要危害因素。烟草业已成为我国最大的“健康危害型”产业。将控烟纳入《国家“十二五”规划纲要》（以下简称《纲要》）并组织实施，符合国家调整经济结构、转变增长方式的总要求，符合以民为本的施政理念，符合关注民生的施政方针，是实践科学发展观的需要。

将控烟目标纳入《纲要》，作为各级政府促进经济全面发展的约束性指标之一。

建议依据：

（1）将全面控烟纳入《纲要》并在全国统筹实施，是一项民心工程。

中国是世界上最大的烟草生产国和消费国，也是最大的烟草受害国。目前我国有3亿多吸烟者，7．4亿人遭受二手烟的危害，每年死于烟草相关疾病者达120万人之多，不加遏制，对人民健康和社会经济发展都会带来巨大的伤害。全面控烟，遏制烟草流行，意义重大。

（2）将全面控烟纳入《纲要》，是调整经济结构、转变增长方式的必然要求。

烟草业是我国最大的健康危害型产业。庞大的烟草消费是我国当前人民健康的巨大威胁，由此导致的包括医疗费用和生产力的损失等社会成本，已经超过了烟草业的税赋贡献。保护人民健康应当成为衡量经济转型成败的一项最重要的标准，对这种健康危害型产业必须加以严格限制。《纲要》对此应有明确的体现。

（3）全面控烟，提高人民健康水平，是建设和谐社会的需要。

控制烟草危害，保障人民健康，是建设和谐社会题中应有之义，人民的健康度直接关系到社会的和谐度。在我国这样一个烟草危害最为严重的国家，控烟尤为重要。提出控烟目标并实施全面控烟，是国家应当也必须向人民提供的公共产品和公共服务。

（4）善意履约是国际义务，关乎国家形象。

我国政府是《公约》缔约国之一。《公约》在中国生效已五年，但国内现有法律法规与《公约》的要求相距甚远，控烟履约绩效得分甚低，严重损害了我国的国际形象。将全面控烟内容纳入《纲要》，将是迈向积极控烟国的契机，展示在控制烟草危害、保护人民健康问题上中国作为负责任大国的良好形象。

（5）全面控烟是顺应国际潮流的明智之举。

《公约》是一个得到全世界绝大多数国家赞同的国际性条约。截止到2010年11月，已有171个国家批准了《公约》。控烟利国利民，顺乎世界之潮流，合于人群之需要。

（6）中国控烟成功，将具有重大国际影响。

中国吸烟人口占世界三分之一，中国控烟的成败决定着世界控烟的成败。中国应当为世界控烟提供“中国经验”“中国成果”，凸显中国政府坚持以人为本和科学发展观，为保障人民享有最高的健康水平所取得的成绩。

建议：

（1）《纲要》应提出控烟的总目标是保护当代和后代免遭烟草消费和接触烟草烟雾所带来的对健康、社会、环境和经济造成的破坏性影响，并对“十二五”期间控烟目标提出可量化的指标。

（2）《纲要》应强调全面履行和落实《公约》及其《实施准则》所确定的各项控烟措施。

（3）《纲要》应明确提出在落实有关控烟措施时要排除烟草业的干扰。

2011年

关于提高企业退休人员养老金的提案

企业退休人员养老金低的问题是长期以来存在的大问题。近年来，在党和政府及社会各界的关心下，企业养老金的标准已有一定的提高。自2005年起，国家连续三年提高企业退休人员基本养老金，并且从2007年年起连续三年，继续提高企业退休人员基本养老金标准。尽管如此，企业养老金的标准提高的幅度是偏低的，特别是企业退休人员与机关事业单位退休人员养老金差别过大的现状一直没有较明显的改善，反而有日益扩大的趋势。这与党中央倡导的建立和谐社会的目标也是不相符的，已到了必须解决的时候。

以北京市为例，将企业人员养老金与机关干部退休金标准进行对比，差距是悬殊的。2007年底企业退休人员的养老金平均是1380元左右，而机关干部养老金平均则在4000元以上。前者只为后者的1/3，难道他们所做的贡献与后者有那么大的差距？企业职工是社会财富的直接创造者，应当与机关事业单位人员同等享受经济发展的成果，但企业退休人员没有享受到改革开放的成果。

从1993年以来，企业与机关事业单位实行不同的工资制度，企业职工完成了由单位退休向养老保险制度的过渡，实行了基本统一的社会化养老金制度。相比之下，机关事业单位的退休制度则由各级政府财政负责，退休人员待遇与在职人员的关联度甚至还得到了强化。企业与机关事业单位退休人员的待遇随之逐渐拉大。

由于政府多次机构改革，许多机关工作人员转入企业，也面临着比在机关退休相差过大的“待遇”，应当说这是我国市场经济转轨时期的“特色”之一。对于这种如此悬殊的收入差距，全国各地的退休职工多次向有关部门反映，但始终没有彻底解决。这样明显的不和谐因素长期存在，很多群众认为根本原因是政府有关部门是政策的制定者和执行者，政府部门给自己制定的退休政策和给企业制定的退休政策是双重标准，甚至认为政府部门是近水楼台先得月。

企业退休人员养老金低的问题不仅严重影响了退休人员的生活，更严重损害党和政府在人民中的信誉。国务院会议提出妥善解决企业职工的退休待遇，让他们安度晚年，是政府的重要职责。因此大幅度提高企业退休人员的养老金，缩小直至取消企业与机关事业单位退休人员养老金的差距，是构建和谐社会的正确选择。为此提出如下政策建议：

1. 国家应制订规划在3年内或5年内，还清历史欠账，大幅度提高企业养老金，取消企业、机关、事业单位的退休人员养老金的差距。

2. 统一调整退休人员养老金的标准。同等情况的退休人员无论在企业、事业、还是机关单位养老金增长标准是一样的，以体现社会公平。

3. 大幅度提高职工每年工龄金。以北京市为例，2003年起北京退休职工每年可以领到3.5元的工龄工资，加上对老职工的倾斜，2007年每人平均上涨150元。这些职工为国家做了重大贡献，现都已经是六七十岁以上的人了，总是慢慢增长，恐怕很多老职工就等不到享受经济增长的好处了。这不应是负责任政府的做法。

4. 纠正企业养老金中工龄年限计算方法。现在计算工龄是按周年计算的办法，不够一年的不计算工龄不合理的规定，应纠正为不按周年计算工龄，职工工龄不足一年的，均以一年计算工龄。

2008年

关于企业退休职工养老金问题的提案

企业退休人员养老金是涉及群众根本利益的最大问题之一，也是社会各方面非常关心的生活问题。我几次上交提案指出了解决的必要性。让人欣慰的是，国务院连续第八年提高企业退休人员基本养老金彰显了中央政府对民生问题的高度重视，对此应予以高度肯定与支持。

2010年国务院会议提出妥善解决企业职工的退休待遇，让老人安度晚年，是政府的重要职责。回顾本届政府的五年工作，我认为以温总理为首的中央政府对群众利益、人民生活非常关心，对履行政府职责是兢兢业业，成绩也是有目共睹的。

在企业退休人员养老金制度的完善，待遇的提高方面做了大量的、富有成效的工作。比如，解决了关闭破产国有企业退休人员参加医保、老工伤待遇、集体企业退休人员参加养老保险等一批历史遗留问题；特别是连续八年增加企业退休人员养老金、在新医改中大幅提高基本医疗保障标准等，着力解决群众最为关心的企业退休人员养老问题。在全国建立了城镇居民养老保险制度和新农保制度，这一开创性的重大社会保障制度建设。在本届政府任期内，我国覆盖城乡居民社会保障体系的主要制度都建立起来了，这是全面建设小康社会取得的重大进展。正如温总理指出的：有了这两项新制度，几千年来中国人"老有所养"的愿望，在可预见的未来几年里就能初步实现。

公平正义是中国特色社会主义的本质属性。党和中央政府所做的一切，归根到底都是为了让人民过上富裕幸福的美好生活，实现社会公平、正义。建立健全养老保障制度是保障和改善民生、建设和谐社会的基础工程，是调节社会收入分配的重要手段。国务院决定，连续八年继续提高企业退休人员基本养老金标准，并继续向有高级职称的企业退休科技人员以及退休早、基本养老金相对偏低的人员倾斜，正是维护社会和谐稳定，保证人民群众共享改革成果的重要政策措施。

为了完善、发展中国特色的企业养老保险制度。现提出以下政策建议：

一、注重在制度建设。企业养老保险必须与国情和发展阶段相适应，与国家和城乡居民的承受能力相适应。当前重点应把企业社会养老金制度，根据经济社会发展再逐步完善制度和提高保障水平。

二、政府要确保责任到位。政府的职责主要是建制度、保基本、扶贫弱，即保证向所有参保的企业退休人员提供基础养老金。

政府作为制度设计者，要站在公平、公正的立场上，不能在企业人员的养老金制度设计上，远远低于机关事业单位的标准。

政府的职责要关注“社会平衡”，兼顾弱势群体，相应减少落差，包括收入落差和心理落差。

几千万企业退休人员养老金能“有所增长”，体现政府之德，若能“制度化增长”，则更体现政府之能。“野无遗老”，乃人民福祉、国家兴旺之兆也。作为政协委员，我会足感欣慰！

2013年

关于我国养老面临挑战的提案

一、老龄化概况

我国是人口大国，也是老年大国。国际惯例60岁以上人口比率超过总人口10%，65岁以上的人口比率超过总人口的7%，称为“老龄化社会”。早在2005年，我国60岁以上人口比率已达11.5%，65岁以上达到7.6%。在2014年 3 月两会上，中国社科院的数字，我国60岁以上老人已达2亿，占全国人口的15.4%。中国三无老人（无子女、无老伴、无经济来源）达3000万，全失或半失生活自理能力老人3000万，空巢老人1亿。据预测，2020年老年人口达2.43亿，2025年达 3 亿，老龄人口呈现增速快、失能化、空巢化趋势，未来养老问题日益严峻。1990年18个中国人养一个老人；2000年10个人养一个；现在 3 个养一个；很快就将要2个年轻人养一个老人。

二、存在问题

（一）养老主体缺位

进入老年究竟能依赖谁？我国传统的养老理念是“养儿防老，多子多福”，而在当代已不现实，1979年我国实行独生子女政策后，普遍是一个孩子的三口之家，呈现“4+2+1”的倒三角模式，一对年轻夫妇要赡养4个老人和1个小孩，导致很多年轻家庭负担沉重，照顾老人力不从心。有人戏称，中国独生子女一生是幸福的童年，沉重的中年，凄惨的晚年。

（二）养老政策缺位

养老保险替代率过高：养老保险替代率是指养老金领取水平与退休前收入水平的比率。现时我国职工占人口比例为40%。而根据国际劳工组织规定最低替代率应为55%，我国已经低于国际警戒线。

（三）养老资金缺位

我国政府财政对社会养老保障的投入较少，现时的社保投入水平仅占财政支出的7.5%，远低于德国的55.5%，加拿大的45.6%，美国的30.2%。然而现时中国政府每年的行政经费开支却高达20%。

（四）养老资源缺少

养老资源是指社会的养老福利院床位、护理设施等物质条件。目前西方发达国家每100位60岁以上老人，国家财政承担的公益养老院床位达18—20张，非洲国家也达到12张。然而我国即使经济条件较好的北京、上海、广州等地才达6—7张，内陆一些条件差的城市只有2—3张。北京市老人排队等候公办养老院的床位，一般要轮候几十年，最久的甚至要轮候100年。

三、政策建议

（一）养老主体应该是政府

政府的主要职责就是提供公共服务，要树立“以人为本”观念，成为养老人群的主要责任者。而家庭也应负起养老的重要责任，子女尽孝赡养老人是中华民族的优良传统。针对上述不足，制定相应政策，提高生活社会低层人群养老金替代率和退休金绝对额，适当降低社会保险金缴费率。

（二）大力发展养老服务产业

我国作为一个经济大国，最起码也应达到世界社会养老的中等水平，即平均每百名60岁以上老人应配设10—12张养老床位，每个社区都应设有养老院，首先收养失能、半失能的空巢老人进老人福利院，使他们能安度余生。资金投入民生工程，多建医院和养老院，不仅可以解决迫在眉睫的养老、医疗问题，而且可拉动GDP，加快经济增长，同时还可以解决就业。我国的养老业发展空间很大，估计产值可至20万亿。因为仅护工就需要1000万，但中国现今仅有100万护理工（有证书的只有20万），这方面的发展前途广阔。

当前我国养老产业存在较重的供需错位。许多养老中心搞成宾馆式，中式、美式、欧式、日式，收费昂贵，床位费+餐费+护理费一般6000元起步，医疗费另计。条件更好的养老公寓，则高达万元以上，普通退休者望而生畏。

实际上，必要的存在是护理型养老院，尤其是长期卧床的失能老人，他们需要专人陪护和康复治疗，而自理型的老人更适合居家养老，过日间有人照料和生活协助的社区生活。中华民族历来有重视家庭的传统，应当重点发展居家养老。但当前护工和保姆的费用高，达每月3000—5000元以上，不比住养老院便宜且要为其提供食宿。因此建议，普通小区在物业管理的基础上，增加家庭护理服务，上门的护理员为老人提供送餐、保洁等基础服务。老人入住养老院须每月支付6000元，其中4500元是床位费，1000元餐费，500元服务费，实际需要的只是这500元服务。如果社区能提供类似服务，老人则基本解决生活问题，每一老人每月为此付500元甚至更多费用可以接受。

政府扶持养老项目，不应是帮助保险公司或者民营企业搞养老地产，而是增加公立养老院，同时应大力发展非营利性或低营利性的家庭服务业，上门服务。让老人们得到应有的晚年照应。

2016年

关于重视知青养老 的提案

一、知青老龄化状况与问题

在我国社会老龄化大形势下，知青老龄化及养老问题尤为严峻。

据有关专家统计，我国60岁至70年老年人中，曾经上山下乡的知青约占到70%，21世纪以来退休的老年人中曾经上山下乡的知青占三分之二。当年知青中后来确不乏姣姣者，涌现一批国之栋梁，但知青群体中很多人却处境堪忧，许多人未富先老，退休金少，社会保障低。上世纪九十年代初，国企亏损倒闭，职工下岗，其中知青约占75%。政协委员梁晓声说85%知青处在社会底层。落入底层原因有多种，有的原本就是工农子女，家境差；有的文化水平低，没能升入大学；有的家庭出身不好，等等。十年浩劫造就了这一特殊的知青人群，其经历了经济转型中几次震荡：年轻时遭遇“文革”不得不下放到艰苦的农村农场，中年时因为教育程度所限面临下岗，晚年时其子女的就业状况又出现严峻的挑战。老知青们患病需要治疗，有的失去自理能力，陷入窘迫凄凉境地。现在老人中常见的心血管病，只要住院检查治疗10多天，就得花费1万多元，除去医保能报销约70—75%，病人还要自费25—30%。如果需动手术，手术费、住院费、护理费等动辄要几万、十几万，这对于只有1000多元退休金的知青老人，实在是难以承受，故有知青无奈自嘲：“小病拖，大病扛，只有等着见阎王”。

中国传统历来强调“老有所依，老有所靠”。人进入老年必然需要依靠，问题是，究竟能依靠谁?

中国传统的养老理念是“养儿防老，多子多福”，这对当代的中国社会已不现实。1979年中国实施独生子女政策，家庭普遍是一对夫妇、一个孩子的三口小家庭，独生子女婚后呈现“4+2+1”的倒三角模式。一对年轻夫妇要赡养4个老人和1个小孩，自己还要工作挣钱，导致很多年轻家庭负担很重，照顾老人往往力不从心。

在当今我国，要实现“养老靠社会”难免不现实，因为“养老靠社会”的实质就是要依靠社会公益组织，而我国的社会公益组织现时很不完善，国民慈善意识不强，捐助慈善多是发生大灾大难时，依靠民众善举不可能支撑养老。

中国政府是一个大政府，拥有无所不包的权力、财力。政府的钱都是来自纳税人，应当义不容辞地担起百姓养老的责任。

二、解决知青养老困境的建议

如何走出知青养老的困境，让广大老知青能安渡晚年，不仅是民生问题，也涉及中国的政治与社会和谐稳定。解决好知青养老问题，等同解决生活在中国城市底层弱势群体的困难，因而应予重视。建议：

（一）提高知青养老金替代率

中国政府应该大幅提高知青，尤其是生活在社会低层的知青养老金替代率（系指指养老金领取水平与退休前收入水平的比率），现时我国职工的养老金替代率为40%。而根据国际劳工组织规定最低替代率应为55%，我国已经低于国际警戒线。

（二）加大养老资金投入

我国政府财政对社会养老保障的投人较少，现时的社保投入水平仅占财政指出的7.5%，远低于德国的55.5%，加拿大的45.6%，美国的30.2%。然而现时中国政府每年的行政经费开支却高达20%。

（三）增加养老资源

养老资源指社会的养老福利院床位、护理设施等物质条件。目前西方发达国家每100位60岁以上老人，国家财政承担的公益养老院床位达18—20张，非洲国家也达到12张。然而我国既是经济条件较好的北京、上海、广州等地才达6—7张，内陆一些条件差的城市只有2—3张。 北京市老人排队等候公办养老院的床位，一般要轮候几十年，最久的甚至要轮候100年。

（四）设立专项知青养老救助基金

现时许多外国都设立针对特殊群体的救助基金，救助补贴那些曾为本国发展经受曲折苦难，如今生活又极为困难的弱势群体。而我国知青中相当一部分就是这样的弱势民众，他们当年响应政府号召上山下乡，在严酷环境中忘我劳动，患上疾病伤痛者众多，今又处境艰难，为此建议：中央、省、市、县各级财政都要设立知青专项救助资金，对在上山下乡中致病、致残和特困的知青给予一定的资金补助和物质照顾。军队官兵致伤致残可评定残疾等级，享受福利优待；工厂工人伤残可享受工伤待遇，知青也应获类似待遇，政府应为这些知青负起责任，给予关照，让他们安度晚年。

2016年

关于建立农民工子女义务教育经费分担机制的提案

在我国基本普及城乡免费的九年义务教育之后，进城务工的农民工子女的义务教育成为最为突出的教育公平问题。根据2005年全国1%人口抽样数据，全国农民工随迁子女数量达到1403万人。据教育部的统计，2007年在城市就学的义务教育阶段农民工子女为765万人。近年来伴随快速城市化进程，流动儿童规模日益庞大，增长迅速。以北京为例，义务教育阶段外来务工人员随迁子女由2000年的9.8万人增长到2009年的41.8万人；上海市义务教育阶段的流动儿童，由2001年的28.6万人增长为2009年的49.5万人。而据中国社科院和联合国发展计划署预测，到2030年，我国农民工数量将达到3.5亿，流动儿童与留守儿童将达到1亿。

近年来各地政府也采取多种措施积极有效地改善了流动儿童的教育状况；但这一问题尚没有真正从制度上得到解决。由于外来人口压力仍在持续增长，给流入地政府带来日益严重的财政、师资和土地等压力。人口大量集聚导致流入地区域性教育资源结构性供给不足的问题仍然比较严重，校舍、师资等教育资源趋于紧张，许多公办学校的班额已经超过了定额标准，进一步提高公办学校接收比例面临巨大压力。新建公办学校的经济成本很高，尤其是土地资源紧张和地价高涨，加剧了这一困难。许多农民工子女在民办学校就读，不能享受国家的义务教育免费政策；还有许多学生在外来人员自办的条件简陋的农民工子弟学校就读，教育质量低下，也不能享受免费政策。如何提高教育质量，使农民工子女不仅有学上，而且能够“上好学”，应当提到重要的议事日程。

未来十年将是人口自然变动对教育发展冲击最大的时期，在学龄人口总量减少和大量流动的情况下，教育供给和需求的空间格局发生了重大变化，迫切要求相应的教育政策也加以调整，以适应新变化、满足新需求。落实国家提出解决流动儿童义务教育“以流入地为主，以公办学校为主”的“两为主”政策，需要通过体制机制创新实现新的突破。

制度创新的关键，一是改变以户籍人口为主的现行管理体制，建立以常住人口为准的公共服务提供机制。二是将流动儿童教育作为全国性公共产品，强化中央责任和省级统筹，建立中央和地方各级政府分担的财政保障机制。

建议：

长期以来，解决农民工子女教育问题，存在各级政府之间资源配置的明显不对称，中央和省级政府只从事价值宣示而不承担财政责任，事权和财政责任都集中在最基层的区县政府。这一现实显然是不理想、不合理的。建议按照事权和财权统一的公平原则，明确各级政府主体的财政责任，建立由中央政府、各级地方政府分担的义务教育经费分担机制，从而建立地方政府办好流动儿童教育的可持续机制和激励机制。

1. 建立对流动儿童教育的中央财政转移支付制度

基于人口大规模流动的现实，需要建立流动状态下教育公共产品提供的新机制。从中西部地区流入东部城市的农村学生，其义务教育经费原本是由中央财政按一定比例分担的，中央财政应当继续实现这部分财政责任，建立对跨省流动儿童义务教育经费的转移支付制度。

2. 建立地方政府之间的流动儿童义务教育经费分担机制

在流入地政府，也需要建立由省级政府、地市政府和县区政府分担的义务教育财政分担机制。按照强化省级统筹的概念，由省级财政、地市和区县级财政分别承担相应的比例。这样在流动儿童集中的区县，可以得到来自中央、省级和地市级财政的转移支付。

上海市已经建立了市—区两级的财政分担机制保障流动儿童享受免费义务教育，由市级财政提供生均2000元，区县配套2000元。

3. 探讨拓展流动儿童义务教育经费的新来源

一些专家建议，中央可考虑授权流入地政府开征用于外来工子女义务教育的相关税费，或者允许流入地政府从土地开发和增值税中切出相应比例，用于外来工子女的义务教育，以确保外来工子女义务教育的稳定经费来源。

2011年

关于把保障国民健康列为基本国策的提案

习近平总书记指出："人民身体健康是全面建成小康社会的重要内涵。"国务院自2013年开始已连续两年颁布《关于促进健康服务业发展的若干意见》《关于加快发展体育产业促进体育消费的若干意见》，将全民健身上升为国家战略。建议进一步将保障国民健康列为基本国策。

当前严重威胁我国人民生命和健康的心血管疾病、恶性肿瘤、慢性呼吸系统疾病、糖尿病等慢性病发病率持续上升。治疗费用不但普通家庭难以承受，也给我国经济社会的发展带来沉重负担。只增加治疗环节的投入，是"治标不治本"的办法。

我国"九五"攻关研究结果表明，在健康教育和促进工作上每投资1元，就可以节省8.5元的医疗费和100元的抢救费用。针对目前肥胖症、高血压、血脂异常、糖尿病的4亿患者，如通过良好的教育、有效的干预等非治疗手段，可大量挽回劳动力资源，节约医疗资源费用，减少环境资源浪费。这一减一增，将为我国全面建设小康社会增加数千亿元的资金保障。

因此，国民健康必须坚持以预防为主的方针，增强全体国民的健康素质，重视健康教育，倡导健康的生活方式，解决引发疾病的各种因素，把保障国民健康列为基本国策，才能把庞大的医疗开支节省下来，这才是"健康强国"之本。

建议：

一、成立国民健康促进领导小组，发改委、教育部、民政部、财政部、人社部、国土资源部、环保部、水利部、农业部、卫计委等相关部委参与，建立跨部门的国民健康促进以及防御体系。

二、建立对食品、药品、保健品、化妆品和有电子辐射商品的全过程、可追溯监管体系，确保关系人民群众身体健康和生命安全的产品安全。不仅要建立原材料采购、生产制造、销售诸环节的可追溯体系，也要重视和建立对药品、食品、保健品、化妆品和有电子辐射商品使用过程的监督管理，特别是对其安全性的跟踪评价和再评价。

二、建立健全立足中医、中药、食疗等传统医学，包括健身、保健、足疗、健康饮食、体育、旅游和文化活动在内的健康产业和健康服务体系，大力发展围绕以创造健康和预防疫病为中心的产业和服务体系。

三、建立健全国民健康教育体系，教育和培养国民形成健康的生活习惯、运动习惯和工作习惯，引导国民把维护自身健康作为应当承担的终身社会责任。

四、建立健全生态环境指标体系，重点做好水、空气和土壤的安全评价，保障国民健康生存、生活和工作的外部环境。

五、建立健全促进全民健康发展的法律法规和政策体系，把健康保健费用纳入医疗保障支付范围，把企业健康管理投入公益事业范畴允许税前列支。

要把推广健康生活方式、普及健康知识、改造生态环境、扩大免疫计划、保障工作条件、发展健康产业和服务、增加健康保障支付等有利于国民健康的举措，作为“健康强国”基本国策的根本，通过立法或建立健全政府规制和政策体系，纳入法制轨道和制度设计之中。如促进营养立法，建立正规的营养师制度；在法定社会医疗保障支付中，应确定一定比例的费用支付，作为疾病预防和保健的费用，如每年允许报销一部分健身或健康培训的费用；在财税管理体制中，允许企业将应用于本企业员工的健康管理投入、资助社会的健康公益捐赠纳入税前列支范畴，鼓励社会资本投入国民健康事业。

2015年

关于交通管理亟待解决的四大难题的提案

一、应大力推广交通安全责任制，并以法律确认其地位和作用。交通安全责任制是现阶段各级政府依法加强社会单位交通安全管理的重要手段，也是各单位内部加强社会交通安全教育管理的重要依据，它规定交通安全责任制实行单位负责、逐级履行、目标管理、奖优罚劣的原则，对不履行交通安全责任制、发生严重交通违法行为、交通违章超标、重特大事故的单位进行处罚，为加强交通安全管理发挥了重要作用。据了解，国家新的《道路交通安全法》没有规定社会单位交通安全责任，给现阶段公安交通管理工作带来了难度。建议国务院立法部门在全国《道路交通安全法实施条例》中明确规定“各级人民政府应当建立并落实交通安全责任制”。

二、大力加强交通文明及法制宣传教育。现阶段有相当一部分市民群众、中小学生，特别是农村进城打工人员现代交通文明意识、遵守交通法规意识非常薄弱，由此引发的交通违法、交通事故时有发生，同时，也是造成交通秩序乱的一个重要方面。建议国家文明办、国家教委将广大市民群众、中小学生交通文明教育纳入重要议事日程，特别是首都北京，更要带头大力提倡交通文明，为全国树好榜样。另外，目前客、货车辆超载超限问题很严重，由此造成的伤亡事故也非常突出。据了解，一些专业运输单位雇用了许多外地驾驶员，有的驾车跑长途客运，有的运输危险品，给公共安全带来严重威胁。建议公安部尽快出台相应的管理规定，加强对专业运输单位的安全管理。

三、应在相关法律、法规中明确“交通协管员”的地位及作用。据了解，全国部分省市公安交通管理部门为弥补警力不足，在下岗职工中聘请了部分交通协管员。这些交通协管员经过正规培训，在路口交通秩序维护和停车管理工作中发挥了重要作用。在我国香港地区及世界其他国家也有类似的交通警察协管人员。如《香港地区道路交通条例》第58条规定：警务处长可委任交通督导员，交通督导员在警察指挥下，协助警察队执行定额罚款、控制及管理车辆等任务，除没有拘捕羁押搜查等警察特有权力外，具有一般警务人员的权力与责任。交通参与者不服从交通督导员的指挥与命令即为违法，可判罚款或监禁。北欧的芬兰、丹麦、瑞典等国家也都有受雇于政府的专门队伍，不属于警察，当地老百姓习惯上称他们为“抄罚单的”。一般两个人一组，沿街行走发现违法停放的车辆即开出罚单夹在车辆的雨刷器下，并在下岗后将通知寄给车主。据我所知，在我国交通协管员作为“协警”人员虽然在道路交通秩序管理中发挥了积极的作用，但其执法权限、执法资格等在法律、法规中还没有加以确定，以致招来许多非议。“协警”人员作为今后一个时期的发展方向，建议国务院法制局认真考虑在地方立法中明确交通协管员的性质、职责、权限，以充分发挥其作用。

四、解决交警警力严重不足问题。以北京为例，北京市已进入汽车化城市发展阶段，截至2003年底，机动车保有量已突破210万辆，道路总长度约5500公里。从了解的情况看：今年北京批准开工和继续施工的基础设施工程将达到385项，其中涉及交通基础的重点建设工程项目近百个，将对近400条道路带来明显影响。另外，全市计划实施的管线项目2251项，管线总长5641公里，道路拥堵的状况有可能进一步加剧。目前，北京交管部门直管的在编民警5200余人，除去承担宣传管理、车务管理、设施管理、事故办案、特勤警卫等工作的民警外，真正在路面执勤的民警不到二分之一，管控里程不足道路总量的30%，还有将近800个信号灯路口和大量支路、胡同地区未纳入规范管理。预计2008年北京机动车保有量将超过350万辆，城市交通压力将进一步增大。建议公安部根据道路建设及其管理研究交通民警编制问题；北京市人民政府人事部门研究增加北京交通民警编制问题。

2004年

关于房屋继承强制公证有悖依宪治国应予纠正的提案

一直以来，在房产继承手续中强制公证的做法受到群众的普遍反感。这种做法不但没有法律依据，违反了依宪治国和依宪执政的精神，而且是赤裸裸的部门垄断利益，在实践中更导致了各种矛盾，应当利用实施和完善《不动产登记暂行条例》的契机予以纠正。

一、强制继承权公证缺乏法律依据

在房屋变更登记时强制继承权公证的做法源自1991年司法部和原建设部下发的《关于房产登记管理中加强公证的联合通知》（司公通字〔1991〕117号），该通知文件自1991年10月1日起实施至今已有23年时间。根据该通知关于“继承房产应当持公证机关出具的继承权公证书”的要求，长期以来，老百姓办理房屋继承手续，即使没有纠纷也只能先到公证处办理继承权公证后才能办理过户手续。

该联合通知与《物权法》、《继承法》、《公证法》的相关规定相违背，已经被《最高人民法院公报》认定不能作为登记机关不履行登记职责的依据，在四中全会已经将依宪治国确立为治国理念的大背景下，以一纸“通知”的方式，将一项产生繁杂手续、高额费用的义务强加给广大人民群众，在以前也许行得通，但今后要予以杜绝，因为人们的行为，只应该受法律法规的制约。

二、强制继承权公证导致各种矛盾

群众办事不便。办理继承权公证过程中，公证处要求群众出具的证明材料非常繁杂，许多情况下超出了普通群众的能力范围，经常导致房产长期无法办理继承过户的困境。

增加群众负担。继承权公证的费用按所继承房产价值1%—2%的标准收取，在房屋价格高企的今天，这种强制性收费不但成为群众一大负担，导致群众普遍不满，而且有悖于法治精神。

制造不必要的矛盾。办理继承权公证时，公证处要求所有继承人都在场，有时候甚至已经几十年不来往的继承人也不例外，这种做法使得一些本来没有争议的继承案件演变成新的矛盾纠纷，简直是是添乱、添堵。

继承权公证仍然无法化解登记风险。有人认为，公证机构公信力高，如果取消公证前置程序，会增加登记机构负担、加重登记风险。公证的作用不能否定，但应该看到公证也是有局限性的。近年来，由于某些公证人员业务水平低下、把关不严、徇私枉法甚至恶意串通等原因导致了一些侵权案件和赔偿诉讼的发生。将审查权利交给水平不一的公证处未必比统一的登记部门审查更有优势，而且以公证审查代替行政审查违反了《不动产登记暂行条例》。可见，即使进行公证也不一定能排除相关风险，指望公证能消灭房屋继承登记中的所有风险是不现实的。在继承登记的实践中，为了保护群众的合法权益，真正应该做的是完善转移登记等制度，确保房屋所有权继承登记符合不动产统一登记精神。

三、重庆南京等地已经不再强行要求办理继承权公证

重庆南京等地的房屋登记部门取消强制继承公证后并未出现混乱，为全面取消强制继承公证积累了经验，提供了有力的实证基础。

四、建　议

1. 废除强制继承权公证的做法

为进一步贯彻依宪治国理念，解决群众呼声强烈的问题，应当立即纠正目前部分地区仍然在不动产登记中强制继承权公证的做法，同时，为了避免矛盾和风险，有必要进一步完善房屋继承登记制度。

2. 公开房屋继承登记的办理标准

对法定继承，应当允许当事人自行提供手续，登记部门应当在办事大厅

或门户网站公开办事标准和文件模板，当事人的申请符合要求的应当及时办理法定继承过户登记。

3. 对接专业遗嘱登记机构，防止登记风险

对遗嘱继承，为防止伪造篡改遗嘱、不合法遗嘱等风险的发生，应当与公证处、中华遗嘱库等遗嘱登记机构进行业务对接，经过核实后可以直接认定遗嘱效力。

4. 建立继承公告制度

在继承人所在地、房产所在地、被继承人生前所在地的基层单位进行公示，在公示期满后及时办理房地产变更登记。

2015年

【会议发言】

从黄炎培与毛泽东"周期率"对话说起

1945年7月1日，抗战胜利前夜，我的父亲，民盟、民建的主要发起人黄炎培与其他五位国民参政员一道访问延安，与毛泽东主席长谈十多个小时之后，黄炎培对毛泽东不无感慨地说："我生六十多年，耳闻的不说，所亲眼看到的，真所谓'其兴也浡焉''其亡也忽焉'，一人，一家，一团体，一地方，乃至一国，不少单位都没有能跳出这周期率的支配力。大凡初时聚精会神，没有一事不用心，没有一人不卖力，也许那时艰难困苦，只有从万死中觅取一生。既而环境渐渐好转了，精神也就渐渐放下了……一部历史，'政怠宦成'的也有，'人亡政息'的也有，'求荣取辱'的也有。总之没有能跳出这周期率……"

毛泽东肃然作答："我们已经找到新路，我们能跳出这周期率。这条新路，就是民主。只有让人民来监督政府，政府才不敢松懈。只有人人起来负责，才不会人亡政息。"

与黄炎培谈话后，毛泽东非常重视，连夜召集中央五大书记讨论。离开延安后，黄炎培也非常重视，由其口述，我母亲姚维钧执笔，发表《延安归来》一书，向世人公诸此对话。

共产党为何能得天下？"周期率"对话做出了回答。

70年前，中国共产党站在历史高地，几千年中国历史凝结出来的历史高地上。

70年前，中国共产党站在智慧高地，几千年历史凝聚出来的智慧高地上。

70年前，中国共产党站在道德高地，中国的道德高地、人类的道德高地上。因而，黄炎培深感“中共应该有天下”。

70多年来，伴随着历史曲折，“周期率”也有着不凡的经历，承受衰荣与沉浮，一度置于冷宫。然而即使在那时，在毛泽东心间，仍或并未完全忘记与老朋友的这段对话。他仍在思考，在他书房仍放着黄炎培临终前赠他的《八十年来》一书，直到去世，书上还留有他用笔划下的印迹。

“文革”之后，许多健在的父辈老领导不约而同忆起提及这一对话，“周期率”重获关注。

改革开放后，我国经济社会各方面焕发新春。盛世之下，中央领导也曾引用“周期率”。中共十八大以来，以习近平同志为核心的党中央本着对党对国家高度负责的精神，以砥砺前行、迎难而上的气魄，全面从严治党，坚决反腐，加强监督，规范吏治，以动真碰硬的勇气和永远在路上的决心，大无畏地解决近些年党和国家干部队伍中出现的腐败劣迹。在这场关乎党和国家命运前途的严肃斗争中，习近平主席在讲话中不止一次地提及、引用“周期率”对话，警示鞭策全党全国，意味深长，令人深思。这是以习近平同志为核心的党中央深具自信感的表现！是对党和国家命运深具责任感的表现！是承继过去、面向未来，深具历史感的表现！

今年1月22日，习近平主席对党外人士肺腑相告：“‘虚心公听，言无逆逊，唯是之从。’这是执政党应有的胸襟。‘凡议国事，惟论是非，不徇好恶。’这是参政党应有的担当。参政党一个重要职责是让执政党听到各方面声音，特别是批评的意见。同志们要敢于讲真话，建诤言，客观反映情况。”这些话令我想起毛泽东当年对黄炎培所说，真可谓一以贯之，一脉相承。

担任政协委员以来，我深感中国共产党和民主党派老一代共同确立和承继下来的人民政协，是内涵极其丰富的伟大创造，尚可进一步丰富、完善和发展，使之与时代更相适应。

我衷心祝愿在以习近平同志为核心的党中央领导下，我们沿着70多年前毛泽东主席指明了的跳出“周期率”的道路继续前进，不忘历史，不忘初心，我们应当跳出，最终也一定能够跳出历史“周期率”。

2017年

文史资料工作

父亲黄炎培与母亲姚维钧的情书故事

灵珰百札，一部紫红色封面纸夹，里面装有一百几十封信及诗词，是20世纪40年代初我的父亲黄炎培与我的母亲姚维钧的相恋情书。

1937年全面抗战开始后，父亲离开故土上海辗转武汉、长沙来到陪都重庆。1941年，父亲赴贵阳大夏大学（今上海华东师大）讲学，与母亲邂逅。父亲返回重庆后，二人开始书信往来，用纸和笔开始了感情历程——从师生相称叙谈家常的普通友人，进而到相谈甚欢的邻乡好友，再又及情意日浓、盼对方来信如大旱之望云霓般的情侣，终至信订终身的待婚夫妻。到1942年母亲大学毕业，短短八个月内，二人的通信有107封之多。

物转星移。1954年8月16日，父母已携手走过了12年。这期间，父亲经历了访问延安、参加国共和谈、创建民建、出任首任政务院副总理等一系列重大历史时刻；这期间，父母育下我们姐弟四人。为了纪念这段不平凡的岁月，父母特定制了紫红色纸夹，父亲亲笔题“灵珰百札黄炎培姚维钧共同生活第十三周年开始1954年8月16日北京”。1962年夏父母结婚二十年时，父亲又重新抄录了自己信中的诗词，取名“灵珰酬唱集”，母亲也重新抄录了她的诗词，一并放入灵珰百札。

为什么取名“灵珰百札”呢？这得从“灵珰”两字说起。

1942年7月27日，父亲致母亲第100封信。这一天是二人团聚之前最后一次月圆，他俩相约在重庆、贵阳两地同时赏月。欣赏月色之余，父亲写下了六首词，首节如下：炎培自重庆讯贵阳维钧既毕大学业，将自筑来渝，践白头之约。谓此最后一度月圆，在离别中弥足珍视。约以7月26日即农历6月14日下午八时至九时异地同时赏此月色，而各写所怀，余因成斯制焉。

佳日兮辰良，
孤月兮双江。
山房兮云树，
张之园兮夜未央。
思佳人兮来迟，
诉家国兮迴肠。
乞灵娥其谛听兮，
愿在耳而为珰。

这首词原名“月诉”，后取末句词意，改名“灵珰”。这就是“灵珰”二字的由来。

我与灵珰百札的不解缘

我与灵珰百札相遇很早，40多年前它就到了我手上。1965年底，父亲病逝。1968年初，我母亲离世，灵珰百札便开始由我保存。

1969年11月初，一声“离京”令下，全家人纷纷跑到委托行卖掉电视家具一类家什，然而文字的遗物我是不敢抛弃的。于是，我携上父母所留遗物包括灵珰百札，随我当时所在的北京外贸学院（“文化大革命”后改称对外经贸大学），赴河南信阳固始县，在干校度过了近一年时光。次年的7月算是大学毕业，我被学校军宣队分配到山西太行山上的高平县，随身亦带有灵珰百札。

1985年，已是中国社科院学者的我应邀赴美国，先后在霍普金斯大学、哥伦比亚大学、杜克大学访学或攻读学位，我的行囊中依然有灵珰百札。三年多后，它又随我从大洋彼岸回到北京，及至今日。

我与灵珰百札又相识甚晚，直至2009年我才打开它。此前，我不止一次拿出，想打开它，但每次手都在颤抖——如同每次捧出红布包裹的母亲遗骨（特殊年代里曾放在家中橱柜里多年），我始终未敢打开一样。随着逐渐步入老年，我更懂得珍惜岁月，常思所余之年应当做些什么。冥冥之中总有提醒在耳：到了该把父母遗物整理出来的时候了。于是，在我开始保管灵珰百札整整40年后，我开始翻阅半个多世纪以前父母的这百多封情书。

父亲的第一次婚恋

父亲和母亲的通信始于1941年，当时父亲63岁，母亲32岁，二人相差31岁。这是母亲的初恋，父亲则是丧失原配王纠思夫人年余。

父亲的第一次婚姻来得并不容易。父亲生于上海浦东川沙内史第，出身书香世家，少年时家境走向没落。13岁丧母，17岁失父，一年多后，疼爱他的外祖父也去世了。18岁的他不仅要养活自己，还要抚养两个妹妹。父亲写的一手好文字，川沙和邻县南汇的书院，他每去投书必中奖金，但仍难以彻底脱贫。到了寻亲年龄，托人寻过几家，都被拒之门外。到第六家的时候，女方王纠思的父亲王筱云是位附贡生，早就读过父亲的诗文，对他极有好感，便许下这门婚事。不久，父亲以第一名成绩考中秀才，遂于1899年与王纠思完婚。二人共同生活40余年。

王纠思为人聪慧，善解人意，尤擅理财持家。父亲长年在外奔走事业，办学兴教，而苛己甚严。他1902年底办川沙小学堂任总理（校长）并授课，不领分文甚至自带午餐。而后办开群女学、广明师范等，都取之有限。1906年，浦东中学开办，父亲为首任校长，本应领200元薪水却只领80元。长年这种收入状况，不仅对父亲本人，更是对夫人王纠思的挑战。但擅长理财的王应对有方，挺了过来。我的几位大哥大姐到了老年仍对童年清苦的生活记忆犹新：上顿豆芽、下顿豆芽；天天豆芽、月月豆芽。夫君为事业甘心，夫人也从不抱怨，心甘情愿挑起生活重担。北洋政府曾两度下令任命父亲为教育总长，一度任命父亲为直隶省教育厅长，一旦上任收入不菲，但均遭父亲谢绝。他潜心于教育救国，获得王纠思的充分理解与支持。

1937年抗战爆发，父亲辗转内地至川渝，王留守沪上，孰料竟成永诀。

1940年12月王病逝，远在陪都重庆的父亲写下悼妻诗：

谁说天长地久来，吾生万念一时灰。
悲欢聚散寻常事，浑厚精明未易才。
去后茅檐犹待火，来时玉镜不成台。
庸庸四十年闲福，迸作昆鱼永夜哀。

夫人去世后，前来给父亲说媒的人委实不少，但父亲常是一脸严肃，与人不苟言笑，更不触及儿女情长之事。有些小报专门探听名人隐私，当时国民参政会参政员的第三方代表中，黄炎培与沈钧儒同为丧妻之人，故而备受报纸关注，更有甚者捕风捉影，无中生有捏合黄炎培与某著名女子大学的漂亮女校长，一时传得沸沸扬扬。但父亲是有个性的人，他依然沉浸于对妻子的忆念中，他这段日期的日记中，不乏“哭”“大哭”的记载。这种心绪下，谈何再恋再娶！

花甲之年又逢春

1941年，日本偷袭美国珍珠港成功，太平洋战场上得逞一时，对中国更加甚嚣尘上。刚刚丧妻的父亲，更处在国难家亡之际。此时，母亲走入他的生活。

1941年11月，父亲应邀来到贵阳，在大夏大学等处作抗日形势的讲演。大夏大学即今天的上海华东师范大学，抗战期间迁至贵阳。当时母亲在此就读，即将毕业时兼作教师助理，赚些生活补贴。听到熟悉的浦东家乡语调，远离家乡、举目无亲的母亲倍感亲切，她更被父亲的抗日激情所感染，对父亲极为钦佩。

1941年12月21日，母亲给父亲写了第一封信。十分遗憾的是，自我接手保管灵珰百札起，就未曾见过这封情书。但从父亲12月25日的回信中可以看出母亲这封信的大致内容。母亲表示愿拜父亲为师，父亲回信中说：“师事不敢当”，“炎固乐与青年为友者”。之后的几封通信，父亲称母亲为“维钧”或“维钧学友”，母亲则称父亲为“任之老师”或“任之吾师”。双方来往信的内容多以介绍自己情况和询问对方情形为主，谈不上深入，更不可能有情感的交流。

从第十封信左右，即彼此各有五六封信之后，两人从一般朋友逐渐变为密切的异性朋友。母亲向父亲倾诉自己离乡背井的心境，也叙述自己的校园生活、学习状况，而父亲则向母亲讲述自己繁忙的生活和公务安排，表达一直埋藏于心的忧国忧民情怀。

时年60多岁的黄炎培，从丧父失母的农家孤儿，经历了求学、反清、被捕、逃亡、办学、革命、拒官、抗战、参政等坎坷命运，忧国忧民、救国救民，无疑已是他几十年生活的主题。尤其是在1941年、1942年抗日战争最关键、最严峻的阶段，他的公务以抗日为中心，他的事业以抗日为主题，他的生活以抗日为内容。从父亲的信中可以看出，这一特点无处不在。而在这方面，母亲可谓与父亲志同道合。对于一位能舍家别乡、不甘做亡国奴的女青年来说，还能有什么比爱国爱家更能引起她的共鸣！

两颗心越走越近。然而，一个是已成就蜚然的知名教育家、社会活动家，另一个是尚未完成大学学业的学生，他俩之间的社会地位多么不相称！但对于一个在事业征程上艰苦攀登的人来说，父亲一旦有这样一个愿听懂他、能听懂他的女性，无疑就是他的所爱。

父亲的求爱信

父亲向母亲求爱了。

1942年6月14日父亲在信中写道：

此小笺内一切希望你暂勿使第三人知。维钧，我确是很爱敬你，这几个月来太亲切了，人生有这样一种需要。过去有什么苦痛，有什么满意，有所得有所失，必以告夫人，不同处时必函告。今我自然而然以待夫人之礼待君，此语君听了勿怪唐突，勿生气。这一首歌是代表我最近对君的观念，中间火烈烈，平坦坦两句自道尚觉真切。自君和我不断地通信，使我精神更兴奋思想更活泼。维钧，我自信对国家，对民族应当负起重责，而此时远没有尽。君今助我了，今后能继续助我么？‘此心白到天堪表’，可以自白（此句现为友人传诵）。维钧，你想我万分热烈而实纯洁的一颗心，不知不觉地输送一切到你身上，恕罪，恕罪！将你的感想复我。

对父亲的求爱表示，母亲是怎样的反应呢？6月25日，母亲复信——

任之老师：

……

……

我不明白怎的，不知不觉中蒙你这般宠爱？感谢任师厚意，赐物已郑重藏起，信中一切读后凝神好久，接着又理智地分析一下。任师：我觉得你现在不能爱我，理由如下：一、你认识我的时间太短，没有观察到我整个的人，将来发现我有许多缺点时，也许会感到不值得爱。二、诚如你所说的“没有见过面”，一个没有见过的人，怎么能够爱？任师：我很客观地为你着想，贡献你这两点，你以为如何？你是否要不满意我的答复？但是，任师！你不要难过，我有一颗和你一样的心。自从有知识以来，都深深地藏在那里，我又自信很爱国，但深恨力薄，没什么贡献国家，只是识得你为国家的救星，你能担负起救中华的重任。你若真的能因我而使你更兴奋，更活泼，为国家尽更多的责任时，那今后你需要我协助的地方，我必尽力助你的。

……

……

任师：我和你所处的时代环境中所引起的感想尽相同，而我们努力的出发点亦尽相同。唯吾师的努力，是有理想亦有计划，有计划即能实行，实行后却能收效的。维之所以敬佩吾师到这地步，其中也包含这一点。任师！我自信我只身跑到内地来，是受着爱国心的冲动，到内地后想更努力的正己正人，是目击内地情景使然。任师！我愿追随在你后而共同努力，挽救这危险万分的家。

诗中表现边地情形很真切，吾师爱国爱民之热忱亦时时涌现于行间。其描写社会实况及民生疾苦均很清楚，大有杜甫的作风，能代表一个时代的。我本不敢对吾师作品下评语，只是感觉到这样就这样乱说，尚祈纠正！

母亲的心被打动了，她嘴上未称接受，心上却领受了。

父亲写给母亲的是怎样一首歌呢？现抄录如下：

“娘子岭下山花一株，白色艳绝。撷其一朵，胜以山红豆数颗，寄赠我所敬爱的维钧学友。而为歌以送之时太平洋战事再度告捷。

你这花儿呀！天生你在碧涧旁，青峰下。很庄严地天然白玉无暇。我想：你是秉受着天地的精英，人寰的正气，仗你的贞操，年年苦战那雨横风斜。凭你的智谋，时时拒绝那蝶扰蜂哗。你更没有其他良伴，只有那光莹的夜月和清丽的朝霞。我所不解的，在几千里松灌道上，一千五百三十公尺高的娘子关前，百千万亿山花，何止像恒河之沙！当山风向你轻轻地吹拂时，忽然对我起舞，接着向我微笑，刹那间勾起情丝，种下情芽。说你有心呀，你这般奢遮。说你无心呀，你不是傻瓜。你老不睬那阔绰绰地锦衣公子，绣阁娇娃。偏错爱了我穷书生冷落乌纱。惭愧！惭愧！我只认清你香是国香，色是国色，你所象征着的，是光明灿烂的中华。有识得你的，说你是牵牛一族。牛郎呀！我今指红豆为良媒，欢送你趁着七二佳期，去投奔那天孙之家。天孙倘说：弥天浩劫中，我俩忍心享受幸福呢！那便答复天孙：人间天上，几多好消息，满装着太平银汉仙槎。天孙！天孙！幸福要自求的，休倚着七襄机短叹长嗟。”

父亲用这首歌，用他的爱国激情，用他钟爱万物的热忱，敲开了母亲的芳心。

此爱绵绵无绝期

与许多相爱中的男女一样，一旦确立了恋爱关系，二人不得不马上又面对现实。与当初的主动相反，母亲此时迟疑了。父亲说到他与先夫人育有五男四女、他们与自己年龄相仿时，当听到父亲一个丧夫的妹妹在照管这个家庭时，不乏理智的母亲心感沉重了。

母亲的犹豫与却步，使已对母亲在感情上深深依赖的父亲“病”倒了。

乏力、虚脱、昏迷……与平日精力充沛、激情四射时判若两人。母亲获知父亲病倒后，心中的犹豫和迟疑顿时烟消云散，有的只是对父亲的挂念，对自己的自责。于是，感情战胜了顾虑，这场短暂的关系危机戏剧性地结束，二人迅速信订终身。百多封信的收尾几封，都是在商量母亲如何从筑赴渝、父亲如何去迎这些具体事宜，父亲的细腻、周到跃然纸上。

1942年7月，母亲来到重庆，8月16日，二人在重庆张家花园巴蜀中学礼堂举行婚礼，穆藕初、张一麐为证婚人，杨卫玉为介绍人，沈钧儒、江一平等名流参加。黄炎培当场散发婚事经过告亲友书，文中有“佳人易得，同志难求”之句。这是黄炎培对姚维钧的评价，也是对七八个月以来二人通信百多封的感情之旅的评估。从阅人无数的黄炎培之口出语此等评价，母亲足矣!

值得注意的是，父母在通信中还谈到了父亲后来赴延安时与毛泽东探讨的周期率问题。父亲的信上写道：“诚然进而究统治者何以腐败，则实受一种周期率的支配，‘由成功而畏死贪生而失败而冒险而成功’。此乃社会演变的周期率，一治一毙即受周期率之支配。”

父母婚后的第三年，父亲与毛泽东在延安作了著名的周期率对话，提出如何克服历史兴亡周期率的“黄炎培周期率难题”。回渝后父亲口述、母亲执笔写出《延安归来》一书，为此招致反动派抄家。母亲受惊吓，怀胎八个月即早产生下我，只有三斤多重。母亲说，“苦儿有命”，“苦儿有福”。

然而，母亲却无命无福。1965年底，父亲病逝，1968年1月，母亲去世，以自己的不屈与生命为二人的感情之旅画上了重重的一笔惊叹号。

黄炎培的故事

前　言

今年是父亲黄炎培诞辰110周年。国内有关方面和人士正在筹备活动，举办展览、出版诗选，以怀念这位中国的教育家、政治家、学者兼诗人。

父亲经历了清朝、民国、北洋、国民党和中华人民共和国五个时代，历尽曲折、坎坷一生。从一位前清举人到反清义士，从几朝不肯出山做官，两辞教育总长而不就，到新中国受任副总理、部长、副委员长。他是中国民主同盟、中国民主新中国成立会的创建者之一，并曾任第一任的负责人。在中国遭受外辱的抗战年代，他逐渐从学场走入政场，与共产党人一起加入国民参政会并活跃其中，呼号抗敌。抗日胜利前后他以国共以外第三方代表之一的身份，飞延安、上南京，在国共间奔走和谈，避免战事。最值得一提的是他倾毕生精力为之奋斗的教育事业。从他25岁办起第一座学校开始，而后创办改办暨南大学、上海商大（今上海财大）、南京高师、东南大学、河海工程学院、同济大学、厦门大学等。1915年赴美国等地考察后引进并首创了中国的职业教育，他办起并经手几十年的中华职业教育社迄今已有70年的历史。

父亲早年投身辛亥革命，是老同盟会会员，但是之后他几十年中不肯加入国民党。从埋首教育事业开始，长年中始终保持着独立的知识分子人格。他同许多国民党元老都是朋友，尤其与张治中、邵力子、陈诚、孔祥熙、张群、于右任、顾维钧等人。对于国家长期分裂的局面，他尤感痛心。

父亲不是共产党人，却是共产党的诤友。从抗战开始，父亲认识了共产党。1945年赴延安一行归来所著《延安归来》，一时轰动全国，为国统区的青年和知识分子们竞相传阅。父亲在延安与毛泽东所作关于周期律问题的谈话迄今发人深思。中华人民共和国成立后，为官的父亲多次上书毛泽东，力陈己见。对他收到的群众来信，尽可能予以协助并不惜捅到最高层那里。或因勤于建言，他是共产党以外获得毛泽东书信最多的人，至他逝世保存着毛泽东亲笔信函60余封。

父亲与海外侨胞有着长期的深厚关系。陈嘉庚、司徒美堂等人是他多年的挚友。他经常在华侨报刊上著文，谈论国事，指砭时弊并为侨胞呼吁。

父亲是这样的一位知识分子，他真诚、恳切、执着、饥渴地追求真理与信仰，不唯上、不唯书、不唯己，而不断地在实践中予以检验，不断地予以修正。然而作为他追求的初衷与基本出发点，即渴望中国国家富强、社会兴旺、物质丰裕、人民做主、摆脱贫苦、摆脱欺凌、摆脱独裁、摆脱愚昧，却从未变更，并笃信一生，孜孜以求。为此，他经历死刑、逃亡、通缉、出走、拒官、上书，而不悔不绥、不屈不挠、再接再厉、再仆再起，做了他一生很大的努力。

“文化大革命”前夕的1965年底，父亲去世了。我有幸和他共同生活了20年。或许是因为作为儿子的我本人也曾经“文化大革命”的风雨，特别是投身改革的风浪，在父亲故去20余年后的今天，我越来越能够理解父亲，理解父亲的人格，理解父亲所走的道路。老一代知识分子，无论成败，都要逐渐退出历史的舞台，新一代的中国知识分子们，无论身在国内或客居他乡，已经并必将陆续走上中国与世界的舞台，中国会在这代新人之手走向何方，新一代的中国知识分子们怎样找寻自己的社会位置，对此，老一代的经历肯定是有益的。中国今日是昨日之继续，老一代知识分子的经历可以是新一代目光所向的历史参照系的一部分，为此，同时为了纪念，将我直接、间接了解父亲的历史择写成文，面世海内外。对于我，最常铭记于心的是父亲留给我们的座右铭，谨抄录于此：

理必求真，事必求是，言必守信，行必踏实。
事闲勿荒，事繁勿慌，有言必信，无欲则刚。
和若春风，肃若秋霜，取象于钱，外圆内方。

1987年春于纽约

一、童年少年

生我

生来伴我菊花黄，
拼共西风战一场。
温暖母怀忍回忆，
呱呱三日便重阳。

——黄炎培诗《生我》

（黄炎培《八十年来》，中国文史出版社1987年出版，下同）

江浙两省，吴越旧地，物产丰富，人杰地灵。从黄浦江西岸隔江望去，一片葱绿，连绵不断，这里就是俗称的浦东，也称浦左。浦东依江靠海，西濒太湖，这块三角洲不仅风光优美，气候宜人，而且历来是生产农产品尤其是棉花的盛地。有名的川沙丝绸就生产在这块三角洲上。

1878年农历九月六日（公历十月一日），正是重阳节前三天，川沙县一位黄姓私塾先生家里生下一个男儿。这是黄姓夫妇的头胎。吉日生良子，自然父痛母爱，取名“炎培”，炎黄子孙，要培养成才。

父亲黄叔才是本地很有些名气的秀才先生。他在地方有名气，不是因为别的，而是在于他好管闲事，好打抱不平。虽然黄叔才自己的家境堪称潦倒，没有地，住的是母亲家的房子。

说起黄叔才的母亲沈大小姐家的房子内史第，倒是在川沙甚至在江南都有些名气。沈家大小姐的哥哥沈树庸曾任清朝内阁中书，专司政令，管理奏章，位不高而权高。回乡后于1834年修建内史第。当时全国只挖到三块作为最早的官定儒家开山经本的《熹平石经》，而沈一人已收其二于屋下，另有精品初帖三箱，汉碑、唐石、宋拓数百件，因而在内史第楼上开辟《汉石经室》，专供参观游览，引得江南名士纷至沓来，纷纷前来观赏，内史第因此名声大振。更值得一书的是，1890年前后，宋庆龄的母亲川沙藉的倪桂珍租借去内史第几间房，在此安家，陆续生下宋庆龄、宋美龄、宋子文三兄弟等。而五四名人胡适，童年时也曾迁到内史第居住过。

有一天，家乡南汇县跑来一位周姓穷秀才，气急败坏地告诉黄叔才自己的父亲刚死，老婆生了儿子，被县里以“服中生子”的罪名提堂。黄叔才一听，二话没说，拿起《大清律例》奔到南汇，找到知县厉声质问：你看过这本东西没有？上边哪有“服中生子”罪，倒是有“故入人罪”一条，你现在就是犯了这一条。知府不明来者底细，惶恐之下，只好宣布周案作罢。

母亲孟越清，温良贤慧，待人厚道，是沈家二小姐嫁给孟家后所生，与黄叔才母亲是亲姐妹。他父亲孟荫余一生种花、种桑、养蚕，闲时在家读书赋诗，却不去应试考官。原来是她爷爷立下的一条家规。她爷爷是被清朝官府勒索捐款，无力交纳而被迫投水自尽的，临时立了这条遗嘱：不做官。

父亲的豪侠，母亲的温良，融到了儿子的身上。还是在襁褓中，看到邻家孩子捕来美丽的蝴蝶拿针扎上，黄炎培大哭不停，直到放走了这个蝴蝶才罢。带他去看戏，一个饿得去偷吃的穷孩子，叫祝三团，被抓住绑在柱上痛打。黄炎培问大人：为什么不给他吃饭？母亲给他讲《珍珠塔》的故事，那主人公方卿的遭遇，他记了整整70年。后来他有诗：“余与逢场听官弦，珍珠塔影隐华筵。人情冷暖儿时识，母训回头七十年。”

母亲教他识字、写字，教他给外出任职的父亲写信。他学文化，也学着做人的道理。“对人好些，自己节俭些”，母亲老是对他这样讲。他贪玩了，平时温静的母亲板起脸孔、皱起双眉，叫来儿子：“儿呀，你看！谁在那里闲荡过日子？公公怎样？婆婆怎样？爹在外边怎样？农民们一个个忙得怎样？只有你既不读书，又不做事，怎么对人得起。”这条母训又记在这个儿子身上，记了整整一辈子。

是啊，对他来讲，世上最美的人，就是母亲！世上最亲的人，也是母亲。直至1951年，74岁的黄炎培写诗回念母亲，前言：“童年失母，无夜不梦，渐长、渐老、渐稀。昨夜七十四回轮的儿子，忽然投到他诀别了六十一年母亲怀里来了。”

川沙虽美，可天不作美。19世纪中国的东南沿海，洋人兵舰炮声远近可闻。更不用说这块土地上，已经是贪官遍地、恶棍满乡，就像一棵枯树，从根上烂掉了。川沙再美，布应不了满街的乞丐。川沙再富，也受不了满街的鸦片鬼。十几岁上，父母一先一后死去了。顿失怙恃的黄炎培，还要担负起照顾两个妹妹的责任。兄妹三个被收养到外祖母孟家。

孟家在川沙县的东乡，是一个典型的南方乡下的书香门户。孟家房子后边有个“东野草堂”，明漪桑田、荫人环丝。黄炎培耕于此，也读于此。“少长田园知疾苦……当年东野读书堂。”后来他又进入私塾。

川沙街上的乞丐格外多。那时的乞丐似有文化差别，有一种叫“文乞”。一件长衫，不管多破；一把折扇，不管多脏。一步三摇，挨户敲门；口中吟诗，唾液飞溅。

一天黄炎培正在私塾上课，教书堂门开了。走进一个文丐，对着私塾先生深深一躬：“请问老师尊姓大名？”先生答：“乔文如。”文丐张开扇子，略扇两下，口中出诗了：“落拓江湖恨见迟，温文儒雅是我师。”把先生的名字用在诗里了。先生给了他一点钱。黄炎培目送这个可怜的知识分子走出门，又走上街去继续摇头吟诗了。

下学的路上，县府前绑着四个壮汉，为捞海中漂浮的木头，被告“偷”而判杀头。小炎培挤在围观的人群里，闭上眼不忍看那惨状。“要是父亲在，这四个人也许能得救。”几声铡刀声，人群惊叫。炎培抬首睁眼，衙门横幅上三个大字“公生明”。呸！哪里是“公生明”，是“不公、不生、不明”！

那时不仅有文丐，还有“女丐”“盲丐”。孟家隔壁有个叫顾连生的孩子，和炎培同龄，一起玩耍，相交甚好。炎培在草堂读书，他跑来听，问这问那，炎培讲给他听。可惜这个农人的孩子没有逃过文盲的劫命，后来双目失明，终走上街头，成为盲丐。炎培为儿时朋友的遭遇痛心，以后在外做事几十年，不时地接济顾连生，至新中国成立，顾连生有了地方政府的救济。

幼年的这些所见所闻对黄炎培影响很大。人，最是能在同代人身上看到时代的影子的。为什么顾连生不能像自己一样生活？从怜到歉，炎培从儿时开始沸腾的这些情感，在他身上燃烧了整整一辈子。

正是这些实实在在的情感，引发着他去思索，一生的思索；也催发着他去追求，一生的追求。中国的百姓生活太苦了，中国的社会太黑暗了。黄炎培饱睹了这一切，而深深地留在童智初开的黄炎培心上，追随了他的一生。他80余年所走的路正是从这里开始，从这里迈出。

二、求学启蒙

带着父熏母染的做人道理，带着他饱视尽睹的眼前黑暗，黄炎培开始求知，开始求学。

那个时候是没有现在所谓的儿童读物的，有的只是《玉么钞传》一类迷信书册。一天黄炎培从邻家拿回一本《玉么钞传》，上边画着玉皇大帝、阎罗王，讲人在世做恶，死后去见阎罗王，受刀山火坑之刑。炎培母亲看见了，不让儿子读这些。把儿子带到娘家，外祖抱起外孙，指着墙上“凉山战役”的泥板书，讲中国兵怎样向法国兵开火。外祖读得带劲，孙儿听得入神。

黄炎培最先受的是旧教育。从母亲、外祖和私塾先生那里学了四书：《大学》《中庸》《论语》《孟子》，五经：《易》《书》《诗》《春秋左传》《礼记》。他都一本本地背诵，学得很用功，每天大约可以背下一百行。这样打下了深厚的传统文化功底。有些句子他到老年都记得滚瓜烂熟：如：“民吾同胞、物吾与也。”（《宋儒学案》）“亲亲而仁民，仁民而爱物。”（《孟子》）“志士仁人，无求生而害仁。有杀身以成仁。”（《论语》）“故人不独亲其亲，不独子其子，使老有所终，壮有所有，幼有所长，鳏家孤独废疾者皆有所养，男有分，女有归。货恶其弃于地也，不必藏诸已，力恶其不出于身也，不必为己，是故谋闭而不用，盗窃乱贼而不作，是谓大同。”（小戴记《礼运篇》）

可幸的是，19世纪末也已经是西学东渐的时代，西方的文化跟随在西洋货物之后，吹进了这个古老的国度，也吹醒着古老国度里年青的一代，敲开了他们思想的门户。黄炎培有个姑夫叫沈肖韵，是他的父亲黄叔才的学生，曾外出从军，见些世面，而且带回了许多新书。沈家的藏书很多，又喜欢少年炎培的聪颖好学，有心栽培他，所以把他家的书籍对炎培全部开放。炎培一得闲就到这里，如鱼得水，如鸟飞空，博览群书，汲取知识，他读的第一部书是严复翻译的赫胥黎的《天演论》。这些新书不仅冲击着黄炎培之前接受的旧文化教育的迂腐，而且也启迪着炎培去作更多的求知。炎培不信什么鬼神，有一天，邻家有个女人得了病，处在昏迷状态，口中喃喃。邻家认为是鬼附其身，摆起香案，亲戚邻人都为其叩头求药，取得灰倒入白水叫病人喝，搞得门庭若市。

18岁的炎培正好路过，一问是这情形，挤进人群，冲到案前，大喊："如果有鬼，来找我！"言毕把香案一番，四脚朝天。在场众人吃一惊，目瞪口呆，喊着"不得了！不得了！"四处散去。"这个没爹没娘管的，那么厉害！"有人窃窃议论，"有其父，必有其子啊。"

父母死后仅几年，外祖父也死了，生活来源成了问题。黄炎培只得放弃全日制的学习生活，经人介绍到离川沙县城三四十里路的人家去当塾师，同时自己仍继续读书，所谓"半工半读"吧，这时的黄炎培还要负担两个妹妹。教书的薪水才全年制钱32千文，入不敷出。正好川沙、南汇、上海三个县都设有书院、每月给出文章和诗词的题目，让人依题写作，揭晓后列位前茅者有奖金。黄炎培几乎月月有奖，倒弥补了不少生活的欠缺，然而仍是不宽裕。到了求婚年龄，问亲五处人家都被顶撞回来。有的借口"占卜不吉"，有的干脆坦言讲："我家女儿不愿配穷小子！"有的回答："我家就已经很穷了，还配穷小子吗！直到他考取了秀才，而且是府考头一名，东家欣喜，才将薪水提升为每年32银圆，加了百分之三十，黄炎培这才娶了原配王纠思。

娶亲成家，有职有薪，乡上的人讲，这下黄炎培可该安分了。但恰恰没有。这时20岁刚出头的黄炎培，已经受了十几年的旧式教育，又博览群书，知识的功底已备，人生的眼光已开，唯独是，他长年思考而又百思不解的问题不仅没有在他心中找到答案，而且随着阅历之增而愈加凝重，这个问题就是：中国为什么河山破碎不整，百姓受尽刀兵饥饿？换言之，怎样去拯救河山，拯救百姓？私塾里没有答案，老师亲友也都不能回答。黄炎培开始觉得，川沙虽美，但川沙太小，要跳出去，见世面，开眼界，寻究竟、找答案。于是，黄炎培的目光开始向外，开启了人生和求知生涯的又一程。

1897年，在全国办学堂、举新学的浪潮中，铁路督办盛宣怀从铁路收入中拨款，在上海办起南洋公学，这就是现在上海交通大学的前身。1901年又增设特班，由蔡元培负责，任中文总教习，聘请若干外籍老师，开设了哲学、文学、政治、外交等二十几门课程。是当初在全国范围内不可多见的社会科学的综合性大学。黄炎培闻讯，感觉机会来了，跃跃欲试，报了个名。考试那天，一位身材高大、蓝眼黄发的洋人走进大堂、点名发卷。长年生活在乡间的黄炎培吃了一惊，心里不免紧张。笔试之后，又是口试。主考的是后来大名鼎鼎的学者兼出版家张元济。这次考试以后，黄炎培和张元济开始了几十年的交谊。

在南洋公学特班里，黄炎培选择了外交为主修专业。蔡元培鼓励他："现在中国被各国欺侮到这种地步，要知彼知己，我们要了解自己的弱点，还要了解国际情况。了解国际，要通晓外国文，读外国书。"在特班上，英文、日文都要学习。蔡元培还亲自开设国际公法一课。

南洋公学里，学习与学术的气氛是非常浓厚的。老师直接面授不多，而是开列一张书目，要学生去读，每天交来读书笔记，老师不仅批阅，而且一一召去面谈，或大家一起讨论。每个月老师出题要学生做一篇文章。有一次蔡元培出题"春秋战国时代的爱国者"，显然是需要学生有融会贯通的本领。学校学习空气之浓还可以从一件事情上看出，在学校附近的徐家汇教堂，马相伯老先生开设了拉丁文课。蔡元培和几位教师都不会拉丁语，于是都一同前去听课。黄炎培跟着老师们一起也去学习马老的拉丁文，这样又认识了马相伯。蔡元培、张元济、马相伯这几位，都是他后来从事教育事业的良师益友。

南洋公学里，还有比学习气氛更浓的就是师生们关心国事的热忱。蔡元培召来学生，说："中国国民在极度困苦中，正没有知道困苦的由来，没有能站起来，结合起来，用自力解除痛苦，这是中国根本弱点，你们将来出校，除办学校以外，还要唤起民众，开发他们的知识，这固然可以靠文字，但民众识字的少，如能用语言，效果更广，你们练习演说吧！"一席话讲得黄炎培及同学们热血沸腾。这样当即成立演说会，大家开始用国语演说。一人讲大家听，内容都是模拟今后动员民众，宣传救国道理的。这座学校不仅学习授业，而且激励着开发着这群热血青年的爱国热忱。大家相勉相励，志同道合，谓学成之日，乃上路之时。走爱国的路、救国的路、唤醒民众的路。年轻的黄炎培，在这里终于找到了他寻找多年的问题的初步答案。他毕生从事教育的志向，也正是从这个时候开始，以唤醒民众，开发民众为本，萌发和形成了。

可惜这样一座有着明显政治倾向和标记的学堂，在那个年代，终是难以长久的，学校里闹起学潮，特班也被解散了。师生们互相鼓励，分手以后要各自办学。风气已开，挡是挡不住的。黄炎培扛起行李，和这座给了他先进知识，同时也解开了他多年疑团的学校，默默告别。这时的他，虽然已经不是进校门见洋人就怕的满身土气的青年。他丰富了，充实了，眼界已从川沙扩大到上海，扩大到整个中国，扩大到世界。离开了这座他人生途上的启蒙学校，黄炎培虽然不无遗憾，然而亦不伤感。一旦认识了，就要付诸行动，急性的他正想早些站到自己应该去的社会位置上。南洋公学的生活，终使黄炎培第一次看到了自己的位置所在。为此，他感到无限的兴奋。

迈着大步，黄炎培慨然返乡，回到了川沙。

三、初始办学

1900年，百日维新失败了，但是六君子的鲜血也并没有完全白流，清廷当权者也多少要开化一些，多少要做些让步。改革科学、开设学堂即是一方面。

从南洋公学返乡的黄炎培，在开始办学之前有一段去应乡试的插曲。他的姑夫沈肖韵来约他结伴去应江南的乡试。那年乡试实行改革，八股文改成策论。乡试的题目是《怎样收回政外法权》。黄炎培榜上有名，中了举人。

已有了多年传统文化功底，又有新文化武装的黄炎培，为什么要去凑这个热闹？虽然，姑夫沈肖韵是他的恩人，不宜驳沈的面子，是他赴乡试的主要考虑。次之是尝试业已改革的考场，检验一下自己的学问，也当是理由之二。再者，则是黄炎培或许意识到，在中国要办成事情，没有一块正名的牌子是不行的。正是要卖“狗肉”，所以要挂“羊头”；正是为了“换药”，所以不能“换汤”。黄炎培胸中，不是已经激荡着一套唤醒民众、开发民众，组织民众、武装民众的办学计划吗？“中国国民遭到极度痛苦而不知痛苦的由来……你们出校，必须办学校唤醒民众。蔡师这几句话，我永远记着。”黄炎培在回顾自己一生时这样写着。

1901年清廷与占领北京的八国列强签订《辛丑合约》。根据这个合约，清廷命令各省、州、县开办小学。1902年又公布高等中小学堂章程，命令各省把书院更改为学堂。消息传来，黄炎培不胜欣喜。遂找来川沙县里他的几位好友张访梅（志鹤）、陆逸如（家骥）等人商量，大家都认为这是个难得的良机，要赶快行动，办起学校。正在这时，一个朋友拿来日本人尾崎行雄写的一本书《并吞中国策》，此书言论狂妄，野心昭然，黄炎培闻后，把书摔在桌上，拍案而起，大怒不止，对朋友们讲：“赶快行动，救中国，办学堂。”

黄炎培他们计议：第一步将川沙县的观澜书院改办成川沙小学堂。然而这事情虽说有清廷的命令许可，可是到了地方上事情就不一样了。第一是地方的官僚们向来是多一事不如少一事，虽然有朝廷公文明令，白纸黑字，但是否在应付洋人呢？又何必当真去办！第二是既得利益者们的阻拦，许多县里的文人秀才们视书院为他们的金钱来源，每月赴考月课，取得些膏火，也是一笔不少收入，取消书院，等于断了一笔财源，所以他们不仅摇头，聚在一起三长两短地议论，而且运用他们的影响，阻拦县里废书院、办学堂的举动。黄炎培等面对县里的这股保守势力，决定采取以上压下的策略。他们在已经起草好的呈文上，加上一句话："同时呈请两江总督部堂批示。"1902年一个严冬之夜，风雪骤起，天气格外严寒。黄炎培和友人访梅怀装精心起草的呈文上路。那时从上海到南京还没有铁路。他俩坐上长江的轮船，直到南京，登岸后奔两江总督张之洞衙府投文。以"上谕"压总督，以总督压知县，这一策略果然有效，黄炎培初次尝试到了在中国办成事情之难。即令有上边明谕，但是只要不合传统，只要是有损于既得利益层，也仍然是一样的难上加难。

呈文批准下来了，批有"照准"二字。川沙知县无可奈何，转而向这群青年学子示好。一群文化老朽摇头叹气，却也无奈。黄炎培他们赢得了第一回合胜利，又乘胜追击，进一步向知县交涉，结果县府答应将原来书院的田产全部用来充当即将开学的川沙小学堂的基金。

1903年，大年初一的炮竹声刚刚响过不到个把月，昔日川沙观澜书院的门前一阵炮竹声又起。一个个腋夹书本，梳着长辫，身着长衫的孩子，略带陌生的好奇与在众人面前难掩的自豪，迈步走向昔日的书院，今日的学堂，门上五个大字"川沙小学堂"映目。围观的人群又好奇又兴奋地观看着，谈论着，"小学堂""黄炎培"，人群中不时传出这两个词，这个年方25岁的青年学子的名字一时挂在县里许多人的嘴上，而且随着炮竹声，越传越远，越传越广。凭借这一有着数百年传统的炮竹，宣告着、迈开着中国进步与开化的脚步。

新开学的川沙小学堂里，收了70多名学生。全堂分成两班。聘请五六位教师。黄炎培被聘为学堂总理，张访梅被聘任副办，这些称呼都是当时朝廷官定的名称。自然，名归名，实归实，黄炎培亲自授课，向学生讲顾亭林、讲西乡隆盛，传播着民族精华和革旧图新的精神。正课之余，学堂在县城墙边举行速算竞赛，吸引来许多县里的青年人。每周学堂举行自由参加的公开讲演，讲历史、讲时事、讲中国、讲外国。听者眼目大开，两耳一新，听的人一次比一次多。一个不大的小学堂把川沙县搅得热热闹闹，沸沸扬扬起来。

当时川沙小学堂的经费极其拮紧。学堂开办时借来的一笔费用还无法归还。黄炎培和张访梅自始不拿薪金，而且明确写入川沙小学堂的学堂章程上。访梅的家境尚好，有老辈可以接济。炎培是个穷汉，又怎么生活呀？幸好，炎培想出一个办法，把去年乡试中举的文章，即当时称作的《朱卷》，分送给地方的名人，按习俗这些接受朱卷的人要付一至四或五元。这样，炎培依靠这笔钱算支撑了相当一段时间全家大小的生活。而对学堂教师，学堂当然是要付薪的。

尽管炎培与访梅义务授课，不领薪金，但对于学堂的经费仍是无补。怎么办呢？炎培他们焦虑万分。朋友中间，数陆逸如交际最广。陆处事老练，善于交际，朋友很多。大家商量：官府是指不上的；川沙县里普通百姓又都很穷，无法捐助；只剩一条路，去游说县里的富甲巨子，动员他们“吐血”捐助。但炎培这个穷汉平日与富家极少来往，向哪家去求呢？陆逸如想起一个叫杨斯盛的川沙人，到上海去经营土木事业，已有些名气，也很有钱，为人豪爽侠义，善施助人，于是，陆逸如带着黄炎培坐船过江，到了上海珊园，找到杨家。杨斯盛接待了这两位家乡来的青年。黄炎培侃侃而谈，从在南洋公学里受到的教育，到兴学办教的打算；从中国的积弱沉落，到世界大势与列国虎视眈眈。几个钟头，一幅救亡共存、兴我中华于世界之林的壮观图景在杨先生的面前勾画出来了。青年的激愤、沸腾的热脉，杨先生不仅感觉到，而且共鸣了。不愧是个具有气魄的爱国事业家，黄炎培言谈刚毕，杨先生拍着桌子说：“好，这事办得好！要办下去！”当场慷慨解囊，拿出白银三百元，先解川沙小学堂一时之难。而且不仅如此，杨斯盛还当场叫来他的侄儿杨尧，叫他向黄炎培一拜，请川沙小学堂收下杨尧。炎培、逸如欣喜而归。三个月后，杨斯盛先生专来川沙，实地考察了一番川沙小学堂。临走对人讲：“这样办学，别的我不知道，青年的种种恶习是不会有的了。”

第一次办学的成功，使黄炎培的名字在川沙传开，渐为人熟知。黄炎培获得的，是对自己认定的事业的支持，从而信心大增。不久乏后，黄炎培和他的堂兄黄洪培，在川沙又办起了开群女学堂，因为川沙小学堂不收女生。同样，炎培、访梅、洪培都亲自授课。

我国改革开放以前，曾经将“教育救国”涂上了黑色，主张和实行职业教育的人，被冠以“反动”的罪名而对之兴师伐罪，视为大逆不道。这些人了解中国的历史吗！他们看见过世纪末初的中国社会的图景吗？！满街的流民，寒酸的乞丐，“公生明”的衙门横幅下是一群又一群愚昧未开地拖着长辫的群众。甲午被日本人打败了，在越南被法军打败了，八国联军长驱直入。中国的百姓在呻吟，中国的有志之士在沉思中奋起。怎样在20世纪的世界上，为中国找到一个位置！其时，一些西方国家已经开始实行义务教育，英国是10年，美国是4至8年，日本也有6年。如果按1956年美元币值计算的话，美国在世纪初年对每一个国民平均投入的教育费用已高达2237美元。而中国呢？在黄炎培办川沙小学之时，中国全国的各类学校里总共才只有4876名学生。偌大的中国只有一个普通西方国家学生人数的几百分之一，中国怎么不受西方列强的欺负，不挨他们打呢？发展教育，在当时是一种进步。经过包括黄炎培在内的一代人的努力，兴学办教的风气渐开，到1903年之后10年的1913年时，全国各类学校的学生总数已上升到284.8万人，增加了500余倍。而在这些受新教育的人们中，五四的斗士，新文化的闯将，中国共产党的创始者，中国国民党的领导人，几乎全在其中。中国的一代新人从中汲取着新文化的乳汁，成长为而后中国历史舞台上的一代人才。

“这条路走对了”。25岁的黄炎培从兴办川沙小学——他一生创办的第一所学校的过程中得出这个结论。于是，继川沙小学、开群女学之后，次年有广明小学、广明师范讲习所，再后又有浦东小学、浦东中学，经黄炎培之手，一一开办起来。

四、反清路上

办学是形式，唤起民众是手段，救我中华、推翻清朝是教育的目的。黄炎培不是为办学而办学，对于办学的大目标，他心中是有数的。

川沙县里学校越来越多，新学之风兴盛一时。以学校为据点，以办学授教为名义，传播新思想，点燃群众义愤的烈火，各类活动越搞越多，越搞越活。办讲演，开集会在明处，开沙龙、搞串联在暗处。一些外地知名人士，甚至刚刚从国外学成归国的留学生，都被请到川沙县学校的讲坛上。为着挽救中华这同一个目的，国内国外的爱国学子们开始联手战斗了。每次讲演，听众越集越多，人山人海，群众激昂、势不可当。中国没这没那，却有的是人。人这种物种，平时各忙东西，静如死水，然而一旦心思齐了，一旦聚集了，一旦激怒了，那有如怒海汹涛，奔腾而来，什么力量也要视之以畏的。然而，“狗肉”卖多了，卖久了，“羊头”终也挂不住，挂不长了。

初夏里，黄炎培、张访梅应相邻的南区县新场镇的青年们邀请前去演讲，黄炎培等讲毕，5日之后还要请南汇县刚从日本留学归来的顾次英讲演。南汇县贴出了布告，讲演会的消息到处流传。南汇县人已经听说过川沙有个黄炎培专事办学校。6月18日黄炎培来讲演那天，百里以内，舟车云集，四面八方，一同涌来。黄炎培讲得精彩，听众们听得兴奋。讲演之后，长久不散。23日，顾次英又登台，继续鼓吹，过瘾之极。然而集会刚刚散去，南汇县知县戴连寅根据地方痞棍报告，将黄炎培、张访梅、顾次英以及张尚思拘捕。张尚思并未讲演，是听讲演来的。言者有罪，闻者也在劫难逃，无非为杀鸡儆猴，从而一齐被捉拿下狱。当日县府衙门照壁上贴出了六言告示：“照得革命一党，本县已有拿获。起获军火无数……”“帽子”大得怕人。原来全国因上海章太炎、邹容案，正通令各地查拿革命党。26日中午12时45分，“就地正法”的衔电令到。之前，江苏的巡抚恩寿电令“解省讯办”，而两江总督魏光焘电令“就地正法”，两电有异，于是知县又再电请示。这样电令往返而耽搁了两三天，黄炎培却因此暂未被杀。

这四个青年不是孤立的，他们的被捕，首先惊动了新场发起演讲会的一群青年们。他们所邀请的客人被捕使他们焦虑万分，因而四处活动，分手营救。他们之中有个牧师叫陆子壮，很懂官怕洋人的道理，他约了其他朋友日夜赶到上海总教堂向总牧师美国人步惠廉求救。步惠廉是个有同情心、讲人道的美国人，听说四个中国爱国学子因言得祸而被捕下狱，也感不平，去与老律师美国人佑尼根商量，老律师起初不肯，对步惠廉说：“你我是美国人，一切要通过美领馆，‘上海道’，转译督抚，几个弯弯曲曲的手续下来，四个青年头早落地了。”律师不敢承担这责任，更何况没有钱可得呢！早有人通报了上海杨斯盛先生。杨先生久居上海，熟悉行道，知道当下唯有用钱可以救出四个青年。于是杨斯盛拿出白银五百两，代替步惠廉赠予老律师。佑尼根见到钱果然不一样了，立即雇了一艘小汽轮赶到南汇，到达时手足无措，同美国律师一同前去的三位中国牧师陆子壮、方潇甫、袁如庵从中翻译，坚决要求保释四位青年，戴起初与之周圆，但四位牧师未有走意，且语气愈来愈强硬，不容半分商量余地，戴思之：外国人不好惹，若酿成教会案件，我还得革职。而且戴大人的鸦片烟瘾当时发作了，难忍至极。于是只好提出由总牧师签字画押做保，言中之意还有委屈外国人实不得已意思。“没关系，这好办。”牧师取来纸笔，迅速签完画毕，立刻出来。衙府大门外，围观的人群已堵着门口，几个牧师挤出一条路直奔县狱。黄炎培等四个人在牧师的陪伴之下，走出了监狱，挤出人群，上了汽轮。当时正是12时15分。人刚走半小时，督抚电令到。戴运寅拆开，只见“就地正法”四个字，大惊失色，连连顿足，懊丧悔之却也晚矣。黄炎培等终于刀下走脱了。

新场镇一案引起舆论大哗，报界一致斥责戴知县。章士剑先生主持的《国民日报》登出一篇《南汇之风云》，为黄炎培等四青年宣传，大为张目。有人以此事编演了一出戏《新场镇》，闹得满城风雨，有的报纸写道：“黄炎培穿了皮靴铁秃铁秃满街走，一望而知是革命党。”

黄炎培等藏在租界。佑尼根律师来告，此处并不安全，清政府随时可能来解往内地伏法，只有快出国。黄炎培等商议，唯有去日本一道路。这时杨斯盛先生赠来川资。黄炎培等买了赴西伯利亚的四等舱票，星夜上船。船出了吴淞口北上，茫茫黄海，一片浑然。回首陆他，川沙看不见了，上海看不见了，祖国看不见了，故国的山影在渐没的夕阳中消失，此时此景或是最令志士不堪忍受的。陈天华烈士就是蹈海于此种处境下。没有比付出诸辛劳，又日渐轰烈的事业殆殁于一旦，而个人也被逐出这片熟悉的故土山河更让志士们伤心的了。“黄浦江啊，黄浦江！”黄炎培默默无语，倚栏而立。他想起有一天，一位留日归来曾发起上海中国公学的朋友姚定生送给他一张纸条，上边只写了一句话：“明天，黄浦江浮出遗体了。”此时此刻，黄炎培才更深地领悟到他和他的朋友们所从事的事业的内涵。即使你再挂“羊头”，即使人再有上谕做招牌，然而空间仍然是有限的啊。黄炎培对着船舷边的流水长叹一声，难道今日要让姚定生言中了吗？他问流水，回答他的仍是不息的水拍声。是啊，中国振兴之路是漫长的，正像杨子江一样绵延千里，既然已走，就走到底，决不停步，更不轻生！这黄浦江决非是尽头，不过是出国长途第一程。黄炎培毅然转身回舱，找到同伴商量开了。现在最需要的是一个“韧”字，“革”是牛皮，“刃”是刀，要杀敌，要救国，就要百折不回，百折不挠地坚忍啊！炎培当即决定，把自己的原号楚南改为“刃之”，以坚忍自励。黄炎培对同伴讲了他的决定之后，张访梅、顾次英也改了号。张访梅改访梅为伯初，顾次英改为仲修。前者意在提示当下不过是奋斗之“初”。后者提示自己要不断“修”养自己的意志情操。这是黄炎培第一次改号。

在日本，黄炎培一行首先投靠到顾仲修的同乡，在神户开源昌号店铺的陈手齐处。陈殷勤款待，收留他们住下。然而黄炎培等是不甘于此种寂寞的。他们又来到东京，这里是中国留日学人的大本营。黄炎培积极活动，四处串聊，结交了不少朋友。对日本，黄炎培自在家乡讲到峙尾行雄的“并吞中国篇”起，就留有戒心，现在虽客居于此，情感上也仍难放下。他思念着故国的家乡，思念着川沙小学堂，思念着曾令他激昂慷慨、心血沸腾的一场场讲演集会。他放不下，丢不掉昔日的一切。因此虽然有过进入日本大学的准备，并且已入校学习日文，然而他终放弃了这个念头。他和朋友登上江户寓楼，时值秋雨绵绵，更令他们心事悠悠。黄炎培吟诗道：“春雷震醒群呓嘷，笔砚焚尽书饱蟫。间关杖策走趁趁，男儿气节慎勿嬬。君不闻黄龙之酒味醰醰。”

留东京，岁暮了。国内亲朋纷纷来函促归。南汇那个知县戴连运寅也已被撤职，黄炎培闻讯甚喜，归心似箭，心已早归。1904年黄炎培等终于登上返国的海轮。同样的黄海、同样的航程，但坐在船上，黄炎培感到稳多了。对过去赴日前发生的那一幕，他不再感到突兀，他变得深刻而更加能够理解这一切。对未来的行程，他也更加心中有数了。只是性急的他，盼着这一切，快！快！向祖国望去，山河清晰了，山河不再茫然了。

五、辛亥年间

世上的事情，总是要弄假成真。黄炎培在川沙南汇办学演说时，虽然反清情绪强烈，然而他在组织上并不是革命党。但是从日本回来以后不久，事情就不一样了。

初回国的一年多里，黄炎培仍然继续他亡命日本前的办学。杨斯盛先生毁家兴学，捐资办浦东小学、浦东中学，委托黄炎培着手承办。黄炎培手中，当时还有新办起的广明小学和广明师范讲习所，后者是一年毕业的培养师资的学校。其间，黄炎培在日本结交的朋友刘季平（刘三）创办了丽泽学院，招募学生百余人，该院除开设人文学科之外，还受到日本武士道精神的启发而设武术课。“中国人的体魄太弱，体质太差，这怎么去和外国人对着干呢！”刘季平请来黄炎培商量，又请黄炎培在学院任课，黄炎培虽已有几任在身，但是仍然答应了。黄炎培喜欢忙而不乱，喜欢快节奏、高效率，喜欢全身的机器开动起来，高速度而有成效地运转。

但是这一切对黄炎培都不十分“过瘾”。曾经刀下余生、东渡亡命的黄炎培，这时已经不再仅仅满足于赴日之前的办学，他真的加入革命党，站到有组织有计划地推翻满清的斗争队伍中来了。1905年7月里，蔡元培召黄炎培去他家，谈至深夜蔡元培对他讲：“只有集合同志，组织起来，共同奋斗。现在爱国志士集中于中国革命同盟会。同盟会是孙中山先生领导的兴中会、黄克强先生领导的华兴会和无政府主义派连同其他革命人士会合起来的，你愿不愿加入？”黄炎培自新场镇事件后就深感有组织起来的必要，听了蔡师这番话，正中下怀，毫不犹豫地回答：“一切唯师命。”第二天晚上，在蔡元培带领下，黄炎培站立桌前，举起右手，庄严宣誓：“驱逐鞑虏，恢复中华，建立民国，平均地权。”从此，黄炎培成为同盟会的一员。

不久后的一天，蔡元培又召集黄炎培去，告诉他自己将去德国留学：“我这同盟会上海干事的任务，你来接吧！”黄炎培同意了。蔡元培把组织的电码和上海会员名单，一起交给了黄炎培，名单上边，柳亚子、章士钊、俞子夷、陶焕卿都在内。每人名字后边都注有“商号”两字，以做掩护。当时许多革命党人还在日本，同盟会总部也在日本，于是上海就成为日本与国内往来的第一站。凡是有重要的同盟会成员从日本来沪，总部总要先来电报。黄炎培收到电报，先布置一番，然后送往迎来，一批又一批。赴日本留学的接近革命党的学生，凡是从沪出发去日本的，也由黄炎培逐一安排。从日本归来的廖仲恺先生到上海后，黄炎培把他安排到法租界里。法租界里的一些法国人是同情革命党的，黄炎培与他们商量好的。

有一天，黄炎培和杨斯盛先生正在广明师范小学谈校务，突然窗外一法国巡捕到来，高举总巡捕麦兰的名片请黄炎培去。黄炎培恐有异变，答道："也许名字译错了，找我有什么事！"杨先生接过话对巡捕讲："过会我去好了。"当晚，黄炎培赶到杨先生家问麦兰找他有何事，杨先生讲麦兰回答既然黄先生不来就算了。次日黄炎培赶到麦兰处，一见面麦兰就说："昨日为何不来，孙文先生乘法国兵舰来召你去呢！今早走了。"黄炎培听后大悔不已。两年以前，孙中山在上海张家花园举行讲演，那是黄炎培第一次见到孙中山，留下了深刻印象。辛亥之后，孙中山卸去总统职后在上海家中，闭门不出。孙中山想起了在上海地面上非常活跃、辛亥前路过上海时曾召而未来的黄炎培，他早就听说过黄某人的事，从办学、新场镇讲演到任同盟上海干事的经历，有心结识，派人去川沙请来黄炎培到家。黄炎培久已敬仰孙中山，上次错过机会，此次闻召立刻前往。到了孙家，两人相见，分外欢喜。孙中山拿出正撰写一半的《孙文学说》初稿，虚怀下问，请黄炎培提意见。黄炎培个性坦率，即使在革命领袖面前，也是直言陈见。黄炎培对中山先生讲："现在一般同志，都是在'行'之中，甚至杀身成仁，在所不惜；但行易知难，为什么革命，怎样革命，未必尽'知'，所以现在我们要切实地提出计划，拿出办法来。"黄炎培这番话，正合中山先生的意思，他写《孙文学说》就是为了此。因而把初稿交给黄炎培，说："我不长于写文章，这已写的，请你看一遍，字句上有须斟酌的，请你动笔。"黄炎培答应下来。孙中山请出夫人宋庆龄，三人共进午餐。几天后，黄炎培把自己修改过的《孙文学说》初稿送还中山先生。

这时黄炎培仍在办学。办学的规模更大了，办得也更热闹了。浦东中学在浦东六里桥，占地约四十亩，黄炎培亲自设计。有一座容纳千人以上的大礼堂，几十间教室、食堂、运动场。浦东中学里医科商科俱全，俨然是所准综合大学。黄炎培不仅主持校务，而且还要授课。学校聘请的教师，他要一一谈话，不仅要选学问好，而且要选志同道合的人来登讲台。讲演集会，宣传鼓动的传统当然也要继续。每周黄炎培和顾伯初、广明师范毕业生孙有康、王则行，四个人兵分四路，每人肩扛黑板，向六里桥一带的村落去宣讲，从识字起，到天下大事、国民责任。教育与宣传兼行。在浦东一带如火如荼，人心大振。黄炎培办学的美名渐传各地，来考察的各地教育界人士，争先恐后。然而赞誉一多，却又招来麻烦。有人密报两江总督端方："前在南汇县新场镇演说革命的黄炎培，现潜回上海，运动杨斯盛捐办浦东中学，日对学生宣讲排满革命。”总督命令江苏提学使毛庆蕃来当审查黄炎培。毛庆番电邀杨斯盛去，把黄炎培的情况一一问个究竟，杨先生据实回答。说黄炎培如何认真，如何热情。毛提问：“你能担保黄吗？”杨先生毫不犹豫地答道：“愿以身家担保！”毛提学又问：“黄炎培月薪多少？”杨先生据实回答：“四十元。”当时中学校长月薪标准一百元，黄炎培等有感于杨先生捐款的热忱，大家都自动减薪。毛提学听后，大为惊异：“这么说来，黄炎培当是好人，我去年去巡视，确是不错的。“毛提学又传黄炎培去，查问一番。对黄炎培的办学，不由得钦佩起来。送黄炎培离去时，对在身旁的他的侄儿说：“你们要学习黄先生认真学习、认真工作。”几天后毛提学颁发一道公文，长三千字，结语是：“今后如再有人根据书案，控告黄炎培革命，从此立案不准，以免冤枉好人。”显然毛提学是在有意开脱黄，这回他确是革命党，而且是大革命党——同盟会上海地区干事。上次新场镇一案是弄假成真，这次是把真当假了。

清末，在学风大开中，新旧两种思想，新旧两派的斗争尤为剧烈。对逐渐蔓延的新学、新思潮，从学界人士、地方绅士以至清廷官僚，彼此态度有所不同。例如前述的毛提学就对新学采取有意维护的态度。当时主管江苏省教务部的除江苏提学使系常驻苏州外，还有江宁提学使，常驻在南京，也一样有权责统管江苏全省的教育。倾向不同，态度也不一样，于是乎官官相斗，官学相斗，绅学相斗，错综复杂，好不热闹。这种状况给了黄炎培不少空间，浦东办学尽管屡遭麻烦，但始终未遭禁办，恐也与此有关。但是形势总的走向却日益趋紧，斗争越来越尖锐。在这一背景下，有越来越多热衷于新学的人士感觉有必要组织联合起来以互相声援。为此，江苏省教育会这一民间性质的全省教育组织诞生了。张謇、黄炎培、沈信卿、袁观澜、刘厚生、姚子让、雷继兴、方惟一、孟庸生等为其主要成员。张謇被推选为会长，黄炎培任调查干事。同时以江苏省教育会的名义号召各省同样设立类似组织，每年举行一次全国范围教育会的联合大会。江苏省建议一发出，各省纷纷响应。第一届教育总会联合会在江苏召开，江苏无形中成为全国教育的领头羊。

1908年，杨斯盛先生逝世了，逝前对黄炎培讲：“本还想天假余年，学校扩充，现在我勉力凑捐基金十二万两，只望我死后，支撑这校的稍减难苦，黄先生，勉力吧。”弥留之际还嘱托学校的黑板要改进。黄炎培照杨先生意见办了，怀着悲伤，黄炎培在报上写了一篇《杨斯盛先生言行记》，并据全校公意，在学校旁边建起一座杨斯盛先生铜像，怀念这位毁家兴学的爱国企业家。

1909年，摇摇欲坠的清廷企图以改良残延苟命。为此规定各省立宪，成立咨议局。江苏省八府三州，各个单位共选出一百二十名议员，又推出十六人为常驻议员，负责调查省政。结果，张謇为议长，黄炎培当选为常驻议员。以后又成立上海工巡捐局，李平书为总董，黄炎培为议董。当时，这些组织实际上已经成为上海地方的权力中枢。

辛亥前夜，革命在酝酿中，上海几处地方成为革命党和进步人士会商的据点。教育总会是一处，工巡捐局又是一处，当时进步的“时报”所在地“息楼”也是一处，赵竹君的家“惜阴堂”也在其列。马相伯、张謇、赵竹君、姚子让等人都活跃其中，以教育界为主，包括新闻界、工商界、地方名流。在这几处据点中负责联络牵线的是刚届30岁的黄炎培。这些人士虽然想法主张不尽相同，但在推翻清廷、创立民国的目标上是一致的。

辛亥起义的枪声打响了。各省纷纷响应。1911年9月13日下午，上海民军与商团巡警联合起义，攻占清军的重要据点上海制造局。9月15日江苏省苏、松、常、镇、太五属民众代表在江苏省教育会举行会议，公推黄炎培等作为代表去见江苏巡抚程德全，要求江苏独立。程德全同意了，宣布就任江苏都督，并留下黄炎培等在都督府办公，因为他是同盟会的代表，同时组织起联军，攻打占据南京的清廷走狗张勋。10月12日，联军攻下南京。当时全国各地的民军有大大小小十七八支。各民军推选代表聚集于南京，黄炎培也来到这里。10月14日，在江苏省教育会召开全国共和联合大会，公电孙中山回国立政，公推黄兴为大元师，黎元洪为副元师，规定红、黄、蓝、白、黑五色国旗，象征汉、满、蒙、回、藏五族。11月6日，孙中山从海外抵达南京。10日，十七省代表召开临时大总统选举会。孙中山以十八票当选为大总统。黎元洪为副总统，确立中华民国。次年2月12日，清帝宣布退位。中国历史上两千年的帝制终告结束。

清朝是烂透了，清廷的确像是一棵从根起就腐烂了的大树，然而毕竟要有人去刨、去挖、去推倒它。兴学办教、鼓吹革命、启迪人心、唤醒民众、就是在刨、在挖、在推倒这棵朽树。黄炎培从1903年开始的八年中，以教育的形式广泛活动，从川沙到上海，从日本到南京，尽了他的气力。随两千多年的帝制结束，共和观念深入人心，社会习俗也有所变化。男人剪辫，女人释足，“三跪九叩”“打请安”等都一一消失了。中国在变，但中国没有彻底大变。百姓之贫寒，群众之愚昧，终不是几支义军能解决得了的。黄炎培感觉不能满足于此，中国振兴之路还长，30余岁的他前边要走的路，仍然修修乎漫长。

六、行万里路

辛亥革命结束了封建帝制，令志士们振奋。但辛亥革命没能够解决中国的根本问题，政权又落在一批军阀之手，亦令志士们伤心。辛亥之后的黄炎培也处在这样心理状态中。

革命的枪声刚息，后遗症即起。孙中山让出大总统，袁世凯占据其位。之后，陶成章被杀，宋教仁被刺，政局动荡，形势日下。袁世凯又自封为“洪宪皇帝”，全国鼎沸。后袁气死，段祺瑞执政。又由段祺瑞而冯国璋，由冯国璋而曹锟，以及吴佩孚、张作霖等，北洋诸军阀“轮流作庄”，有如走马灯，你上我下，我下他来，又实为一丘之貉，难分彼此。中国，刚刚光明的中国又跌入新的黑暗与混乱中。

在新时局下，初露头角的辛亥精英们的看法很不一致。有人在做新的思考，新的追求，也有人躺倒，有人消沉，而攀龙附凤，为虎作伥者，却也不乏其人。中国传统文化之中的糟粕，同样沉浸在这些社会精英身上，且根深蒂固，不知不觉。有气节者，固然大有人在，但总体而言，中国知识分子的心理状态总是偏向脆弱。因为看不到新时代实实在在的曙光，难怪有些人只有茫然的理想的抽象，或者干脆这点也没有了，于是乎争先恐后去求官。那时涌入京城谋官寻职者，达十七万人之多。一等的入阁当僚，二等的弄个议员，三等的做门卿食客，好歹一个月也弄上一两百大洋车马费，过上几次座上客的瘾就是了。

这样的时候，黄炎培也同样在思考，对他而言，新的社会方向在哪里呢？

张謇最早曾是袁世凯的老师，袁对张是先恭后倨，袁掌权当了大总统以后，聘张謇为农商总长。有一天，袁世凯对张謇说：“听说江苏有个黄炎培，很活跃，我想招他来，政事堂里还缺人。”张謇与黄炎培相处多年，很了解黄。他回答袁世凯说：“黄某不宜做官，外边也要留个把人的。”袁摸不着其意，究竟是张謇嫌给黄炎培的官太小呢？还是张謇不愿意他自己多年的至交成为袁世凯的囊中物？无论如何，要想办法把黄炎培弄来。袁世凯盘算已定。过了一段日子，蔡元培辞去了民国政府教育总长一职，找谁人接蔡呢？袁世凯这次既不再同张謇商量，也不与黄炎培本人通气打招呼，却径直发表电令，任命黄炎培为政府教育总长。黄炎培看到任命电，笑了笑没二话说，回电声明："坚辞不就。"袁世凯看到黄炎培的回电，又气又恼，可是又无奈何，对人说："江苏人最不好搞，就是八个字，'与官不做，遇事生风'。"过了年把，梁士贻组阁时，仍是不知趣，再次通电发表黄炎培为政府教育总长。黄炎培仍以同样四个字，顶了回去。

辛亥之后，黄炎培第二次改号，从韧之改为任之。为什么呢？黄炎培自己解释说："为什么叫任之呢？这有双重意思，其一是，对自己该做的事，对国家社会该尽的责任，坚决勇敢地担负起来中，任之；其二是，对无所谓的事，无聊的流言等，不管它，由它去，任之。"对于辛亥之后的自己的出路与社会位置，黄炎培以"任之"两字尽括其中：唤醒民众，改革中国的路更长了，天降此大任于我辈，任之；天降他人欲求不得之官于我辈，我不干，由它去，任之。各言志，黄炎培坚定地选择了自己要走的路。

不将高官而将天下为己任，"与官——不做"；

坚辞厚职而不辞百姓之托，"遇事——生风"。

这就是黄炎培的选择，而且实践了它，几十年里始终如此。

那么何处去呢？扎扎实实在地方，搞教育、搞改革，从下层做起，从基础做起。

前述程德全宣布江苏独立时就把黄炎培留在省都督府，任命黄炎培做总务科长兼教育科长。民国元年12月，黄炎培又被任为江苏省教育司长，直至1914年3月。其间，江苏省长应德闳辞职，黄炎培相应辞去教育司长职务，继任省长为韩国钧，字紫石，江苏泰州海安县人，晚清时曾做知县。韩国钧上任后，到黄炎培家坚邀黄炎培继任。黄炎培说："不是宣传张勋又将窃据南京吗？要么便北伐，否则程都督留下的话，值得注意。"韩国钧再三请黄留下帮他开个场。黄炎培说："开了场就走，请谅。"黄炎培随着一同到南京，继续任教育司长，以后果然张勋来了，被任命做江苏省都督。张勋到任第一件事，不是宣布政纲，更不是其他利民之举，而是为他自己的母亲做寿。省府里一片忙碌，大小官员都在为张母之寿准备厚礼，一时省府像是个采购点，官员们有的在订货，有的在接货，礼物大多为贺寿的屏幛，千紫百艳，正似一张张竞媚争宠的脸孔，只等张大人来赏识。这些，当然绝非黄炎培所能为之。省府里唯他不动，冷眼观之。一位不知趣的同僚跑来找黄炎培，他已经买来屏幛，想让黄炎培也在上边具名，既讨张的欢心，又向黄炎培卖个乖子。那知黄炎培正生一肚子怒气，本来眼前的一切已令他难以容忍，又有这么一个小子来拉他具名，黄炎培厉声发作，喝退此人，当即给韩国钧写下一辞职书，留在办公桌上，遂不辞而别，飘然而去。

在江苏省府的两年多里，黄炎培做了些什么呢？他做了两件事。

第一件是推进全省的教育改革。1913年，黄炎培凭着在地方办教育十年整的实践经验，制订了一份“江苏教育行政五年计划书”。这份计划书实际上是对世纪初年以来兴办新学的实践活动的总结，同时在这一基础上又有所提高与升华。计划书的主要内容分作五部分。

第一部分是设立小学，规定“各县限期调查学龄儿童，就其住址疏密，规定设立小学地点”；同时各县“设甲乙两种师范学校，或设一种，以供师资”；甲等即中等师范，乙种即初等师范学校。

第二部分设立中等学校，中等学校分以下几种：第一种为师范学校，在吴县、上海、无锡、江宁、江都、清河、铜山、灌云各新设一所师范学校，在南通设私立代用与女子师范两所。第二种为普通中学，在江宁、吴县、华亭、太仓、武进、丹徒、南通、江都、清河、铜山、东海共新设十一所中学。第三种为中等农业学校，在江宁、吴县、清河设三所，吴淞设水产学校，浒墅开设女子蚕桑学校。第四种是中等工业学校，设江宁第一工业学校机械科、电机科、苏州第二工业学校纺织科、色染科、土木科。第五种为中等商业学校，设在上海。

第三部分为大学，原设高等师范学校，由中央政府任命和管理，改为东南大学。

第四部分是派遣国外留学生，省里设竞试，每年1月举行。

第五部分规定各地开设博物馆、图书馆、通俗教育讲演团，唯力是视。

全省一年的教育经费为二百四十万元，但要做这么多事情，只能节约使用。这个计划突出了两个特点。首先强调基础教育。中国是文盲满地的大国，文化水准普遍低下，要提高国民教育水平，首先要抓基础、抓普及。其次是突出应用教育，就新设的中等学校来讲，总共新设的二十九所之中，包括农业、工业、商业、师范、水产等类的中等学校有十八所，占总数的接近三分之二之多。重基础、重应用，这是黄炎培教育思想的两项最鲜明的特点。这两个特点，即使在全国推行而后的职业教育以前，在推进江苏省教育之时，已经颇为鲜明地初露端倪。

黄炎培制订的这一江苏省教育计划，不仅在他在省府任职时予以大力推进，打下了基础，而且在他1914年去职之后的十几年里仍实施，直至1927年蒋介石上台，此计划方被打破。

黄炎培在辛亥之后做的第二件事情，就是着手对教育进行全面的调查研究。黄炎培辞去省里的教育司长职务以后，江苏省教育会常任干事的职务还在。利用这一职务，黄炎培在省内、省外广泛调查。新学在各地，尤其是在江苏省各地方固然蓬蓬勃勃开展起来，但是又很不规范，流弊甚多。维持这一新学并使之渐有起色，渐有成效的既不是传统的力量，更说不上法制的作用，而是一群热心教育又不同程度上接受了新思想的人。中国的教育发展方向是什么？中国的教育出路何在？中国以教育怎样能迅速地为中华富强而发挥应有效用？这些问题无时不在黄炎培的心中盘思。带着这些问题，黄炎培拔足登上旅程。

黄炎培的调查旅行是以江苏省教育会名义进行的，旅费何出呢？黄炎培去和申报商量。对于史量才，黄炎培也算是他朋友了，黄曾经多次给申报撰稿，这次申报决定资助黄炎培的调查，并且扩大旅行范围，请黄炎培游览全国山川名胜，考察民间疾苦。同时给黄一个“旅行记者”的头衔。黄炎培遂以“抱一”的笔名，将调查报告按期登载在申报上，同时又和商务印书馆联系好，由该馆出版的“教育杂志”登载有关教育情况和评判结果的文章。

在江苏省内，黄炎培深入到各县。全省共六十三个县，他足迹所到之处有将近五十个县之多，占全省的四分之三。考察的重点是各县的小学教育。他发现小学教育中有很多问题，最大的问题是：在小学里学生虽然学过算术，但权度在前却不会用，比不上商人；虽然学过植物课，但对庭院中的花草、田家的庄家，却说不上名字，比不上农人。培养出来的学生，经商不如商人，务农不如农人，这样的学校还有什么用处？黄炎培写道："应该觉悟到画画最好的是写生，对花画花，对鸟画鸟，如果所用的教材和教法不能让它应用于实际生活，有什么效果？"以这样的观点，黄炎培先写了一篇《学校采用实用主义的商榷》，又写了《小学实用主义表解》一文，再和别人合著《实用主义小学教育法》。几篇论文以及其他类似内容的文章先后刊于《申报》和教育杂志上，在江南和全国都引起很大反响。新学要兴，但不能徒兴新学之名，尤要兴新学之实。新学很大的特点在于它讲究应用，培养的是富国强族的人才，而非满嘴"之乎者也"的文丐或士大夫。当年在川沙县城街上流落满街的文丐，留给黄炎培印象太深了。如果我辈苦斗几十年，结果只是给中国增加几十万个文丐的话，我辈的努力还有什么意义！这次考察，在黄炎培的教育思想发展过程中占有极其重要的地位。他的职业教育主张，虽然此时还未采用后来的名称，但是思想基础却已经牢固地构筑起来，形成了。

黄炎培这些主张应用的教育文章发表后，许多提倡新学的教育人士纷纷表示赞同。在这股潮流带动下，我国第一部《实用语文》《实用算术》等教科书，纷纷出版了。

而后黄炎培出省考察旅行，第一站是邻省安徽。这时黄炎培在全国有些名气了，他在川沙、江苏搞了那么多的教育，又被任为全国教育总长而不肯就。知道黄炎培来考察，安徽省长亲召宴迎接，陪同黄的是安徽省府的司长们，官场的旧习，土皇帝的排场，使黄炎培有不堪入目之感，心中很不舒服。他从安徽芜湖出发，溯江而上，至九江，沿江各县，都留下他的足迹。芜湖之米、九江与皖南之茶、安徽的财政、铜官山之铜，景德之磁，南宁铁路之现状、江西教育等，无一不是黄炎培调查的对象，并一一写入旅行报告。尤使黄炎培震惊的是，几乎沿江各县都看到了两样洋货，一为美孚煤油，一为胜家缝纫机，四处充斥，无处不在。黄炎培立刻感觉到洋货已经深入到中国的内地和乡镇，成为操纵中国经济并榨吸中国民间资金的重要力量，他写了一篇特记《美孚与胜家》，唤起舆论注意。旅途之中，地方上的水、旱、虫各种灾患尤令他瞩目。黄炎培到了安徽六十县中最为贫疾的东流，这里田无沟洫，水旱虫诸灾搅得百姓不胜痛苦。丰岁一年所获，方不及供应农民四个月的口粮，更不用说灾荒年景了。黄炎培不胜怜叹，予以据实报道。在《水哉水哉》的一篇通讯里，黄炎培报道了长江下游的水患，并对治水发表了自己的见解。中国的农村不仅贫，而且伴之以愚。迷信猖獗，荒唐至极。有个县城有五府城门，但北门不启有五十载，因为据说开了此门就要死人。有的地方将欧阳错写成“殴阳”，竟然从来无人以为错。当年中国民众之贫、民众之愚，黄炎培看得更加清楚了。

当然，映入黄炎培眼目的，同样还有中国山川与自然之富丽。黄炎培登上了徐霞客叹为观止的黄山。黄山高寒，杜鹃山下3月谢，山顶5月尚含苞。黄炎培自屯溪芒鞋，持竹杖而上，盘桓7日，夜宿紫云庵、文殊院、狮子林。山上风景幽深古峭，奇松怪石，瞩目皆是。九龙潭上，大瀑下悬。黄炎培浴汤泉，广天海，览信始峰，穿鳌鱼洞，饱赏大自然。随行的商务印书馆摄影记者一一拍下照片，后成为珍品。游毕黄山，又爬庐山，再登雁荡，最后是华山。各山都有奇景，游各山也都有“新闻”。庐山风景博大雄奇，牯岭隙地，两山环抱，泉水甘美，英、法、美、德、日、意、俄、挪八国侨民租此地建起房屋，避暑区内的税收、交通、警政、卫生等，中国政府竟无权过问。黄炎培尤感气愤。在牯岭上，一人尾随不舍，行为鬼祟，次日仍如此。黄炎培把他叫来盘问，答是江西省长派来侦探黄炎培的。黄与江西省长戚杨恰熟，乃发电质问。戚回电答无此事，并叫将此人“捆绑解省”。那人慌忙，又称是北京政府派来的。黄炎培痛斥一番，此人鼠窜而去。在华山上，见一位65岁的老人用长索系身自缒而下绝壁采得幽兰。黄炎培作诗云：“长绳蜿蜒吾度之，七百五十尺有奇，观者颜汗惊淋漓。”后收入他的诗集《苞桑集》，更难忘的是在华山上，黄炎培与六位挑夫交上朋友，问之姓名、年龄、家庭、抽不抽鸦片等，黄炎培把问答写在纸上逐一教他们认字。六位挑夫快活得像拾了黄金一般！临别和黄依依不舍，黄炎培也很感动。回西安后告陕西省主席邵力子，获得邵力子支持，从而在这些挑夫所在地“上洞儿”，成立起一所小学校。

在这次考察中，黄炎培先后到达江苏、安徽、浙江、山东、河北、福建、江西、陕西等省份，收获是颇多的，无论是对中国的认识，对教育的认识，对未来的认识，对自己从事的事业的认识，都进一步深化了。祖国山川之美、民众现状之惨，也从不同的角度陶冶着他，启迪着他。他有更多的话要写，要说。黄炎培著述的高潮年代也来了。他写论文、写小品、写报道、写专论。激扬文字，奔放奋发，吟词赋诗，憎爱分明。黄炎培的情感，随着他的思想一道丰富着，升华着，日加成熟起来。

1915年，美国举行世博会，邀中国派一事业团去参加。中国游美事业团组成，团长张振勋、副团长聂其杰，特邀黄炎培任代表团编辑报告。

在上海登船，赴美的长达数星期的海上旅程开始了。在船上，黄炎培喜欢依栏而立。他不禁想起十一年前从南汇刀下余生，坐船亡命日本的情景，黄海上的凄惨夕阳下祖国陆地的影子，至今依然浮现在脑际。黄炎培下意识地觉到寒冷，打了一阵冷战，又克制下来。毕竟眼前是东海，而当下面对着东海的，不是楚南，也不是韧之，而是任之。黄炎培恢复了平静，寻思起来。那次赴日，最大的收获是结交了一些志同道合的朋友，但就文化见闻而言，却终究未能跳出东方传统的范畴。今天却是赴西方，赴美国，是要对西方实行“对外开放”，而在这块陌生的土地上，又将会得到些什么呢？这些问题始终缠绕着他。黄炎培一行在美国西海岸旧金山登陆。在美国前后3个月的旅游考察，在美国当时一共28个州与特别行政区中，他们访问了27个。西起旧金山，东至波士顿，北至布法罗，南抵路易斯安那州最南端之海埠新奥尔良，美国最大的河流密西西比河自此出海。黄炎培站立海滨向东南望去，群岛连绵，其中最大的一个是古巴岛。美利坚国土的富饶与天然资源之丰厚，雨水量之充沛，都给他留下很深的印象。同时，不平等的社会现实，尤其是种族歧视，对黑人的不公与虐待，黄炎培也一样映入耳目，刺于心头。他年少时曾读过一本描写美国黑奴悲惨境遇的书——《黑奴吁天录》，脑海里留下过印象。这次对照现实，得以印证。白人的学校不准黑人进入，白人常去的餐馆也不见到黑人，就连厕所也是“黑”“白”分明。他们去纽约一座六层的大楼，这里是美国上层人士吃喝聚会的地方，看不见一个黑人。到了楼顶层却看见许多黑人在那儿，黄炎培问招待员是怎么回事，那个白人轻蔑地回答：“黑人没有知识，怕在底层屋塌被压死，所以把他们安放在最高层要安心些。”黄炎培深深地叹了一口气，他脑子里忽地浮出顾连生、浮出祝三团的形象。这么远的路，也跳不出同是乌鸦一般黑的天下。

当然，对西方对美国的开放，看到黑暗也看到亮光。在美国参观游览中，黄炎培总是睁大眼睛看他们的教育，看他们的科研，看他们的事业，以便从中借鉴富强国家之道。他惊异地发现，在美国科研、企业与教育三者是紧密结合着的。学校既有科研室和实验室，有了新产品即拿到企业，同时也刷新了教科书。有些地方，既可以说是研究所，也可以称是企业。黄炎培印象最深的是访问爱迪生这一举世闻名的大发明家。事先听说爱迪生是自学成才，没有进过大学堂的门，却发明电灯、留生机等。黄炎培等被领到纽约不远的新泽西西橘村，这里是爱迪生的实验所，也是一座电机厂。爱迪生把客人领进屋，寒暄毕，对黄炎培说："黄先生，我知道你是上海有名的人，上海是大城市，现在有一种我新发明的播音器，请你用上海话向着这播音器说，不到几分钟，就会照你的话放出来。"黄炎培按老科学家的话，对着播音器说："中国是东方大国，美国是西方大国，两国人民如果同心同意采取和平手段，互相帮助，我相信大众一定走上幸福的道路。上海是中国大商埠，纽约是美国大商埠，我愿代表中国人民提出这点希望，和敬爱的大科学家爱迪生先生在这里握一次手，祝先生长寿！"翻译过去后，爱迪生兴奋地过来与黄炎培握手。几分钟后，播音器里同样的声音放出来了。那天，黄炎培很高兴，仔细参观了这座实验室兼电机工厂，爱迪生也格外兴奋，临走送黄炎培出来，说："我老了，没有别的希望，只希望允许我把这座电机厂带到地下去，让我继续有所贡献。"提倡务实，提倡应用，求所革新的开拓精神，是美国国民精神的精华所在，黄炎培对之倾心。这一美国国民精神之所长，不正是中国传统文化与传统精神所短吗？正是为这一点，黄炎培在来美国以前考察国内教育后唤出以提倡务实和应用为特点名之为"实用主义"的教育主张。在美国的所见所闻，再次肯定并且强化了他之前初步形成的教育思想和教育主张，而且勾画出更为具体，补充得更为丰富，发展得更为深刻。从一般的教育方法进一步延展到教育指导原则的层次上。而后黄炎培为之奋斗几十年的职业教育，此时已经是呼之欲出，含苞待放了。

游美国之后，黄炎培又考察了朝鲜、越南、暹罗（今泰国）、爪哇（今印度尼西亚）、马来亚、菲律宾、新加坡、缅甸等，前后十余国，行程数万里，所得甚丰。这真是实行对外开放，传统文化之精华，加以图新求变之精神，引进着异国他族之所长，中华民族的新的更为灿烂的花朵，正是由此而奔放！

七、创业途中

读千卷书，行万里路，办了15年教育，走遍国内外，进行考察和调查研究，对黄炎培而言，结论是什么呢？办职业教育，开中国职业教育之先河。这就是黄炎培的选择。

1917年5月初，一首中华职业教育社社歌在上海上空回荡，歌词铮铮，是由黄炎培填写的。第一句是："惟先劳而后食兮，嗟我人群之天职！"由黄炎培牵头，请来当时教育界事业界的知名人士蔡元培、张謇、马良、严修、张元济、伍廷芬等四十八人，在中华职业教育社发起宣言上签字。中国的职业教育的设想，他感觉原先提出的"实用主义教育"仅是教育的一种哲学指导思想，必须将其具体化，提出具体的教育形式。而这些目的是"职业教育"的概念所能涵括的。然而"职业教育"在黄炎培的思想里绝不只是一种具体的教育形式，"职业教育"首先是一种教育思想，教育原则与教育理念，讲教育要与职业相结合，以克服教育与生活、教育与劳动的脱节。这种脱节现象在黄炎培看来是中国传统教育的最大弊端所在，而这一弊端又由中国传统教育的两种倾向反映出来。第一个倾向是厚文史而薄理工，重理论而轻实际。这种倾向的背后是长期以来突出教育的政治功能。千年科学制度出了那么多状元进士，生产了那么多的相国重臣，然而发明家又有过几个？畸形的教育与社会制度，宝塔尖上权倾一时，宝塔尖下是大群的文丐，中层则是一批批游手好闲无所事事、庸庸碌碌的士大夫。这是"学而优则士"的教育原则与教育观使然。第二种倾向是重理论而轻实际，重述言而轻操作。造成这种倾向是由于中国传统教育长期被"劳心者治人，劳力者治于人""君子劳心，小人劳力"的思想束缚着。中国说话的人太多，做实事的人太少。中国不乏言论家，中国却缺乏实行家。中国吃饭的人多，吃"话"的人也多。中国人饭吃不饱，可是"话"却早就吃饱了。宝塔尖上，一言千钧又千金，"理解的执行，不理解的也要执行"。宝塔尖下，一群群的文丐不也在以言换食，吃着卖嘴的饭。中国传统教育是教嘴不教手。宝塔形本身是不错的，任何一种教育体系培养出的拔尖人材只能是少数，无可厚非。只是如果这一体系从上到下，左左右右，都只是在那里动嘴不动手，务言不务实，那么，这种体系又能给国计民生带来什么样的实惠呢？！中国要以怎样的教育体系才能步向民富国强之路，在“职业教育”四个字上黄寻到他的答案。作为一种教育形式，职业教育不过是诸种教育形式之一；但作为一种教育思想、教育原则与教育观，“职业教育”则应是涵盖诸种教育形式的教育总体观，而前者作为一种形式的职业教育，如果能在中国生根、开花、结果，长此以往，就必然能够影响其他现存的教育形式，使之向教育与实际相结合的方向演变。这是黄炎培选择职业教育作为他一生推行的事业的初衷所在。

对于黄炎培推行职业教育的主张，他的许多朋友是赞同的。“主意是好主意，只是办起来太难，费力不讨好，你提倡一下、呼吁一下就行了，让政府去办，有钱人去办。”一些朋友劝黄炎培。“不行！”黄炎培坚决不同意。推行职业教育，就是要否定只言不行、只说不做的习气。光说职业教育，改变不了这风气。要去做，做职业教育。称黄炎培是个实行家并不为过，他这身死认理、认死理的倔脾气，一旦认识到了，那就——做，而且是立刻。“立刻”是他经常挂在嘴上的，用来提示自己。怪不得他说话快，走路也快，走路老像一阵风似的。当天的事当天毕，这是他多年的作风。

办职业教育，办中华职业教育社，钱从哪里来？这是现实的问题，不是现实向黄炎培挑战，而是黄炎培向现实挑战。他已经成为名人，名扬海内外，振臂一呼，不管有无人去实行，在中国历史上首倡职业教育的，反正他是第一人，不也可以吗？但是，这不是黄炎培的性格，他是不甘于说说的，黄炎培要的是做，要去向现实挑战。

现实是，那时的政府正在忙于内战中。今天这个军阀上台，明天那个军阀复辟。北方有直、奉、皖等各大派系军阀，南方则有大有小，江浙一带势力最大的是孙传芳。这样的政府、这样的军阀，黄炎培根本不指望他们。不掏钱也好，距离这些，没“婆婆”比有“婆婆”强，省得做受气的儿媳妇。要干就自己干，不仰人鼻息，这也是黄炎培的作风。

那么钱从哪儿来？向社会募捐，一些有远见的事业界人士如聂云台、徐静仁、穆恕再与穆藕初兄弟、刘柏生等解囊资助了一批款项，但是还不够。黄炎培的眼光伸向海外。他在海外尤其是华侨界，已经有了一批朋友。在南洋各地，他曾讲演，做关于教育的报告。在泗水一地，六十二埠的六十六所华侨学校长和教员们邀请他去做报告，他讲演三天，在侨界很是受欢迎。1917年黄炎培到达新加坡，在一位侨界朋友林顺义介绍下，去找侨界领袖陈嘉庚。这是黄炎培与陈嘉庚第一次见面，诚然，彼此慕名已久矣。

这两位对中国教育都作出了很大贡献的人，一个在海内，一个在海外；一个依靠社会募捐办教育，一个取自己办事业之财开学校；一个于日本将投降前夜访问延安，一个于抗日战火正酣之际访问延安；不念旧恶于抗战年代专任国民参政会抗日募捐委员会负责人奔走商界侨界募捐抗日，一个于南洋几度返回国内资助抗日慰劳军民。可谓异途同归，而且成为几十年间相互支援、相互理解、相互同情的好朋友。厦门大学开办时，陈嘉庚先生写信给黄炎培，请他推荐厦大校长人选。50年代，陈嘉庚先生去世了，在陈嘉庚的墓碑上写着黄炎培的题字。当然这些都是后话。1917年的第一次见面，两人是一见倾心，相谈投机。陈嘉庚先生当即决定，从1917年起每月捐助中华职业教育社一笔资金，每年一千元。黄炎培又到菲律宾，黄炎培在这里的教育界和华侨界也很受欢迎，因为黄炎培在此地短短地考察结束之后不久，就著述发表了有关菲律宾教育的几部著作，在菲国内反响很大，故有“快才”之称。黄炎培又同菲律宾的侨界人士募捐，获得他们的支持。这样东拼西凑，总算有了一笔开办基金。但办社的同时还要办工厂，这些钱也是不够的，黄炎培决定发行学校公债十万元。然而发行公债要有很好的信用做担保，黄炎培本人是无资无财，说不上去担保的，但是黄炎培已经有了很好的“名”，不贪钱，不贪官之名，这是他能够向人募来资金的依据之一。他找到宋汉章，这位上海中国银行的经理因为抵制袁世凯搞帝制，不肯停止中国、交通两银行兑现钞票的业务，在社会上颇有好名。黄炎培请宋汉章在公债上签字做保，宋汉章多少有些犹豫，第二天宋来到学校查了半天账，果然一点错误也没有。宋当场签下字，十万元的基金解决了，总算解了燃眉之急。

旧中国，有了钱之外，办事情还要一样东西：请些政界人士来担任“名誉”“特约”之类，说它是“挂羊头”也好，做掩护也好，总之是要办成事情所必需。

与其要上边派下来的“婆婆”，还不如自己去找几个开明一些的“婆婆”。一批政界人士，也正愿意如此。黄炎培创建中华职业教育社，也陆续请了一些政界人士如张群等人，担任“名誉理事”。张群先生当时担任中华职业教育社名誉理事，中华工商专科学校董事长。

1918年，中华职业教育社所属的中华职业学校在上海南市区陆家滨开办起来了。从校门走进，在“劳工社圣”的大字匾下，是两双高高举起的手的雕塑。“双手”是中华职业学校的校徽。它象征着“双手万能”“手脑并用”“学用并进”等学校提出的口号。开学那天，四队别着校徽、高唱社歌的学生，迈着整齐的步伐，分别走进木工、钱工、珐琅、纽扣四科的教室。每科除了教室，还有附设的工场，即木工、机器、珐琅、纽扣的四个工场。

为什么在有限的资金中开设这样四科事业呢？黄炎培是有他的考虑的。机器与木工是当时发展各类工业的两个基本要素，应用程度最为广泛，被视为基础。为什么要选择珐琅与纽扣呢？这是黄炎培根据江苏省教育会搜集的海关资料，发现这两种货物不仅进口数量庞大，而且近几年来还有激增之势。而这些货物，黄炎培认为国内的条件，无论从资源角度还是从人力角度看，都并不很难组织生产，完全可以把这两项舶来品的进口替代掉。当然黄炎培当时是不会知道“进口替代”这个在将近半个世纪之后的世界经济盛行一时的时髦的经济发展战略中的概念。但是为中国前途计，黄炎培已经把“国产化”置于他追求的目标之一。后来中华职业学校陆续扩大自己教授的专业，又增添了土木工程、商业、财会、染织、师范、外交、电机、电子、化工、管理等科目以及留法勤工俭学班等。

在中国，每出现一桩新事物，总会有人反对，有人出来骂，有人说闲话。中华职业教育社及其所属学校，也难逃脱此运。当时有人议论，中华职校开的这几门课程有些太“土气”，不够“洋味”和气派。还有人说这不过是小打小闹，成不了多大气候。一时间，闲言传来，恶语纷纷。上海圣约翰大学为表彰黄炎培办学多年的辛劳成绩，授予他名誉博士的头衔。于是，有的报纸上以“珐琅博士”来称呼黄炎培。他面对闲言，付之一笑，不作理睬。认定对的，天塌下来也要做，“宁为玉碎，不为瓦全”，这又是黄炎培的个性之一。

对这些冷嘲热讽，听之任之吧。

实践是检验真理的标准。中国的社会、中国的百姓是会裁决是非曲直的。

果然，老百姓欢迎，工商界也欢迎。老百姓欢迎的原因是，学以致用，宜于择业就业。工商界欢迎的原因是，可用以所学，便于工厂补充技术工与技术人员。比起老百姓对之望而生畏，企业对之敬而远之的高等院校专业生，职业学校自然有它的长处。这一长处可概括为“适用”二字。首先是适用于社会生产活动与经济发展的实际需要，中华职校毕业的学生，他们的学与用、在学与在职之间的鸿沟，相对来讲小多了，在学校里他们不仅受到理论而且是实际操作的教授，动手能力比普通学校学生高得多。其次是适用于当时中国科技与生产发展的实际水平和下一步的发展方向。像珐琅、印染、纽扣这类简单制成品，不仅为中国市场所必需，而日由于其制作较简单的技术条件，由于其所需投资少而所需劳力多的劳力密集型的产业特点，从而在中国是有着巨大发展潜力的。不用说在20世纪二三十年代的中国，即使从20世纪80年代的今天来看，被称为“温州奇迹”的温州经济起飞靠的是什么？所靠之一就是纽扣。海内如此，海外也一样。韩国就是靠假发与三合板两样简单制成品出口而赚了大钱。台湾地区出口加工过的洋菇、笋也捞到巨额外汇。西方经济学于20世纪70年代，提出适用技术、适用产品的新概念。可惜中国学子充斥，儒生满国，可是田间依然刀耕火种，由命听天，人们有理由问，那么多博士的学问究竟在哪里？又有多少是真实的学问？“珐琅博士”不是耻，而是荣，不是多，而是少。如果中国真有越来越多的“珐琅博士”“纽扣博士”“××博士”，中国的经济就上去了，中华职业教育社所属学校的第三点适用性，在于它适合当时普通群众的低下收入水平。统计资料所显示，当时中国一个大学生所需的费用是四百元，普通中学生是二百元，而中华职业学校的学生只需一百元就够了。第四点适用性是适合各种包括已从业人员在内的不同年龄层次、不同文化水平、不同收入标准的不同阶层人的多种学习需要。中华职教社为此采取了灵活的办法，包括灵活多样的学校类型有职业学校、职业补习学校、职业义务学校、职业函授学校等；灵活多样的学制，有初、高中制、五年一贯制等；灵活多样的学时，有晨班、午班、夜班等多种。总之是区别对待，因人施教，各得其所。此外，中华职教社所推行的职业教育的适用性还表现在，虽然积极引进当时我国还不多见的国外的知识和生产技术如珐琅等，但是他们能够根据中国的传统特色予以融合，把“洋”与“土”结合起来。最后一点适用性在于，他们能随着科技与生产的向前发展，不断调整学校所授的课程内容，增加所设的专业科目。

经过多年的努力，随着中华职教社的业务活动不断扩大，原先中华职业学校所设的珐琅工场和铁工场，也独立出去，成为中华珐琅厂与中华铁工厂。在中华职教社的先导作用下，上海生产珐琅的工厂数目急剧增加。珐琅和纽扣这两类国货产品，终于把外货给挤了出去。在这两类产品的带动下，上海其他轻工品的国产货也增加了。20世纪二三十年代是上海的民族工业获得较大发展的年代。这当然有种种原因，外国列强由于第一次世界大战还未喘息过来；国内几路军阀争权夺利，但争夺的焦点正是在北方的中国中央政权，从而给了江南以“弱控治”的机缘。然而包括中华职教社一批同人在内的艰辛努力，也是重要的原因所在。黄炎培当初设想的以珐琅与纽扣为先导的“国产化”构想，在天时地利的种种机缘下获得某种程度的成功。1919年为响应北京的“五四运动”，在上海掀起的罢工、罢市、罢课与抵制日货的斗争，1923年为收回旅大，上海所掀起的抵制日货的运动，1925年“五卅”运动中抵制英货日货的高潮，应当说在某种程度上是与一定的“国产化”程度的提高联系在一起，并以此为物质基础的。

在创办中华职教社及其所属的一个又一个学校、一个又一个工厂的日子里，黄炎培充分发挥出他的性格的两个侧面：“急”与“细”。黄炎培的急性子是远近有闻的，要办即办，而且立刻，事不隔夜。然而他又是一个办事非常细致，极其讲究认真、扎实，重视过程的人。用沪语讲是“顶真”（认真），他经常说的一句口头禅是“踏踏实实”。中华职教社的烦琐的社务，需要他耐心细致地处置。中华职教社所处的复杂的社会环境，更需要他的缜密周详的思考。今天学校经费紧张了，明天工厂的原料用光了，凡此种种，都要来找他。一会儿税务局来人了，过一会儿政府派员到，诸如此类，他也必须应付。常常是一连数日甚至数周，他要住在办公室，回不了他的家。黄本人虽然这时已然蜚声海内外，但他对物质生活的要求却从来是不高的。从办川沙学校起，从来就是只领很少的薪水，甚至不领薪金，而黄回到家里是要面对他的那群幼年儿女，有时要非常困难，要发生问题。这时黄则完全有赖他的夫人王纠思了，一方面是对他的理解和支持，另一方面全仗着王不仅节俭有加，而且善于持家，善于理财，善于经营，与黄共同面对困难的局面，度过了一场又一场家庭经济危机。父亲去世几十年后，我的大哥大姐们仍不时提起昔日艰辛甚至寒酸的生活，回忆起天天黄豆芽，长年不见荤的当年，甚至对父亲不无抱怨。

在中华职教社里，洋溢着一股上下亲密、左右团结的友爱精神。这是基于对共同从事的事业的一种共识。黄炎培经常召开社员座谈会，漫谈对人生、对事业、对时局、对未来的看法。他的话，社员们是相信的。因为他这样讲也是这样做的。中华职教社绝对提倡勤俭廉洁，虽然他们都算是大大小小的知识分子，在上海生活，但是出入中华职业教育社的人，大多是布衣布衫，很少见到有西服革履的。半个世纪以后，那些职教社当年的“小鬼”，提起当年，提起社领导，虽然今天他们已是头发斑白的老人了，但依然是激动不已。

在职教社里黄炎培有两个重要的伙伴。一个是江问渔先生，一个是杨卫玉先生，后来与黄炎培一起，被称作“职教三老”。江问渔，原名思义，为人富于韬略，学识渊博，老成持重，在职教社里很受黄炎培与社员们的敬重。杨卫玉则年富力强，精力充沛，对事业对朋友坦诚相待，而办事又老到练达，是职教社的好“管家”。江问渔先生后来同黄炎培一道在抗战时期被选入国民参政会。杨卫玉新中国成立以后担任轻工业部副部长，虽然年纪比黄炎培小十来岁，可是操劳成疾，早黄炎培十来年就去世了。黄、江、杨三人亲密合作，不仅在开创职教社之时，而且持续了几十年，成就了职教社的事业，直到他们逝世。

职教社的影响越来越大，活动越来越多，一些知名进步人士被邀到中华职教社法办的讲演会上，一些进步教授如马寅初等人被请进职教社所属学校的教室，在上海、在江浙，职教社的名字几乎是路人皆知。找不到工作的人来到职教社开办的职业介绍所，走上工作岗位但感到吃力的人找到职教社设立的职业指导所，寻求继续教育。一粒新的教育种子，在中国这块土地上生长起来。

中华职教社做大了，做到似乎难以被当权者所容。

要说国民党视黄炎培为眼中钉，乃并非仅仅为了中华职业教育社。黄炎培在江苏和上海教育界进行的一系列活动，早就引起了以江浙为基地的国民党上层的注意。就蒋介石本人来说，起初对黄所从事的教育事业和黄炎培本人，是不无肯定甚至仰慕的，早年他曾亲手送他的两个儿子经国与纬国来到黄炎培所办的浦东中学受教，蒋经国在浦东中学的作文迄今仍保存在浙江宁波奉化的老家里，但蒋与黄并未谋面。对于国民党势力的扩张与发展，埋头于教育的黄炎培也未予加注意，他早已习惯于政权的更迭改换，但有一点，黄非常爱惜自己费尽艰辛成长起来的教育事业尤其是职教社，因而当国民党大佬们开始打职教社的主意时他格外警惕。一次，国民党二号人物汪精卫出面约请黄炎培，表示想在职教社里创新中国成立民党支部，对国民党黄当时是有保留的，当然不能同意，因而黄以职教社是教育团体对政治素不介入为由，不容分说加以拒绝。1927年春，国民党领导下的北伐军进入上海，国民党看中了职教社所在的房子，因而派人来向黄联系借房，国民党下属部门要进驻，也遭到黄的拒绝。因故上台伊始，在还有那么多敌人与政敌未及收拾之时，国民党便先腾手，开始收拾黄炎培了。

国民党动手了，给黄炎培以“反动学阀”之名号，加以通缉。黄炎培负责的江苏省教育会被下令撤销，江苏省教育经费管理处被封闭，浦东中学被改组，中华职业教育社被查禁。一天，黄炎培正好不在社里，街上开来一车暴徒，下车后即冲进职教社，见书文就撕，见桌椅板凳就砸毁。暴徒们把社里的工作人员集中在一起，一个为首的暴徒拿出一份文件，这是炮制好了的“黄炎培反动证明书”。这家伙对社员们嚷道：“黄炎培是有据可查的反动学阀，上边已经宣布通缉他，中华职业教育社从今天起封禁，你们过去跟着黄炎培走，没有好下场的，今天要划清界限，表示个态度。”说完扬起手上的“黄炎培反动证明书”，呼喊着社员“快来签字！快来签字！”几十个社员紧紧围在一起不仅不签字，而且怒目相对。相持数小时，暴徒软话硬话说尽，仍然没有一个社员肯在“黄炎培反动证明书”上签字。暴徒拔出手枪，逼着在场全体社员离开，拳打脚踢地押上门外卡车，把社员解押到上海郊外，宣布逐出。与此同时，另一股暴徒驱车来到中华职业学校和所属的工厂，拔出枪冲进去。然而这里是有上千师生员工的，人多力量大，全体教师、学生、工人、职员集合在一起，坚决抵抗，高呼：“这是我们的学校，我们的工厂，谁敢来接收，跟谁拼命！”面对手持木棍、铁锤、铁铲的愤怒的员工师生，暴徒们始料未及，望而生畏，只得却步，悄悄地撤走了。

出事的当天夜里，黄炎培正在家伏桌思考，忽然有急促的敲门声，进来一个青年人，气喘吁吁地对黄炎培讲："黄先生，快走！快走！国民党要暗杀五个人，其中有黄先生，还有章太炎。黄先生，天亮就危险了，快走！"黄炎培问他是何人，青年讲是国民党系统的，又连催黄炎培快走。黄炎培送走他。从他对国民党的了解，他判断这消息是确切的。于是连夜离家，先躲在亲戚处一夜。次日晨，派人购来从上海赴西伯利亚的火车通车票，准备直赴苏联。黄炎培上了火车，不料去东北火车被阻拦，于是黄炎培下车，临时决定改赴大连。

当时大连还是在日本占领下，第一次世界大战前就被日本所占据。

在大连，黄炎培身上并没有带很多钱，他住进了一家简陋的旅店。房间狭小，除了一张木板床，就是一张桌子。由于在大连到处是日本的军警，戒备森严。黄炎培只好深居简出，从带来的提包里拿出两部杜诗，这是他出门必备之物，舟车泛览，爱不释手。在大连这间狭小而潮湿的房间里，只有与这两部杜诗相依做伴了。窗外是鬼头鬼脑的人在窥伺，分明是日本特工。进入大连时，黄炎培据实拿出了自己的"派司"（护照），日本人是知道有这么一个黄炎培来了的。黄炎培生活得很有规律。鸡鸣即起，伏案读书，随读随选，工工整整地以小楷抄下杜诗，天天如此。几个月过去了，一本楷体版的《杜诗尤》产生了。工整清洁，厚厚一本，无一有错；而且笔力格外雄浑苍劲，是中年时代黄炎培的书法代表作。黄后来将这本《杜诗尤》赠给了我母亲姚维钧，成为家中珍藏，伴随他们走完人生。

黄炎培带来的钱不多了，他的饮食本来就很简单，在沪时一餐一菜，在大连后来索性开水泡饭，加些咸味，打发一餐。黄炎培欲归内地却不得，传来的消息说上海的空气仍然紧张。黄炎培正在发愁。一天，他在看书，忽然有个人从隔壁开着的窗洞中，伸出头来，叫了一声"黄先生"。黄炎培去开门，这人进来，一副惭愧不安的表情，对黄炎培说："对不起先生！对不起先生！我是日本特工，奉命来监视先生的，一连几月，看见先生读书写字这样清苦，本我良心，做先生的警备。我本是小学教员，困于生活，才来干这个，接受这笔钱，我现在有些积蓄，先生拿去用，我从此为先生服务。"一席话未了，人几乎跪下。黄炎培连忙过去搀扶他，称赞他有良知。于是两个攀谈起来，成为好朋友。办了几十年教育的黄炎培和这位原本是小学教员的人，当然是会有共同语言的。

以后传来消息，上海的风声松下来，黄炎培放不下中华职业教育社，放不下数千师生员工，他决定回去。于是这位日本特工去码头替他买来船票，又送黄炎培上船。黄炎培走上船头，挥手让他回去，他却依然站在那里，依依不舍。船开了，远远地，这位日本特工仍在那里招手，直到再也看不见。

黄炎培回到上海，等待他的是百废待兴的事业。中华职业教育社被封禁着，中华职业学校也处在半瘫状态中。昔日曾经歌声飞扬、热闹一时的地方，如今冷清多了。做一个中国知识分子，独立的知识分子，不肯闭其嘴，又不肯罢其手而不肯入污泥的知识分子，真难啊！黄炎培叹了一口气。他更体会到了前面的路上铺满荆棘，障碍重重。另一方面，等待着黄炎培的，又是一群昔日的战友和支持他的师生们。多年形成的以黄为首的这支教育团队，人还在，心未死。中华职教社的社员们，中华职校的师生员工们都在等待着他，他也终于回来了。

一番思考以后，黄炎培以稍低的姿态，着手恢复，重建工作，他又投身在战斗中了。

八、抗日烽火

从大连避难归来，黄炎培在上海开始着手恢复职教事业，各项工作又有了一些眉目。一天，邵力子先生来到中华职业教育社。邵力子是黄炎培的老朋友，在上海南洋公学就曾是同窗，彼此非常了解。邵力子此次来，是受蒋介石之托，约请黄炎培去南京晤面。

1931年初，黄炎培来到南京见蒋。对于此次南京之行，他是考虑再三的，显然蒋先生此次是要对他示以怀柔，一换几年前的打压，以“反动学阀”为罪名的通缉。对当权者而言，能“吃”就吃，“吃”得下就吃，让对方成为自己的腹中食；吃不下，啃不动就拉，拉拢到自己手掌之中，成为自己的掌中物，蹦不走，跑不出。对于这一套手法，黄炎培是不陌生的。当然，黄炎培也已经想好了对付的办法。你要“吃”我，或让你吃不着，或让你吃不动——背后有广泛的朋友，广泛的联系，更有一群生死与共的战友，让你的威望为此搭赔不起，尽量对之以周旋，太极拳我也能打，只是不会上钩，不上贼船，不成为你的“掌中物”。在“腹中食”与“掌中物”之间寻找空间，寻求平衡，保存自己，走自己的路，这是黄炎培的策略。“腹中食”当然不当，因为人要做事就要活着；“掌中物”也不能当，因为一旦当了就做不成事了，人活着还有什么意义呢！这是黄炎培的思想。

果然，在南京蒋官邸，蒋先生笑容可掬，做极亲切、恳切的礼贤姿态。设宴接风，晤谈长久，蒋先生说：“任之先生的美名，我还是年纪很轻时就已听说了，一直没有机会能请教先生，上次的事情纯粹是误会，下边不懂事的人乱来，先生受惊了。”言毕，再三赔不是。黄炎培答之，讲述职业教育是对国家对百姓有利的事，最后说：“我想蒋先生是会支持的，以后还请多加关照。”“一定，一定，”蒋连连点头，又说：“黄先生是治国经邦之才，做点学校的事情，恐难以全部发挥，我想请黄先生到南京，负起一方大任，中正也好就近请教先生。另外，我的两个儿子经国、纬国当年还曾受教于先生所办的浦东中学，受益匪浅，有恩于中正。今黄先生的几位公子听说留洋有成，颇有潜力，我身边也还缺些人才，不知黄先生是否舍得送来两位公子，到中正身边，熟悉政务，中正一定提携厚遇。”如果说前述蒋“赔礼”是黄炎培意料之中的话，蒋介石这番话则是黄炎培始料之未及的。蒋介石叫他离开上海到南京，这已经是釜底抽薪、调虎离山；而送去儿子，而且一要要成双，这不是加倍的人质吗！他那时有五个儿子，大儿黄方刚在美国哈佛大学获哲学博士，二儿黄竞武在美国哥伦比亚大学获经济学博士，三儿黄万里在伊利诺伊获水利博士，且均是考取公费出国。其余的还小，有的正在中华职业教育社所属学校上学。儿子们自己的生活道路，黄炎培这个父亲是不多加指点涉足的，仅示以做人之理。然而，今天蒋介石要他送两个儿子来，做蒋的秘书侍从，虽然这在当时来看，或许似乎不是一般的“提携后代”，简直是“皇恩宠幸”了，因为蒋侍从室的权威与权力在当时的中国政治舞台上，绝非一般。但是在黄炎培看来，送子去那儿无异于送子入虎口，儿子是绝对不能去的。南京自己也不能去，不能离开上海，离开自己的事业所在。黄炎培对蒋的这两点“厚爱”，都加婉言拒绝了。言辞虽婉转，态度却坚决，不留任何一点余地。蒋介石耳闻黄炎培的脾气，识相地不再相逼。告别时，黄炎培表示正准备去日本和东北观察一下，时局似不平静，蕴藏着异动。蒋介石要黄炎培回来后再来南京谈。

黄炎培讲去日本与东北，倒并非托词。日本自“二·二六”流血政变事件后，少壮军人的势力扩张得非常厉害，他们在那里造舆论，蠢蠢欲动。东北的时局也很紧张，日人炸死张作霖以后，随时可能用兵，黄炎培在大连时就感觉到了日本的备战气氛。他回想起1917年，他第二次去日本，拜访东京高等工业学校校长手岛精一先生。老校长70多岁了，殷勤地在家里接待他，对黄炎培说：“你们中国提倡职业教育很好，我们日本只知道为资产阶级帮助殖产的实业教育，那里顾得到为劳动人民解决生计问题的职业教育呀！我老了，你们好好去干，将来大家总有觉悟的一天的。”临走，手岛精一老先生大哭，担心日本青年军人侵华野心如得逞，将使中日双方受害无穷。不幸的是，这位日本老教育家的担心后来成为了现实。于是黄炎培回国以后，一直警惕地观察日本的政局发展，分析日本的政策动向。他判断日本侵华是不可避免的，只是时间问题。

1931年春，黄炎培从南京回沪后即去日本，这是他第三次来日本。果然，到处密布着反华与战争的空气。广场上、操场上，到处有日本军人指挥的日本青少年在操演。街上、建筑物上，随处张贴着野心昭然的标语。黄炎培读到三本暴露日本军阀计划侵华的书，于4月24日返国。原先，他本不想再去南京见蒋介石了，然而这回他非想见蒋不可，他是要把日本的动向向蒋反映。5月里，他赴南京，见到蒋介石后，把他此次在日本的所见所闻和自己对日本侵华迫在眉睫的判断，和盘托出告诉了蒋介石。蒋听着，默不作声，不置可否。最后叫黄炎培去向外交部长王正廷讲。黄炎培出来，心想这般国家存亡的大事，难道只是个外交问题吗？！分明在推托。但他仍然去见王正廷。

在外交部，王正廷会见了黄炎培。黄炎培把早先对蒋介石的一番话，又讲给王正廷听。王听了之后，大笑起来，对黄炎培说：“如果黄任之知道日本要打我，日本还不打我哩！如果日本真要打我，黄任之不会知道。”黄炎培听了这话，扳着面孔：“很好！我但幸吾言不中。”转身告辞。在南京和上海，黄炎培东奔西走，四处与人言，日本侵华危在旦夕。但权要们则同样不省。黄炎培感慨之极，一言蔽之曰：“颟顸糊涂，误国误民。”

四个月之后，“九一八”事变爆发，东北三省被日寇践踏。黄炎培果然不幸而言中，全然在他预料之内。但是国民政府软弱到这番地步，对日本侵略采取的不抵抗态度，白白丢弃东三省，却使他惊讶！这是他对国民政府更为失望的里程碑。

失去国土的噩耗，深深刺痛着黄炎培。“九一八”那夜，日军占领沈阳的消息传来，他正在史量才的《申报》馆里，黄炎培正兼任着《申报》评论员，听到消息后，黄炎培立即赶到史量才家，史量才与一群朋友正在打牌。黄炎培大声说：“电报到了，日本兵在沈阳开火了，沈阳完全被占了，牌不好打了。”正在打牌的一群人中，有人嫌黄炎培冲了他们的牌兴。讥讽道：“中国是你黄任之一个人的吗？要你一个人起动！”黄炎培听了大怒，顷刻之间，丧失国土的悲伤，对政府不抵抗的愤怒，一齐涌上来，冲了出去，挥臂一拳，打到牌桌中心，黄炎培失声痛哭道：“你们甘心做亡国奴吗？！”在场的几个老朋友是知道黄炎培脾气的，收拾起牌桌，连忙说：“收场吧！”

1931年“九一八”之后，上海行动起来。黄炎培和一群朋友组织起抗日救国研究会。大家推黄炎培和江问渔去南京诘问蒋介石和政府为何不抵抗。到了南京，见不到蒋介石。翌日去外交部找见了王正廷，黄炎培、江问渔刚坐定，准备与王开谈。外边吵嚷声传来，一群抗日讲愿团的学生蜂拥进外交部，抓走了王正廷一顿痛打。黄炎培亲睹这一幕，他在这天的日记上记述了他看到的一切，末了写着：“应该！应该！”

黄炎培为首的抗日救国研究会，以宁波同乡会为机关，每日聚会，跟踪形势，密切注视战事发展。同时开展抗日宣传，动员各界起来抗日。

翌年，“一·二八“淞沪战事爆发，十九路军在蔡廷锴、蒋光鼐两将军领导下，在上海广大市民的支持下，奋起抗击日本侵略军。为了支援前线的军需供应，同时维持上海市面的秩序，成立起上海市民地方维持会，史量才担任会长，黄炎培担任秘书长。黄炎培与蔡廷锴、蒋光鼎是早就有了联系，对于抗敌救国，思想完全一致。战火一打响，黄炎培等四处奔走，筹捐食品、药品、衣物。时值冬季，天气格外寒冷，中华职教社的社员们，中华职业学校的师生员工们全都行动起来，纷纷拿起针线，给前方的十九路军的将士们赶制棉衣、棉裤、棉鞋。黄炎培把自己的一家人包括十来岁的孩子，全从学校唤来，投入支前活动。整个上海市充满团结抗战的战斗气氛。以后张治中将军率领第五军赶来增援，黄炎培等立即组织市民欢迎，慰劳将士，前方的战斗空前激烈，后方的活动也大为高涨。军需品的需求更大了，伤员也陆续增加。但是后方的工作有条不紊。每晚，黄炎培要亲自监督把军需品装满卡车，送上前线。送走车辆之后，又等着载着伤员的车辆驶回，才肯放心离去。在“一·二八”抗战期间，天天如此。

黄炎培是个黑白分得一清二楚，眼睛里从不掺半点沙子的人。上海的杜月笙是在上海人人皆知的闻人，最大的青帮老大，不用说上海市长，蒋先生也要对杜恭让三分。杜也是浦东人，黄炎培有了名气以后，杜千方百计想和这位同乡联络，但黄拒之不见。杜月生托人来求黄炎培给他写一匾，黄炎培置之不理。“一·二八”战事爆发，为了动员更多的力量投入抗日，黄炎培专程来拜访杜月笙。杜月笙听下边人报黄炎培来访，惊恐万状，紧忙离座，赶到大门口迎接。这个过去请也请不动，搭也搭不上，写几个字的脸面都不肯给的黄某人，今日不请自来，是为何故？杜月笙心中忐忑，不住盘算，然而脸上毫无所露，毕竟杜月笙也是场面上的老手了。黄炎培坐定，开门见山对杜说：“我来是特地请杜先生出山抗日的，现在市民维持会搞起来了，大家热情很高，只是力量还嫌单薄，杜先生要是肯出山，杜先生人多势大，力量就大多了。”杜月笙听着想：果然，黄炎培毫无官腔官气。接着黄炎培分析了抗日形势，淞沪战场形势，指出“抗则存、不抗则亡”而同东三省一样，晓之以大义，动之以利害，侃侃而论，感人肺腑。杜月笙也是爱国的，心中认同黄之言，等黄炎培言毕，立即起身说：“黄先生，我是久慕你大名的，今天你登门是看得起我，即使你不说这番话，我也要有所表示，听了你这番话，那就更没啥说得了，黄先生放心，只要需要，黄先生一句话就行了，我杜月笙遵命。”他当即决定，把他的大赌场捐出来，供市民维持会作为群众会场用。此是一见杜月笙。

几天之后，杜月笙来请黄炎培向他的部下讲话，黄炎培应允了。杜月笙陪着黄炎培走进会堂，杜月笙先向手下讲话：“这位就是黄先生，以后我们大家要跟着黄先生走。”随后请黄炎培讲话，黄炎培对杜的讲话赞许有嘉，讲了抗日形势，最后说：“还有一点，我愿意向诸位先生说出，我希望以后大家都称杜老板为杜先生，不再称杜老板。”杜月笙听了，领头响应，台下一阵鼓掌，大家欢然而言。此是二见杜月笙。

又隔一段，杜月笙来看黄炎培说：“黄先生，你看我还有什么事情是应该做而没有做的呢？”黄炎培深思一下，回答说：“还有一件事，只怕你做不到，就是戒鸦片，现在大家都称你杜先生，不应该再抽鸦片，如果你戒了，那影响就很大了。”杜月笙听了，沉思良久，允诺下来。果然从此他戒掉鸦片。此是三见杜月笙。

二十多年后，有一次毛泽东请黄炎培吃饭，席间讲到旧社会的帮会，黄炎培说有些帮会头子也是爱国的，做过一些好事情，比如杜月笙。他向毛泽东讲述了与杜月笙交往的上述往事。

“一·二八”淞沪抗战中，在上海各阶层市民的坚决支持下，在全国人民的声援下，暂时粉碎了日本侵占上海这座我国最大的城市与商埠的战略企图。尤其是在这次抗战中，上海市各阶层市民广泛动员起来，形成军民学商政一致对外的动员体系，各界市民爱国觉悟与抗日热情大大高涨，各方的爱国人士也空前活跃，这就招致南京方面某些势力和人的忌恨。民众力量膨胀、异己人士做大，是他们最不愿意见到的。

在淞沪抗战中，申报尤其活跃，刊登大量抗日反敌的宣传文章，成为指导上海以至上海以外地区舆论动向的主力，申报的几位主笔黄炎培、陶行知等人，文笔泼辣，气势磅礴，极富鼓动性。申报老板史量才在淞沪抗战中担任上海市民维持会的会长，也十分活跃，淞沪抗战后，史量才又投资新闻报，进一步扩大力量。当然，南京方面和蒋介石本人对这些人与事也都一一看在眼里。

一天，蒋介石来讯召史量才和黄炎培去。史、黄驱车至南京，见到蒋后，史量才谈兴甚浓，讲述了申报、新闻报进一步扩展的雄心计划，蒋也含笑倾听，谈话气氛尚算融洽。然而临告别时，蒋先生与他俩握手，史量才拉着蒋介石的手慨称：“你蒋先生握几十万大军，我史量才有申、新两报几十万读者，你我联手合作，以后还会有什么问题！”史量才这番话可犯大忌，把自己的地位与领袖并列，此其一也；夸言自己力量，威震主上，此其二也；雄心勃勃，想与领袖平分天下，共握政权，此其三也。蒋介石闻言，脸色骤变，笑容顿收，一言不语。蒋介石对史量才的杀机在此算埋伏下了。

史量才、黄炎培回到上海，继续自己的事业。不久，麻烦就来了。由“C·C”陈果夫、陈立夫控制的国民党党务与宣传部门来了命令，要申报停刊。史量才多方活动，希二陈能收回命令。于是上边又改为要求申报编辑部必须改组，必须撤销黄炎培和陶行知二人的编辑和主笔职务。面对这种情势，史量才感到十分为难。自1914年起，黄炎培就应聘申报，写了大量关于教育、关于局势以及抗日宣传的文章，深为申报读者所欢迎与熟悉，申报力量的扩大，影响的日增是与黄炎培的名字联系在一起的，倾注了黄炎培的不少心血。陶行知先生也一样，长期办教育，在上海也颇有名气，同时又服务于申报，同样为读者所熟悉。然而，史量才现在却面对这样的局面：申报继续发行与黄、陶二位继续留下之中二选其一。黄炎培的心情也颇为沉重。对这个他付诸心血近20年，给予了他广泛的讲坛来向社会大众宣传自己对中国、对社会、对教育、对时局的观点和主张的申报，黄炎培心里是饱含着情感的。申报的读者们了解他、熟悉他、喜欢他、热爱他，他也同样了解他们、熟悉他们、喜欢他们，热爱他们。读者之中的一些人，已经成了黄炎培事业上的朋友和支持者，黄炎培和他们时常来往。也有一些读者，正是以读黄炎培的文章开始，走上了爱国的道路。还有的加入了中华职业教育社。甚至有些人后来奔赴延安。现在要他去职申报，这分明是要封他的嘴，夺他的笔。黄炎培对此激动万分，愤怒至极。对申报、对读者，他爱恋不舍，然而如果他不肯去职，那申报这块久负盛名的宣传阵地就要失之一旦了。中国的知识分子常常要陷在这种进亦失、退亦失的两难处境中。为了保住这份报纸，为了顾全大局，黄炎培找到史量才，毅然辞去了自己在申报服务近二十载的职务，依依不舍地告别申报的同人。在报馆里，同人们挥泪送别这位他们所敬重的战友。

几年以后，黄炎培在重庆有诗赠郭沫若。这是他有感而发的诗篇。诗云：

文化真美。群丑忌之。文化真善。伪善畏之。
日月经天。谁能蔽之。万古江河，谁能废之。
天地不减。文化不减。人类不绝。文化不绝。
或箝之口。或夺之笔。人夺其名，我葆其实。

——《文化三章赠郭沫若》

黄炎培、陶行知去职了，但史量才本人的危机并未解除。然而他又一次错误地判断，反而麻痹起来。1934年11月13日，史量才从杭州驱车回上海，途中被人暗杀了。凶手据云是来自戴笠手下军统主持的杭州警官学校。这位对中国报业发展作出了巨大贡献的报人的一生，就这样结束了。

不仅史量才被遭暗杀，黄炎培、陶行知被逼离申报，其他爱国人士也遭到打击和压制。在20世纪二三十年代，上海涌现了一股股爱国与民主的力量。其中较知名的，有鲁迅、茅盾、巴金、夏衍等文艺界的力量；有黄炎培为首的中华职业教育社等教育界的力量；以及后来从职业教育社独立出去的由邹韬奋主持的《生活周刊》（“一·二八”战事后改为日刊）和生活书店；有马寅初、陶行知、梁漱溟等教育界、文化界的知名人士；还有以沈钧儒先生为首的救国会。

沈钧儒是位律师，很早就脱颖而出，在上海很有名气。沈钧儒与章乃器、王造时、李公仆、沙千里、邹韬奋、史良等人组成救国会，活跃在上海社会政治舞台上。由于救国会思想较为激进，王造时主持的刊物不时抨击国民政府，因此也早为蒋介石视为异己，欲寻机会除之。1937年，救国会的这七君子被政府逮捕，羁押在苏州看守所。

消息传来，这一公然扼杀民主、无视人权的举动，激起各界爱国民主力量和各阶层民众的义愤，抗义电、抗议信如潮涌起，营救救国会七君子的活动开始了。黄炎培与救国会的同人们是老朋友，七君子被捕消息传来，他按捺不住，立刻动员中华职业教育社的力量，动用自己的社会影响，发声明、写文章强烈抨击，要求当局放人。不仅如此，他决定赴苏州，专程去看守所探望七君子，以示声援并以此向当局施加进一步的压力，促进事情尽早解决。是年的端午节那天，在苏州看守所里，黄炎培亲切慰问了七君子，把外界的强烈反应和抗议活动通报给他们，请他们放心，珍重身体，相信他们最终会平安出狱。临别，黄炎培在一本画册上题诗赠予七君子：

澒洞烟尘白日昏，端阳风雨扣环门。
长城万里云千树，随意挥毫壮国魂。

在各方面进步力量的声援下，当局陷于被动与恐慌之中。七君子终于被宣布无罪释放。黄炎培等热烈地欢迎朋友们胜利归来。

1936年12月爆发了西安事变，张学良、杨虎城将军率东北军、西北军兵谏蒋介石，要求抗日，西安事变迎来了第二次国共合作，推动了全国抗日联合统一阵线的形成。一个包括国民党人（占多数）、共产党人和社会贤达在内的国民参政会成立起来。黄炎培作为十余位社会贤达人士之一，被选作为参政员加入国民参政会。共产党方面代表是周恩来、董必武、邓颖超等。国民参政会开会时，黄炎培登上讲台，坚决要求国民政府抗击日本侵略，并代表江问渔等人，向大会提交自己的议案。国民参政会设立了几个委员会，其中重要的一个是抗日募捐委员会。由谁负责这个委员会呢？募捐，肯定是一项“苦差“，因为是伸手讨钱，手心向上，仰人鼻息，看人脸色；同时又是一项“肥差”，募捐是要凭募捐者的信誉，否则容易公私不分，装入私囊的。最后，代表们公推黄炎培，因为他有“募钱”的本事，自己一文不名却办起那么多学校，与事业界、华侨界有广泛的联系；同时，黄炎培更有不沾公家一分钱的美名，以“不爱钱”而广为人知，不仅不贪公，而且把实业界泰斗或侨界巨子赠予他本人的款项放入公囊，不肯沾染。在代表们公推下，黄炎培担任了抗日募捐委员会秘书长，主持会务，主席则由蒋介石本人挂名。

黄炎培奔赴各地，四处演说，游说各方巨子。巨子们问：“这钱拿去做啥？”黄炎培答曰：“抗日。”巨子们再问：“这钱谁管？”再回答：“我管。”巨子们说：“这钱为抗日，我们拿应该！这钱黄任之管，我们拿放心！”一笔接一笔的款项募来了。其间，黄几下南洋和香港地区，募来了不少钱。

1937年“八一三”第二次淞沪抗战爆发，黄炎培像在“一·二八”抗战中一样，奔走后方供应。上海市民维持会在之前已改名为上海市地方协会。

1937年“七七”卢沟桥事变，宣告全面抗战自此开始。

上海陷落在即，黄炎培紧忙组织力量，撤走中华职业教育社的机构和工厂，把它们转移到了四川和云南。好在抗战爆发之前，已有预感的黄来到川、贵、滇考察大后方，作出了将职教社转移的预案；并且向当局建议要修建滇缅公路、滇越公路，为防止日军封锁我国沿岸，这些具有战略远见的建议，都被之后抗战的现实证明了其价值所在。

黄炎培离开上海后奔武汉，奔长沙，几处辗转，最后来到这座抗战时期的陪都重庆。他在这里，一直住到抗战胜利以后。黄炎培到达重庆后的第一件事情，就是着手恢复中华职业教育社的活动。当时，这座山城显得格外拥挤，从前方，从华北，从华中，从东南沿海撤退来的各类机构多如牛毛，密密拥拥，山城陡然膨胀起来。找几间房子十分困难，别说重建机构和学校了。一个个批条，一个个电话，都出自大员，一个比一个来头大，一个比一个口气硬，谁又把中华职业教育社这个民间机构放在眼里。但是黄炎培凭着他那股韧劲，凭着同人们不懈的努力，凭着职教社过去已在重庆打下的基础，他们很快又把事业搞了起来。重庆中华职业学校等，一个个不仅挂出牌子，而且办得红红火火。不像有些机构，空挂一个牌子，里边什么职务也没有，只不过像是在向山城报个到一样。中华职业教育社的影响，也在山城迅速扩大开来。

与上海是全国经济中心和最大商埠不同的是，重庆作为陪都是全国当时的政治中心。各方人物，在朝的，在野的，许多军阀、政客、文人、事业家、一些沦陷省份的“皇帝”们纷纷聚来，山城里格外热闹，也格外复杂。中国人或许天生好斗，不聚则已，聚则更斗，各种势力都以山城为舞台，以抗日为中心主题，表演开来。

黄炎培在重庆巴蜀中学的菁园危楼上，借了一处房子，住下了。巴蜀中学的周校长是他的老友。

共产党和八路军的代表周恩来，也来到重庆，开设了八路军驻渝办事处。曾家岩成为重庆城里一个格外引人注目的地方。

在抗战之前，黄炎培与共产党无甚关系，然而他与共产党的一些领袖人物，却早已认识，而且也很熟悉，比如陈独秀和黄炎培1920年就认识了。陈独秀在上海，对黄炎培从事的职业教育活动很感兴趣，经常到黄炎培处晤谈，交换对中国前途和时局的看法。黄炎培与李大钊也熟识。1921年中国共产党将要成立，有人来相告，中华职教社中的一位同人沈肃文建议黄炎培去与共产党联系一下，黄炎培也觉得有此必要。当时中国共产党的领袖，一般讲是南陈（独秀）北李（大钊）。于是在1921年，黄炎培专程从上海赴北京去找李大钊，在大钊先生家里他们两个人长谈起来，从对国内、对国际大局的形势谈到任务。大钊先生最后说：“对形势对任务，咱们的看法大致相同，主要的是要唤起民众，只是在唤起民众的做法上，你们重教育，我们在教育外还重组织，希望我们以后密切联系。”那时黄炎培正在主编一部题为“最近五十年”的《申报》纪念刊，大钊先生乃投一文《1871年的康妙恩》（按：康妙思即巴黎公社）。

从那时开始，黄炎培以同情和关注的心情注视着共产党人的斗争。他所主持的刊物，多次被指责为“替共产党宣传”，“有通匪之嫌”，被戴“红帽子”，这是在文化专制主义下最为吓人的罪名了，但黄炎培并不为所动。他亦根据自己的信仰、自己的判断、而自己发出的声音。他仍旧我行我素。

共产党领导下的红军当初从江西的根据地出发，转战北上，过雪山，过草地，飞夺泸定桥，横渡大渡河，一个个消息传来，黄炎培更加关注。有的报纸宣传红军过贵州茅台时，有玷污茅台酒池的事情，引起舆论关注。黄炎培听了，一笑置之。他拿起笔，做了一首《茅台诗》：“喧传有客过茅台，酿酒池中洗脚来。是真是假我不管，天寒且饮两三杯。”后来将此诗写到沈钧儒先生二公子沈叔羊的茅台画上。黄炎培是在国民参政会里结识周恩来的，虽然他很早就知道周恩来的大名，敬仰周恩来对事业的热诚，仰慕周恩来的坚忍与机敏。而周恩来对黄炎培也早有耳闻。20世纪30年代初周恩来在上海居住时，就仔细观察过黄炎培的事业、黄炎培的为人，只是一时还没有机会结识。周恩来对周围的人说：“黄炎培是一位在社会里扎了根的人，我们要支持他。”

周恩来抵达重庆后，开始跟各界广泛交往。黄炎培居住的菁园，周恩来去过了。曾家岩的八路军办事处和周公馆（周恩来住处），也渐有黄炎培的身影。对周恩来等所阐述的共产党的抗日主张，黄炎培越来越有了清晰的了解，并且在这种了解的基础上，越来越倾向于支持。为配合周恩来，寻找一个公众场合，公开宣讲共产党对抗日救国的政见主张，于是黄炎培邀请周恩来到中华职业教育社举办的“星期讲座”上，为了容纳更多听众，这场讲座从平时的场所移到大剧场里举行。

中华职业教育社发出了海报：周恩来将在1940年9月29日星期讲座上公开演讲，欢迎各界光临！消息传开，这下可熟闹了，山城里到处有人议论。

29日的星期天到了，恰巧是雾都难得的晴天，阳光明媚，秋风送爽。尽管大剧场前岗哨林立，军警密布，但是从山城各处来听周恩来演讲的人群却愈来愈多，势不可当，大剧场里快要客满了，“怎么办？”职教社的工作人员来报告黄炎培。“立即通知周恩来先生，搬到巴蜀学校操场！”黄炎培当即作出决定。人流又从大剧场涌向了巴蜀学校。

在巴蜀学校操场上，已经来不及安装麦克风了。周恩来抵达巴蜀学校，由黄炎培陪同走上讲台。人群骚动，个个伸长了脖子，想看看周恩来什么模样。黄炎培先生致开场白："今天我们请周恩来先生来演讲，恩来先生是共产党的代表，也是我们职教社的朋友，今天来了这么多人说明什么呢？我想恩来先生演讲之后每位听众都会回答这个问题。一番开场白赢得台下热烈鼓掌。周恩来走上前开始演讲，以他特有的嗓音宣告：中国共产党人决心与全体人民一道，坚决彻底地打垮日本侵略者！决不妥协，决不退却，决不苟安。周恩来的这番话，激起会场长久的热烈掌声。谁说中国人是一盘散沙呢？黄炎培想，也是也不是。中国人生活得太苦了，为了生活，忙碌劳作，各自东西，像散似散。然而中国人又是内向的，话朝里说；是经耐的，不急不说；是同一的，要么不说，要说都说。真该"感谢"日本人，在把中国逼得快亡国之时，也逼出了中国老百姓的话。哀兵必胜啊！黄炎培心想着。

周恩来最后以"坚持抗战，反对投降！坚持团结，反对分裂！坚持进步，反对倒退！"的口号结束了演讲。掌声在山城上空回荡，听众拥上前请求周恩来题字留念。周恩来写下："笔战是枪战的前驱，也是枪战的后盾。"黄炎培看着周恩来的题字，顿觉意味深长；中国的事情，但枪杆子不能永世，要有笔杆子开路，有笔杆子坐后。黄炎培向周恩来点了点头，表示赞赏。

这是周恩来到达重庆后，第一次向这么多的公众作公开演讲，公开亮相。周恩来所传达的信息在山城中广泛流传着。

周恩来演讲的事情引起了一些人很大的不高兴。有人发脾气了：你们这么多人，弄不过周恩来的一双手！去查查黄炎培居心何在！

有人找上门，质问黄炎培为什么要请周恩来演讲。黄炎培理直气壮地道："周恩来是政府请来的，蒋委员长请进来的，是蒋委员长的客人，我当然要优礼有加了，星期讲座是公开的，开放的，谁人都可以去讲，你们对周恩来的演讲有话要说，欢迎你们去讲一次。"来人碰了个钉子，知难而退。

自1937年10月7日离沪，至1946年2月4日返沪，黄炎培在重庆住了将近9个年头。他越来越喜欢四川，喜欢四川的山山水水。喜欢重庆，喜欢山城的迷雾缭绕。他对四川的评论是"富、美、惨"三个字。正是这"富、美、惨"的种种感觉，常常引发出他的文思诗情。他的许多诗作都是写自四川，为四川而写。

从上海到重庆，从扬子江尾到扬子江头的变动，也给他的生活带来了变化。

在重庆，他开始了与共产党的交往，开始了与共产党几十年的关系，这对他的后半生影响极大。

在重庆，他从事的事业的构成也发生了变化。从前在上海是以搞教育为生，政治活动为辅，所谓“三分政治，七分教育”，抗战尤其来重庆后则反了过来，所谓“三分教育，七分政治”。政治内容的社会活动开始占据他事业的大部分。这是时局的要求，形势的要求，国家民族的要求，黄为国而生，为民而生，当然要做这种调整了。

在重庆，他的个人生活也意外地发生了变化。黄炎培是只身离沪来到重庆的。抗战爆发以后，前妻王纠思在家乡病故。前妻故后，有些朋友来说媒，都被他谢绝了。一年以后他应邀朋友之请去贵阳大夏大学讲演，结识了在学校任教的姚维钧女士。姚女士是浦东人，上海陷落后，只身离乡数千里，不愿做亡国奴，来到贵阳，学毕课程后又留校执教。姚维钧写得一手上好楷书，字体规范，隽永秀丽，又擅长诗文，文情并茂。两个人鸿雁往来。经年之久，得一专集名之“灵玓百札”。1942年7月姚维钧从贵阳来到重庆，与黄炎培成婚。黄炎培自此也终终结了多年只身在外奔波的“破书独客醉，危墟一楼尊。归亦无家耳，惟心处处猿”（黄炎培诗《忆菁园》）的独居生活。把家移到重庆张家花园，开始了与姚维钧的共同生活。黄炎培获得的不仅是生活中的贤内助，姚维钧性格细腻，黄炎培的起居饮食从此得到很好的照料，而且同时也是事业上的得力助手。黄炎培的诗集，都有姚维钧作的序，他后来发表的轰动一时的著述《延安归来》，也是出自姚维钧之手，由他口述，姚执笔。黄炎培性格急躁，训起人来极不留情，有了姚维钧，缓冲一下，有时去消火，所以职教社的同人，黄炎培周围的人们，为黄炎培庆幸，都很敬重姚维钧，愿意接近“姚老师”。

来川时刚迈近60岁门槛的他，离开山城时已迈进70岁了。“不堪出峡后，昔昔梦菁园”（黄炎培诗《忆菁园》）四川、重庆，这个他的第二故乡，黄炎培永远不能忘记。

九、宪政高潮

1939年1月，国民党五届五中全会通过“限制异党活动办法”，开始实行“溶共、限共、反共”政策，引起社会各界反对与警惕。

1939年2月的第一届三次会议上，中共代表董必武提出“加强民权主义的实施案”的提案，要求对各个党派予以法律上的保障，实行民主。董提案遭到国民党方面参政员激烈反对，作为提案审查组主席的黄做番调停，提案修正后获通过。几乎与此同时，黄炎培等联署提出“请确立民主法治制度以奠定新中国成立基础案”，提出“政府行动应法律化”，“政府设施应制度化”，“政府体制应民主化”，“逐渐增加人民参政之权力”等建议。会上还有类似的提案提出，这些提案与董提案、黄提案一起，构成对国民党五中全会反动政策的强烈回应，并为半年后9月召开的国民参政会第一届四次会议上掀起的第一次宪政高潮作出铺垫。

1939年9月国民参政会第一届四次会议举行，会上各党派参政员不约而同地提出内容相同的“请政府结束党治，实行宪政”的七个提案，计有：中共代表提案；江恒源、黄炎培等职教派代表提案；王造时等救国会代表提案；张君劢等国社党代表提案；左舜生等青年党代表提案；张申府等人提案；孔庚等人提案等。会上国民党方面剧烈反对，参政会上发生从未出现过的激烈争论，黄在日记上写道：“其间争辩甚烈，屡临破裂。”邹韬奋记道：“有人大呼‘一党专政不取消，一切都是空谈’当时空气紧张到一百二十分……一直开到半夜三点多。”（《韬奋文集》第3集第223—224页）。作为提案审查组主席的黄认为此案乃“新中国成立之根基，民治之起点”，而竭尽全力调停，努力使其在会上获得通过。为此，黄起草了决议案，提出了治本（定期召开国民大会，制定宪法，实行宪政；成立宪政期成会，促进宪政）与治标（请政府明令在法律上一律平等；政府应充实与改进）两套办法，于在9月16日会上获表决通过。

1939年9月18日闭幕会上，蒋介石宣布成立宪政期成会，由中共代表董必武和若干国民党代表及社会贤达代表张澜、罗隆基、章伯钧、张君劢、左舜生、李璜、傅斯年、史良等25人组成，由黄炎培、张君劢、周览任召集人。之后在黄炎培主持下，期成会对原“五五宪草”作出修正，提出了八章一百三十八条的宪法草案。

参政会内外要求宪政呼声日益高涨。推动全国的民主浪潮，1940年2月中共中央在延安成立了宪政促进会，呼应重庆的宪政期成会，为宪政主张鼓动造势。中共领导一应出席成立大会，吴玉章任会长，毛泽东在会上发表讲话，坚决支持宪政主张，抨击国民党独裁统治，说其是“挂羊头，卖狗肉”，即挂“宪政”的羊头，卖“一党专政”的狗肉。还说国民党像《封神演义》中的申公豹，走路只知道后退等等（何方《一定要解决好民主化问题》，载《炎黄春秋》2011年7月）。

1941年初皖南事变爆发，国民党掀起第二次反共高潮，团结抗战局面濒临破裂。事变传来最初几天，黄炎培心急如焚，深夜专候在电话机旁等待周恩来电话通报新四军消息。黄炎培在参政会上抨击这种倒行逆施，周恩来在《新华日报》上题写“同室操戈，相煎何急”，但遭当局阻挠出售。黄愤怒难遏，亲自带人去新华日报社搬来了几千份报纸，拿到职教社所办的学校，让学生们挨家挨户去散发。

面对国民党高压，黄炎培等第三方人士加快了组党步伐，1939年11月黄与沈钧儒、梁漱溟、章伯钧等在参政员中发起成立统一新中国成立同志会。1940年底由黄炎培、梁漱溟、张君劢、左舜生四人最先发起，几经酝酿，于1941年3月秘密成立中国民主政团同盟，以黄炎培为首的职教派、梁漱溟为首的乡村教育派、沈钧儒为首的救国会派、章伯钧为首的第三党、张君劢为首的国社党、左舜生为首的青年党等“三党三派”为基础，五常委为黄炎培、梁漱溟、张君劢、左舜生、章伯钧，主席黄炎培，秘书长左舜生。周恩来等获知民盟成立，立即给予了包括经济方面的各种支持。

中共与民盟联合反击，克服了国民党第二次和第三次反共高潮，中国人民熬过了最艰难的时光。1944年，苏德战场形势喜人，盟军开始全面反攻，我国的抗战迎来胜利曙光。面对即将到来的胜利和抗战后的新局面，国内的政治走向也发生了改变，即开始了第二次宪政高潮。

1943年冬中共中央作出关于在全国发动宪政运动的重要决定。中共中央发出《关于宪政问题的指示》，决定“我党参加此种宪政运动，以期吸引一切可能的民主分子于自己周围，达到战胜日寇与建设民主国家的目的”。（《南方局党史资料·统一战线工作》第22页）周恩来在延安向党内做了《宪政与团结问题》的讲演。中共中央指令周恩来、董必武、林祖涵（林伯渠）等人积极投入宪政运动。

面对二战胜利的曙光，美国罗斯福总统对蒋介石提出三点“献议”：

“中国宜从早实施宪政；国民党退为平民，与国内各党派处同等地位，以解纠纷；战后建设须自筹经济。”

1943年9月国民党五届十一中全会召开，会上蒋介石宣告将实施宪政，还政于民。

至此，国际上和国内的中共、民盟、国民党三方面先后表态支持宪政，在抗战即将胜利、国家与社会即将面对新局面之际，都选择了宪政作为对未来的共同选项，形成对未来的共识。如同之前面对日寇入侵全民族义不容辞选择抗战一样，在此之际都共同举起了宪政大旗。

11月在国、共、民盟等第三方组成的国防委员会中成立宪政实施协进会，由54名委员组成，中共的周恩来、董必武等在内，蒋介石任会长，黄炎培、孙科、王世杰任常务委员兼召集人。

参政会内宪政要求不断高涨，参政会外社会上宪政运动更未平息，尤其是国民党允诺还政于民后，更加如火如荼地开展。1944年初黄炎培创办《宪政月刊》，亲任发行人，张志让为总编，将当时社会上众多知名人士以编辑委员或赞助人身份包括了进来，有褚辅成、傅斯年、章士钊、王云五、王芸生、杨卫玉、江问渔、浦心雅、章乃器、杜月笙、钱新之、胡西园、刘攻芸、荣尔仁、潘序伦、刘航琛、江一平等，包括政界、文化界、法律界、实业界、金融界等各领域人士。《宪政月刊》先后发行了二十七期。黄炎培等在出版《宪政月刊》同时，以其编委和赞助人为主，举办宪政座谈会，第一次在交通银行会议室举行，黄炎培主持。之后间或举行，题目为“民主与宪政”“宪政与经济”等，都围绕宪政问题，先后召集了十三次。最后几次参加者扩大到1500余人，开会地点从会议室搬到大礼堂，共产党代表董必武及各界人士冯玉祥、陶行知、沈钧儒、章伯钧、章乃器、邓初民等先后作主旨讲演，从而将座谈会变成群众广泛参与宪政议题抒发政见的平台。这些活动自始至终都得到中共的高度评价和倾力支持。

1944年9月奉中共中央指示，参政员林祖涵在国民参政会上正式提出组建联合政府的主张，获得参政员们的广泛支持与响应，将这次宪政运动推向了最高潮。

十、延安归来

八年抗战，中国历史转折的机缘。

抗战开始以后，过去分散在北京、上海、南京、武汉、东北各地的民主力量转而聚合于重庆和大西南，从而得以更高的频率，更易联系的方式开展活动。而且外敌当前，前途未卜的局面也使当国者不得不放开一些手，留下相对宽余的一些空间，让一些异己力量在有限的范围内活动。再者过去一些政见有所不同的力量派系，在大敌当前之际，在抗日这个中国当时面对的最大问题面前，求大同，存小异，较易取得共识。

在重庆的斗争是尖锐的。一些顽固派总是破坏这个全民抗战、举国对敌的大好局面，破坏国共合作。他们制造了皖南事变，屠杀叶挺将军领导的新四军将士近万人。黄炎培焦虑万分，深夜仍守候在电话机旁，等待着周恩来的来电。后来悲讯传来，周恩来愤笔疾题："同室操戈，相煎何急。"有良知的人士也难沉默，纷纷表态，指责暴行。黄炎培等发出了愤怒的抗议，而且全力以赴去营救被拘被捕的新四军将士和同行的爱国人士们。黄炎培所营救的被捕者如吴大琨，后来成为人民大学的知名教授，20世纪80年代的今天仍然活跃在中国的舞台上。

在重庆的斗争也是严峻的。顽固派高叫"一个政党、一个领袖、一个主义"，不仅对曾家岩严加监视，同时对各种民主力量刁难迫害。黄炎培身后也常有"尾巴"，形影相随。有时为了与周恩来晤谈，黄炎培要在街头拐角处等着，姚维钧为掩护装着买东西，一辆汽车飞驰来，停下的一瞬间黄炎培夫妇跳入车内，车在城里转几圈，待与周恩来的洽谈毕，再以同样的办法下车。在张家花园的黄炎培家，几次夜半门响，进来的是周恩来。

职教社的同人，也处在危险的境地中，有人被捕了。20世纪50年代中国的畅销小说《红岩》里的男主人公许云峰烈士，真名许晓轩，他公开的身份就是中华职教的工作人员。许晓轩被捕后，黄炎培几次去找重庆警备司令熊式辉，交涉放人。熊称不知道，一口否认。

越来越严峻的形势使得在重庆的民主人士感到，有必要联合起来梁漱冥。最先是黄炎培与梁漱溟，后来有了张君劢与左舜生，又加入了沈钧儒与章伯钧，他们相互切磋，反复酝酿，于1940年底成立了中国民主政团同盟（后来的中国民主同盟）。当时民盟由“三党”“三派”和一些无党派人士组成。民盟成立那天，代表乡村教育派的梁漱溟等，代表救国会的沈钧儒等，代表职教社派的黄炎培等，代表第三党的章伯钧等，代表国社党的张君劢等，代表青年党的左舜生、李璜等，无党派人士张澜、罗隆基等聚于一堂。大家讨论的结果，公推黄炎培担任中国民主政团同盟的主席。

应当说，这样一个集合了各方政见不尽一致人士的组织的主席，是不好当的。严格来说，民盟在当时只是一个准政党，或说更像是个“俱乐部”。其中的各党各派都有自己的一套组织，一班人马，虽然在抗日、在团结这些大方针上不乏一致，但具体观点与实际工作却不易协调。具体的事情一来，各有主见，众口难调。尤其是像青年党、国社党的诸公，以为在当国者那里得宠，可以盛气凌人，委实不易相处。黄炎培尽了一番气力。但长期下去是受用不起的。他自己要经管中华职教社的教育工作，还要完成战时公债劝募委的募债任务，而且身为国民参政员，有着不少的国事，有大量的社会活动要参加。一年之后，他辞去民盟主席职务，推荐四川名人张澜先生继任。

1945年8月21日，抗日战争胜利之后第十天，黄炎培、胡厥文、杨卫玉谈起，面对抗战胜利以后的新形势，有必要成立一个政党。因为中华职教社只是一个教育机构。于是经过四个月的筹备，于1946年12月26日，假座重庆白象街西南的实业大厦，成立中国民主新中国成立会。出席大会的有民建会发起者134人。会上通过了成立宣言、政纲、组织原则与章程。大会选举黄炎培为第一任主任委员，胡厥文、杨卫玉等人为副主任委员。黄炎培担任这个职务直至他1965年逝世。

与此前后，中国的一个个民主党派成立起来。

1945年，浴血抗战八年，中国的胜利在即。

国民参政会下的宪政实施协进会，包括了周恩来等中共代表。由蒋介石任会长，黄炎培任召集人。褚公在讨论五五宪法草案。五五宪草原名《中华民国宪法草案》，因为公布于1936年5月5日而得此名。这些讨论是为将召开的国民大会做准备，气氛颇为热闹。然而参政会外，一股股阴云浮现，一阵阵冷风吹起。搞战胜利的果实在即，何人去摘？有人在那里动手动脚，想甩开共产党，召开单方面的国民大会。即将召开的本届参政会，中国共产党方面表示不参加。

这样的形势下，讨论会的最后一次，黄炎培起立发言了："这份草案有值得极度重视的一点，就是必须在全国和谐一致的空气中产生。"国民党元老褚辅成立即起立发言，表示赞同黄的意见。

之后褚辅成、黄炎培、冷遹、章伯钧、左舜生、傅斯年、王云五在一起商议，七人联名公电延安毛泽东、周恩来，大意为：团结问题的政治解决，为全国国人所渴望，某等鉴于国际国内一般形势，唯有从速恢复商谈，促成团结。三周后接到延安复电表示：如果当局愿意，是乐于商谈的，并欢迎七公到延安去。

黄炎培等收到延安复电，很感欣慰。国共重新商谈的，从共产党方面并未关闭。因此他们主张：要从速恢复商谈；要把国民大会问题的进行展缓些。

七人去见蒋介石，希望能恢复与共产党的商谈。蒋表示可以商谈。于是七个人决定应延安复电的邀请，赴延安一行。七人都是参政员，但身份不尽相同。有的在党，有的无党，但是赴延安均用个人名义，"我们不是第三者，不是和事佬。若问我们的使命，只是良心的使命。若问我们的身份，倒是一分子主人翁的身份。"黄炎培这样介绍。

1945年7月1日，黄炎培很早起床，带上姚维钧精心准备好的简单而必要的行李，杨卫玉、尚丁等职教社的朋友们纷纷来送行。两岁的女儿当当，抱着父亲大哭起来。旁边一岁的小女儿丁丁呆呆看着，什么都不懂。这是黄炎培、姚维钧结婚以后第一次分别。

在重庆九龙坡机场上，大家先练习跳伞，以备日本战斗机空中来袭。王云五先生来讯：昨夜忽感高烧华氏一〇三度，医生力阻出门。结果，只有六人成行。

从重庆到延安，空中行程为四百五十公里。飞机在晴朗的天空中北行。朵朵白云，现出姿态，好似绝没有看见这个世界上正在打仗。飞机下还是秦岭，白云掩映下，布满林木的山坡一座座在倒退。秦岭过后，是陕南的一马平川，西安在转眼之中出现又消失。到陕北了。一条延水自西北而东南，流入黄河，途中一段，两道山脉被水隔开，两岸背靠山脚的，即是延安。

飞机降落了。延安机场坐落在四面环山中，山壁上是千千万万个窑洞，飞机场上站着一群人，毛泽东、朱德、周恩来、林伯渠、邓颖超、秦博古、张闻天、林彪、叶剑英、徐特立、李富春、杨尚昆、谢觉哉等。飞机一落地欢迎者簇拥上来。黄炎培一行坐上汽车，驶向坐落在王家坪的第十八集团军总司令部。

在欢洽的气氛中，主人设午餐招待重庆来的客人。黄炎培在这里有老朋友，像周恩来、董必武、邓颖超、吴玉章、林伯渠等，又认识了许多新朋友。黄炎培打量着这个会堂，觉得它恰恰非常像在重庆白沙坨的中华职业学校的礼堂，只是有一点，这个会堂的梁和柱主要比中华职业学校的礼堂粗得多。这是有点遗憾。黄炎培心想，这里用“遗憾”两字，似乎用得特别准确。刚才在飞机上看见延安四周山上很少有林木。不是天生没有，而是在中共来到以前，给某种军队砍光了，真是“遗”传下来的“憾”事。

午宴之后，乘车再行。车开过延水。孟子曰：“子产以其乘舆，济人于溱洧”，车子怎么能渡水呢？原来是水陆两用车。车少人多，有些主人，褰裳涉水而过。

车子开进延安城，街上忽然闪过一块牌子“韬奋书店”，黄炎培顿时忆念起已经长眠在地下的老朋友邹韬奋先生，他感到一阵哀感。车子开到城南门外瓦窑湾的陕甘宁边区政府招待所，他们在这里休息下来。

午睡后，黄炎培偕褚畏成、冷遹一同出门。他们发现没有任何限制，很是自由，也没有“尾巴”。街上排列着好几家北方式的商店，叫“过儎行”，专门代客运货，也代客买卖。褚先生问他们卖什么东西，答曰主要是棉花。他们又问了问价钱。看见一家联合木器厂，黄炎培想起职教社办的木工场，发生了特别的兴趣。工人们告诉他，这厂是由若干从事木器制造的工人，合组起来的。工人拿出工厂的木器产品，看上去资质很不坏，刨得很光，拼得紧密，漆用淡黄，着热不退。黄炎培后来特别注意到，他在工厂里看的样品，和在招待所，在延安各友人家里看到的木器是一样的，并没有为客人特别地“准备”。黄炎培是最忌讳弄虚作假的。

再过去一家是供应总店。原来各机开各公务员的食品衣用都是公家供给的。有总店，有分店。

在一家妇女联合开办的商店里，商品都是由公务员家属制造的，摆着吃的用的，种类着实不少。

到处是新住房。问：你们这屋是自己筑的吗？答没有。看各家的房子，各式各样，确不像是公家盖的。黄炎培想起他游历各地看到过的无家可归的人群，何时才能真在看见“大庇天下寒士俱欢颜”的一天呢？

在街上，人们气色红润，精神似都振作。没有看到一个游手闲荡的人，也没有一个面带烟容的颓唐的人。街上没有标语，只有挂着的黑板上介绍卫生知识。

第二天早餐后，黄炎培处有陈学昭、丁玲两位女士，有新四军军长陈毅，还有张仲实、张曙时等朋友一一来访。一位教授进来，对着黄炎培深鞠一躬，原来是范文澜，42年前浦东中学第一班毕业班生，黄炎培又增添了不少对延安的了解。

这里有延安大学、有医科大学、有自然科学研究院。医院不多，但有若干医疗队，巡回各乡。

乡村有变工队和扎工队，变工队是交换劳动。扎工队接受酬金，或还报劳动。

全部边区，至去年底已有30多个信用社。今年5月，光延属分区，就有35个信用社了。

有人说：1938年初来时，地方上妇女还穿着破烂的裤子哩，现在好多了，过去延安城仅两千人。现在有五万人，其中三万人是公务员。公务员由公家供给每月猪肉三斤，食用油一斤半，每日米二十小两，蔬菜一斤。医药、生育、文具皆免费供给。婴儿六个月以下，公家给钱。半岁至一岁半，每月发面二十斤。母亲如乏乳，即供牛、羊奶。

黄炎培问：“无论公家供给如何周到，总有包括不了的地方，例如买书、买小食、买香烟等零用，哪里来呢？”答：“政府奖励每一公务员和家属努力生产，所得归自己，可以出售。”黄炎培想：怪不得见不到荒地呢。

还有一种制度，每个人可以投书街头的意见箱，也可以上书建议于主席毛泽东。黄炎培发现，延安的朋友们对毛泽东是直呼其姓名，一般并不常连称他的头衔。

看到与听到的，让黄炎培对延安的了解更多了。

下午，正式活动开始。一行人来到杨家岭，访问中共主席毛泽东。

杨家岭是中共中央机关所在地，坐落在高高矮矮的山坡上。还有一所大会堂，规模相当不小。会见是在大会堂后边的一间会客室里进行的。会客室墙壁上挂着几幅画，黄炎培惊奇地发现自己当年题在沈叔羊先生画上的《茅台诗》，现在连诗带画挂在毛泽东这里。

中共方面，除毛泽东以外，参加者还有周恩来、朱德、刘少奇、林伯渠、张闻天、任弼时、王若飞。先由褚辅成先生介绍来意，接下来，黄炎培等五人一一发言。大意是：全国团结是有绝对的必要；国共两党商谈的大门都没有关的。毛泽东细细听着，而后他们发言了，大意是：国共双方商谈的门都没有关，但门外有一块绊脚石的大石挡住了，这大石就是国民大会。对于此，黄炎培也正是这么想的。

晚间，中共中央在大会堂举行宴会，招待重庆来的客人。中共第七次全国代表大会刚刚结束，代表们还未回去，所以黄炎培过去听说过的中共领导人，这次几乎都到场了。参加这一宴会的除日前去机场迎接的人外，还有陈云、陈毅、贺龙、刘伯承、彭真、彭德怀、聂荣臻、吕正操等。徐向前则在病中。

黄炎培的一桌上有朱德、陈云、陈毅、贺龙、陆定一、吕正操。黄炎培和这般军事将领同桌聊天，觉得他们一个个都显得扎实稳重，沉静中带些文雅，与过去有些报纸宣扬他们如何飞扬跋扈和粗犷傲慢，完全是两个样。黄炎培与贺龙谈天，就有这样感觉。像朱德的厚重温文，更是不用说了。

餐后晚会开始。由陕甘宁边区政府主席李富春主持，周恩来致欢迎词，强调民主和团结。黄炎培致答词。黄炎培说："我们来延安的第一个目的，就是想在促成全国团结上而努力；第二个目的是想来看看延安。我们来到这里，还只有一天半，当然不够什么话，不过就我所看到的，没有一寸土地是荒着的，也没有一个人好像在开荡。有一位朋友告诉我，政府对于每个老百姓的生命和生活好像都负责的，这句话做到，在政治上更没有其他问题了。多谢诸位厚待。"

以后两天，继续会谈和参观，又有朋友们来。老友吴玉章、王明来了。边区政府和延安市的诸领导都来见面。他们是民政厅长刘景范、财政厅长南汉辰、教育厅长柳湜、建设厅长高自立、延安大学校长周扬、保安处长周兴。知名人士李鼎铭先生在家养病，黄炎培一行去拜访了他。一位在民国元年同黄炎培一同出席中央临时教育会议的汪雨湘老先生，料不到在此处见到了。还有晋豫冀边区主席杨秀峰。在延安的日本共产党主席岗野进（野坂参三），也来作长谈，由李初黎翻译。

正式会谈结束了。毛泽东送来一份谈话纪录，并且挽留客人多住几天。黄炎培等本是有意想多看看，再谈谈，却是褚辅成老先生第二三天即感身体不适。六人只能按原定日程离去。

陈学昭陪同黄炎培上街去买纪念品。黄炎培选择了能代表延安地方特殊性的一些东西：几样食品给姚维钧，几件玩具给他的孩子，还有黏土塑成的白马，上边一陕北妇女骑坐，据说是一位大学教授夫人的杰作，黄炎培准备将之作为延安之行的长久纪念。

7月5日，在邻鸡乱唱声中，黄炎培早早地起身。离六点钟还有两个小时。黄炎培有个脾气，他喜欢忙，喜欢在百忙中高效率地工作，对他来说，最怕的是无事可干。在这两个钟头内，他做完了四件事。

写一封信给重庆的夫人姚维钧，附上前天所作的一首七律。这样做的目是要试验一下延安与重庆之间的通邮。这封信，之后在7月25日收到了。写一封信寄到兰州，给他的妹妹和女儿。再写一封信到上海，给陈遗陶等几位老友。

最后一件事，给亡友邹韬奋写一篇周年祭文。延安的朋友们约他写一篇留下。在延安，黄炎培见到韬奋的次子嘉骝。黄炎培与邹韬奋的两个儿子邹嘉华、郑嘉骝过去在上海时是常常见到的。嘉骝酷肖父桑，正在延安大学攻读机械专业。看到其子，更想起亡友，黄炎培提笔了：

“呜呼！韬奋，人人为他的理想而奋斗，君之生命遂因奋斗而牺牲。不牺牲于沙场之炮火，乃牺牲于流浪的生活与黑浊的气氛……

呜呼！韬奋，君而有知，倘忆五年以前之巴州，张家花园之寓楼，一灯如豆，百端悲涕，我欲留君而不得，从此生离死别，一瞑千秋。”

写至此，他哭了。接下去：

“呜呼！韬奋，只留下一副又香又洁的骸骨，问何年得正首丘？今日者，距君之死，岁星忽焉其一周。君身何在？君身何归？而我乃飘然为延安之游。获得见君之名于书店，获得见君之少子嘉骝。此一年来，提及君名，为哽咽。呜呼韬奋，被君称为知己之我，乃仅仅报君以热泪之双流。”

黄炎培大哭了，还接着写：

“呼天不闻，呼君不应，此寂寞之人生，欲解脱其何由。”

“呯呯呯”有人在敲门了。黄炎培急喊：“请隔壁坐三分钟，就来。”赶快接下去。

“虽然，死者已矣，凡我后死，忍忘天职之未酬！今日者，暴敌行将就歼，国事亦将就轨。胜利！胜利！民主！民主！君所大声疾呼者，虽不获见于生前，将将实现于生后。呜呼！韬奋，呼呼，韬奋，死而有知，其又何求。”

笔刚落，门开了，送行的朋友一一拥进来。

飞机场上，毛泽东、朱德、周恩来、还有这几天常常见面的朋友，几乎无一不在场，情景是热烈的。同行六人一一与延安的朋友们握手道别，感谢延安的朋友们款待，遂依次登机。转眼之间，飞上天空。黄炎培俯身望去，地上的一大群人，越来越小，小到像蚂蚁。而与他最后分别的，到底是山头上那些整整齐齐的几百个、几千个窑洞，一排排一排排地在那里，仍然像来延安时一样。

五天时间，当然看到的是有限的。黄炎培明白，要真正了解一处地方，没有几十天、几个月是远远不够的。然而就他所看到的，决然是之前闻未所闻、见未所见。黄炎培觉得，在延安所闻所见，倒是和自己多年来所理想的天地距离相当近了。几十年来，他这般理想，这般憧憬，也这般努力，也曾通过职业教育有过小小的试验，为了只是没有政权和军队，当然结果一切都说不上。黄炎培在此时刻，深深地感慨起来。

然而做人要服从真理的。延安搞得确实好，共产党领导有方，他以前的了解也与他看到的事实有出入。黄炎培继续想下去。做人不唯书，不太难；不唯上，也不难；还要不唯已，恐最是难些的。可是真的就是真的，真理就是真理，人可犯书、犯上、犯己，只切莫来犯真实，切莫来犯真理。勿以人云而亦云，勿以曾云而亦云。做人要站稳脚跟，这个脚跟当落在真实处。而且不仅自己知道了真实，还要让别人都知道。想着想着，黄炎培心头坦然了。自己的几十年也正是这般走走摸摸，走走改改，摸摸改改，一路过来！

延安已经远离了，但是留给他最后一瞥的延安那些千千百百个窑洞，却常现于他的脑海。黄炎培最多想起的，则是在延安时与毛泽东的一次谈话。

几天的参观会友，又经过十多个小时的长谈之后，毛泽东问他感想怎样，黄炎培回答：

“我生六十多年，耳闻的不说，所亲眼看到的，真所谓‘其兴也勃焉’，‘其亡也忽焉’，一人、一家、一团体、一地方，乃至一国，不少单位都没能跳出这个周期率的支配力。大凡初时聚精会神，没有一事不用心，没有一人不卖力，也许那时艰难困苦，只有从万死中觅取一生。既而环境渐渐好转了，精神也就渐渐放下了。有的因为历时长久，自然地惰性发作，由少数演为多数，到风气养成，虽有大力，无法扭转，并且无法补救。也有因为区域一步步扩大了，它的扩大，有的出于自然发展，有的为功业欲所驱使，强求发展，到干部人才渐见竭蹶。艰于应付的时候，环境倒越加复杂起来了，控制力不免趋于薄弱了。一部历史，‘政怠宦成’的也有，‘人亡政息’的也有。‘求荣取辱’的也有。总之没有能跳出这周期率。中共诸君从过去到现在，我略略了解的了。就是希望找出一条新路，来跳出这周期率的支配。”

对黄炎培的这番话，毛泽东回答了：

“我们已经找到了新路，我们能跳出这周期率。这条新路，就是民主。只有让人民起来监督政府，政府才不敢松懈。只有人人起来负责，才不会人亡政息。”

对毛泽东的这番话，黄炎培想：

这话是对的。只有大政方针决之于公众，个人功业欲才不会发生。只有把每一个地方的事，公之于每一地方的人，才能使地地得人，人人得事。把民主来打破这周期率，怕是有效的。

黄炎培对毛泽东道出的这番话，是他观察几十年，思考几十年，读千卷书，行万里路之后得来的。回重庆的飞机上，他又一次一次体味这些，体味毛泽东的话。忽地，他又想起那些千千百百个窑洞，这是他的结论，也是毛泽东的结论。“我们应当牢牢记住：在这几百千个窑洞中间的，才是真正延安老百姓。”黄炎培在日记上写下这句话。

自延安归来，各方面朋友纷纷来问延安的情形。问这样，问那样，这人问，那人问，黄炎培说了一遍，又是一遍，着实应接不暇。黄炎培感觉，应当让关心的人知道延安真实的情形。于是由他口述，姚维钧执笔整理，写成《延安归来》一书。许多人来劝黄炎培："你替共产党宣传，太危险了，这万万要不得！"黄炎培："我决不加渲染，只是用补素的写真书法，秉笔直记所见所闻和所谈。"

《延安归来》发表了，竟一售而空。黄炎培是采取未交当局审查、突袭发行的办法。这在重庆也是头一遭破了规矩。之后，又委托徐伯昕先生在上海翻印，再度发行，索性让更多的人知道。真理和真实由更多的人知道只有好处。结果在知识界，几乎人人皆知，有口皆碑，并流传至海外侨界。

7月7日，黄炎培返回重庆之后第三天，即在参政会和冷遹、江问渔（恒源），发表局面声明云：

"炎培、遹、恒源对于国民大会问题，素抱一种主见，以为此事诚发于国民党结束训政还政于民之善意，其唯一先决条件，即必须在全国和谐之空气中进行，则一切问题，庶可迎刃而解。盖国民大会贵在制定宪法，树立中华民国百年大计，如各方主张，尤其是有组织者之意见，尚未融通，而遽欲仓卒召集，仓卒制定，则其后患将不堪设想。……诸君子喜为国谋，必能审慎抉择，捨小己而取大公，抑情感而伸理智，民国前途，将决于诸君子之一念。……"

此提案被通过了，国会大会问题这个"挡路石"终于被挂在那里。之后8月28日，毛泽东抵重庆，国共两党的商谈又开始了。

然而这些之后，黄炎培也深遭某些势力忌恨，1946年1月26日上午，黄炎培正在政协纲领组开会，突然一群持枪的警特冲进黄炎培的住宅，翻箱倒柜，四处搜寻。家人要拿起电话打，警特拔出枪，夺过电话机。其时，姚维钧正怀着她已有七个月的待产的孩子（笔者），患着肺炎躺在床上。黄炎培和友人们闻讯赶来。当然，这件事并不完全在黄炎培的意料之外。

黄炎培决定尽快离渝返沪。于是黄炎培带着两个女儿，姚维钧身怀即将出世的儿子，冒着流产的危险上了飞机。黄炎培一家回到阔别九年的上海。他感慨了：

“劳劳邛海更巴山，跨劫人归老转顽。一别梦系生死外，十年家堕有无间。风尘自检衣缁未，鸡犬都惊鬓雪还。剪取绿淞方强笑，郇云捧出血花殷。”

（《十年》1946年2月7日上海）

十一、内战深渊

上海不再是日伪的天下，黄炎培曾对光复之后的上海抱有希望，但是不久他发现，等待他的上海却是接收大员们的天下。峨眉山上下来的大员们，争抢着抗日胜利的大果，“位子”（官位）、“票子”、“房子”、“车子”、“女子”样样都抢。上海在演着一出“五子登科”的好戏。只是随着大员的皮包越来越膨胀，市面上的物价也越来越高涨了。

回沪方一个月多，儿子（笔者）便掷地了。为了这个孩子，身患肺炎、气管炎的姚维钧几个月来的晚上大多都不能躺卧下来，只能靠在床上，一阵阵咳嗽。姚维钧几次想流产做掉这孩子，黄炎培说：“留下吧，但愿苦子有福、苦子有志。”儿子生下来又瘦又小，才三斤多。黄炎培给儿子取名“方方”，既为纪念多年前疾病交加中死去的大儿子“方刚”，也是在示儿做人要刚毅耿直，方正不阿。

家里孩子多了，姚维钧忙不过来，黄炎培夫妇把姚维均的姐姐姚荇绚请来照管一家。姚荇绚早年丧夫，独居多年，无儿无女，受回沪后黄姚的邀请，姚荇绚姨妈辞去了教师工作，来到我家，我们孩子们都称呼她为“大妈”，她从此开始了与我家长达二十余年的共同生活，尤其是我本人，自小即由我大妈照管，她是我的第二母亲。新中国成立以后，在黄和姚张罗下，大妈与父亲学生张闺年的兄长张秀奎成婚，黄与姚并请张来担任黄的秘书之一，夫妻俩一直住在我家。我母亲去世后，我们几个孩子尚在学校，大妈就接下我妈之责支撑着我家，直至1974年才和我姨夫返回家乡上海，直至1994年在沪去世。我在北京，未能为我的大妈，为我的第二母亲养老送终而抱愧终生。2004年我携杨晓娟，来到上海奉贤的老人安息地，在我大妈和姨夫的墓前长跪不起。这是后话了。

抗日胜利从渝归沪，目睹着该发财的一个个都肥得满面流油，可是黄炎培却处在他一生中经济最为窘迫的时期。他几乎什么都没有，没有自己的房子，没有自己的资产，没有家具，没有汽车，只有几十箱书籍。黄炎培与姚维钧带着三个孩子或者借居黄炎培的女儿黄小同家，或者住到上海法国公园（今淮海公园）附近雁荡路上的中华职教社。这里倒有一座六层大楼，原先是某位商贾巨子赠送给黄炎培生日的款项，黄炎培让他将这笔款送职教社，建起这座职教社大楼。光复以后迁回上海的职教社，也处在资金匮乏之中，黄炎培也不从中领取薪金，那么黄家怎么度日呢？姚荇绚从浦东老家拿出用品，拿出了她的私蓄。从19岁上死去男人，孑然一身的她多少有些积余，她将它们连同自己的后半生一起投入到妹妹、妹夫的这个家庭来。黄炎培对此曾专门写诗赠我大妈，表达心中的感激之情。黄炎培自己则又重操起他一生中曾几度为之的卖字生涯，好在黄炎培的字在上海是很叫响的。他写了一首《卖字》诗，抒发他的感慨，也表达着“贫贱不能移”的心志。

老来卖字是何因，不讳言贫为疗贫。
早许名山题吟徧，未妨墨海结缘新。
伤廉苟取诚惭愧，食力庸书亦苦辛。
入法在心先笔正，临池白首学为人。

（《卖字》1946年10月14日于上海）

毛泽东见到田中角荣（首相），第一句话就是“谢谢”，说日本人帮了中国的忙。今日思来，中国的民主，中国的进步，要托缘于外寇入侵，似乎是天大的笑话，不可思议，却也是铁打的事实。中国如此，外国也一样。不是西方列强的兵舰快来了，日本明治皇帝怎能压得住幕府的反对势力！半个多世纪以后，又是在美国麦克阿瑟占领军的刺刀下，方有架空天皇，解散财阀，革新政治之举。当然也不能一概而论，谈不上是什么规律。苏联这个外患对于匈牙利、捷克、波兰却不是吉兆。这里只是要说，“民主与进步”这个胎儿，在比较短的历史时期内，有些时候是很难做“计划生育”的。历史就是这样，喜欢捉弄人，喜欢和人开玩笑，你想走进这个房子，却偏偏把你领到那个房间。

黄炎培离开重庆回到家乡，却须臾未离开他的岗位。抗日后他的岗位在哪？

国家再次处于战争与和平的十字路上，民族再次面临生灵涂炭的危急关口，黄奔走于国共和谈，作为国共之外第三方的民盟代表之一，争取国内事端的和平解决。自抗战开始，在重庆，在国民参政会里，黄炎培等民主人士与共产党人相互声援，彼此支持，现在在上海、在南京，又需要新的并肩战斗了。当然所谓第三方人士，情况也不一样，与共产党的并肩战斗也不里一帆风顺。例如1946年10月28日，第三方人士提出有关国共双方实行停战的三项条件，其中关于东北驻军问题的一段文字，公推莫德惠先生起草。第三方人士将草案送周恩来，周恩来看过这一段以后说："这么一来，要死掉多少老百姓啊！"但是这时候同样一份草案也已送交给国民党代表孙科那里。周公闻后对此大怒，平时温文尔雅的他大发脾气，当面斥责梁漱溟，并且声泪俱下。于是，黄炎培、罗隆基、莫德惠等四人急忙赶到孙科家里，黄炎培对孙科讲："文稿有错误，须加改正。"孙科拿出草案问："错在哪里？"黄从孙手里拿回稿件，顺势装入包中，称还须拿回修改，遂与来人一起，迅速离开孙公馆归去，终挽回了事情。

国共和谈中黄炎培的立场是反战促谈。1946年春国共在东北激战，国民党以为稳操胜券，在政协会上敷衍，黄炎培焦虑至极。5月黄炎培联合沈钧儒等向蒋与毛双方致电提出调解方案，请求停火。毛立即复电表示接受方案，同意停火，下令四野主动撤出长春，蒋却得意扬扬，先不予理睬，后在第三方和国际舆论压力下，6月初宣布停火，而后又将停火延长数月。在此数月停战期间，中共方面的四野部队趁机整军，补充军械，苏军也将缴获的关东军武器移交四野，果然，数月后重返战场已令人刮目相看，横扫东北国军。父亲等人反战促谈，帮助共产党打天下。

1946年10月11日国民党派军队占领了张家口。消息传来，黄炎培在日记上写下："完了，国共和谈从此破裂了。"梁漱溟讲："一觉醒来，和平已经死了。"他准备开始闭门读书。1947年初国共和谈全面破裂。是年3月18日，国民党军队攻占延安，冲昏了头脑的国民党，气焰嚣张，立刻片面强行召开"国民代表大会"。在国民党诱惑之下，左舜生、张君劢等一批第三方人士也脱下"第三方"的外衣，参加伪国大，倒入了国民党一边。

黄炎培忧国忧民，尤为中共担忧。在中共撤离前，黄闭门与周恩来做了两小时的长谈，周向黄交底，黄炎培稍放些心。1947年2月，中共驻南京、上海等地机构撤退，中共将自己的房产（在上海为上海思南路107号称"周公馆》，现为73号）托付民盟代管，为此黄炎培与张澜亲自过问，约来中共代表陈家康详谈，仔细落实房产等托管事宜。周恩来等中共代表临别前，与黄炎培、沈钧儒等朋友们在南京交通银行与老友会谈话别，留下合影，老照片还在我家保存。1947年黄炎培愤而辞去参政员一职，与共产党人共进退。

在左舜生为首的青年党、张君励为首的民社党以及第三方中的若干人士难抵诱惑宣布参加伪国大，倒向国民党一边后，民盟和黄炎培的态度至为关键。一时我家说客如云，国民党方面各路人马派人纷纷来劝黄炎培。中共那边也传话来，希望朋友们在关键时刻坚守立场，经受考验。长年与中共为友，近期与周做过深谈的黄炎培心中有数，他正式召来记者，向报端宣布不参加国大。当时是国民党的天下，白色恐怖笼罩，父亲的这一决定当然需要勇气，这也是他几十年的一贯使然。黄炎培等人的表态，第三方的主流不参加国大，使国民党很下不来台，中共在舆论上，在人心对比上占了上风。

对民盟黄炎培和张澜等人拒不参加国大的做法，当局恼羞成怒，要宣布民盟非法，取缔民盟，抓捕盟员，这涉及几万盟员生命，一时险恶将至。当时民盟不少领导人离开内地，避居香港地区，躲开风险了，而黄炎培坚持不走，留守在沪，与多数盟员共生死。看到张澜主席身体不便，黄炎培便挺身而出，代表民盟中央，率罗隆基、叶笃义奔赴南京，在特务包围与尾随之下，以他几十年在社会上赢得的广泛声望与人脉，与当局做最后艰难的城下之谈。在黄炎培努力下，在他在国民党中的老友们的帮助下，最终向当局争来民盟“自行解散”，从而保护了数万盟员的身家性命。之后一些人在“左”的思潮下，指责黄炎培此举，曾一时对此颇有争议。然而经历“文化大革命”，方知抗战初期为争取出狱而刊登悔过启事的薄一波等人所谓的“六十一人叛徒集团”一案，都是毛泽东批准，党中央一手安排的。在《启事》中有不少有失“原则”，表示悔过，表示自新的话。相形之下，黄炎培当时之举却既未“悔过”，也未“自新”，并未丧失任何的原则，而仅以其七旬老面，多方奔走游说，最终保存了队伍和力量，保住了数万盟员的安全，成为日后内战与建设新中国的一支重要力量，即使在当时，也不失为斗争中的上策之远，何以指责？在历史面前能经受住考验吗！是非功过，当由今人评说。

临离南京，前途未卜，他再一次来到玄武湖畔。时已深秋，在他面前，秋色杀人，百木凋落，他吟诗了：

“黄花心事有谁知，傲尽风霜两鬓丝。争羡湖园秋色好，万千凉叶正辞枝。”

“红黄设色补寒苔，点缀秋光枉费才。毕竟冰霜谁耐得，青松园角后凋材。”

“那有秋纨怨弃遗，金风尽而鼓寒漪，谁从草际怜生意，百万虫儿绝命时。”

（《玄武湖秋感三绝》1947年11月2日南京）

全面内战打响了。黄炎培闭门谢客，除了仍处理中华职教社的有关事务外，他以大部分的时间来著文、写字，读书，作诗。在他离开上海前最后一两年时间里，他一直是这样打发生活的。在黄炎培居住的上海静安常熟路一一六弄弄堂口，当局已经布下了常驻的便衣，黄炎培一举一动都在严密监视中。黄炎培此时写字是为了糊口养家，这成了他的生活来源，他有一首《五斗歌》云：

潇明不为五斗折腰来做官。我乃肯为五斗
折腰来作书。作官作书有何殊。但问意义
之有无。作官不以福民乃殃民。此等官僚
害人孙。如我作书言言皆己出。读我诗篇。
喜怒哀乐情洋溢。读我文章。嬉笑怒骂可
愈头风疾。有时写格言。使人资警惕。我
今定价一联一幅一扇米五斗，益人身与心。
非徒糊我口，还有一言。诸君谅焉。非我
高抬身价趋人前。无奈法币不值钱。

1947年11月1日于上海

同赴延安的褚辅成先生去世了，黄炎培写下：“最忆延安城外水，坠欢那许拾吟余”（“写褚辅成先生生平五首”1948年3月5日于上海）的诗句纪念他。褚老先生恰死在为国大召开之日。黄炎培最后一次到医院趋视，褚老淌着热泪说：

“大局到今日，还有什么话可说，吾辈不说还比说好，我衰非病，愿君珍重。”

1948年5月我母亲姚维钧40岁生日那天，黄炎培写下四绝句以赠：“迎君长夏海棠溪，入握情丝未是迷。出处商量谋大计，将身许国两心齐。……”

（《维钧四十岁生日绝句》1948年5月21日于上海）

邹韬奋先生去世三周年的时候，他又一次回忆起这位昔日的好友。他拿起笔写道：

“我悲君死，死时国耻不曾雪。君死早。三年了。君若生今时。不死于病。必死于淫威。淫威淫威何时可以久长。千年史实。多么彰彰。怎样上场。怎样下场。君其安眠。晓钟铛铛。”

（《彰奋死三年了》1947年6月28日于上海）

在寂寞的书斋生活中，他又忆起三十年前的1915年赴美国参观世博会，在纽约郊外会见爱迪生的情景，“昔日西柑村。手握爱迪逊。先生耳失聪。湛然智殊存。灌音初发明。录我上海语。语语主和平。先生大嘉许。临别先生言。我死无所恋。愿带实验室。入地有所献。再度劫弥天。回思心怆然。时我犹壮龄。1915年”。

（《忆纽约西桔村》1947年8月5日于上海）

在受到当局严密监视的情况下，黄炎培度过了他在上海的最后两年。躲开重庆、躲开西南，返回上海，黄炎培的策略选择是正确的。在上海他有更多的支持与后盾。果然，在黄炎培走开半年多里，重庆和西南陷在恐怖之中。1946年7月11日，李公朴先生在昆明被害，15日闻一多先生又被杀。8月民盟主席张澜在成都被袭受伤。重庆的中共《新华日报》、民盟的《民主报》相继被捣毁。外敌投降了，外患消除了，民主的牌子的用处也不多了，差不多到了快摘下来的时候，外患尚存时，没有这块牌子，谁给你冲锋陷阵抵制外寇？国际上又有谁支援你，给你钱和物资？

第三方里，青年党、国社党早就公开支持国民党，同时民盟里救国会的沈钧儒等与共产党则有更早的渊源，因而在第三方和民盟里，黄炎培、张澜、梁漱溟、罗隆基等则是第三方中的“第三方”了。由于这样的形势与位置，国民党方面对的黄炎培的“工作”，即使在民盟解散后也未放松。说客不断来家，封官许诺。黄炎培仍以严词拒绝。几十年里，通缉、召见、逼走、封官、抄家，反反复复，黄炎培早领教过几遍。如若他肯于“下海”，情愿“上船”，则早就下海，早就上船，又何必要靠卖字糊口呢！6月，在南京秦淮楼与上海赴南京请愿和平的代表聚会上，黄炎培出示题为《吾心》的新作七律一首。

“老叩吾心矩或违，十年回首只无衣。立身不管人推挽，铄口宁愁众是非。渊静被驱急忍逝，巢空犹恋燕知归。淮仁谁暴终须问，那许西山托采薇。”

（《吾心》1946年4月2日于上海）

7月10日，黄炎培对上海《联合晚报》记者发表谈话，公开宣布：无意参加政府。

形势在日益恶化，国民党撕毁旧政协决议，在东北，在华北，在华中，内战的战火有愈演愈烈之势。同时单方面的“国民代表大会”，也旧事重提，于紧锣密鼓地筹划中。又有人来挟黄炎培参加“国大”，脱离民盟。黄炎培对记者坚决表示：“（一）不能同意于不统一、不团结之下通过宪法，此是不通之路；（二）我不能与人共走不通之路；（三）欲我脱离民盟，不能自毁人格。”这样一次次地表明了他的态度，说客才日渐干稀。

读书对他既是消遣，也是丰富自己获取思考的养料。他喜欢读书，这是他一生的习惯，而且什么书他都读。从古圣人经书到圣经、佛经。早在1936年他坐“民风”轮船入川，读了几部关于马克思、列宁的书。《共产党宣言》他早拜读了。《资本论》是新中国成立后20世纪50年代花了两个月时间啃的。黄炎培不信佛，可是他对佛经熟极了。我姥姥（姚维钧的母亲）信了一辈子的佛，可是谈起佛事也谈不过他。请看他的《夜读》一诗：

眼底千姿百态奇，心弦颤断一丝丝。
秋登独客钟出下，老舍文章鲁讯时。

（《夜赞》1946年10月13日，上海）

至于写诗赋词，则是他几十年里堪称与读书一样的嗜好。好友来访，谈论正事，他总要掏出写在片纸上的诗，他称之为“先公后私（诗）”。黄炎培是情感充沛、想象浪漫的人，他要写诗，他要吞吐人类的情感，发泄他的爱与恨、好与恶。海外华侨日报来向他索文了，他以诗应命。

“老夫七十头未秃。半生满清半民国，满清民苦专制毒。民国依然民惨哭。中间暴日兵来侵。八年战骨如山陵。……一团糟，告南侨，诸君起来，千急万急，此时不起，更待何日，老夫别无话可说，没有泪，只有血。”

（《一团糟应南侨报纸索文卜》1947年11月1日于上海）

这时，中华及所属的学校与各项事业也处在艰难之中。恶劣的“气候”，不断的刁难，拮紧的财源，使它危危乎，处艰撑之中。

20世纪30年代办起的《国讯》杂志，是黄炎培所办的政论性刊物，也堪称中华职教社的喉舌，通过它向社会各界表达自己的政治见解。一些著名人士经常在上面著文，在重庆时黄炎培还特地约请刚从延安来到陪都作为中共代表的周恩来在《国讯》上发表文章，连载三期，当时是从沪迁入重庆后的复刊号。《国讯》成为当时知识界所喜爱的刊物之一。然而在1948年4月，命令下来了，因为该刊登载中共的《土地法大纲》，而被宣称是“替共匪宣传”，勒令其停刊。这是个讯号，意味着中华职业教育社的活动到了该画上一个“分号”的时候，黄炎培对此是明白的。

30年来，黄炎培和中华职业教育社同人们作出了种种努力，他们白手起家，艰苦创业，呕心沥血，煞费苦心。他们的成绩有目共睹，蜚声中外。自1917年到1949年，在“使无业者有业，有业者乐业”的指导口号下，中华职业教育社做了大概四方面的事情。

第一个层次是为“无业者有业”而做，开办各类职业学校。除了上海中华职业学校先后培养了七千多名毕业生之外，中华职教社还办起重庆中华职业学校，上海中华工商专科学校、重庆中华工商专科学校、镇江女子职业学校、南京女子职业传习所、四川灌县都江堰实用职业学校、上海比乐中学、昆明中华业余中学，等等。除了直属的职业学校外，职教社还与各地的实业界联合举办各类学校。在职教社的带领作用与推动下，1934年全国已有各类职业学校

380所、学生67227人，职业教育一时成为风尚。

第二层次是为“有业者乐业”而做，推行职业指导工作与职业补习教育。1927年首先在上海设立上海职业指导所，指导与介绍青年就业，这类工作颇受人们欢迎。以后在重庆、昆明、桂林都办起类似的机构。抗战期间在上海租界里办了七所职业补习学校，各校所在地附近的工场商店公司机构几乎都有它的学生，第一、第四两所各有学生4000多名。

第三层次是在农村推进教育。1926年职教社与国立东南大学农科等联合开办江苏昆山徐公桥乡村改进试验区。职教社从派遣教员和医生入手，在当地着手办教育、筑路、卫生、医疗、减租、借贷等方面的事情，受到当地群众的赞许。1933年后又在上海近郊的赵家塘开办沪郊农村试验区，也取得一定成效。此外中华职教社的农村服务部附设中华农具推行所，代工厂试验推销各类新式农具，协助技术的改进，家具的维修和运输等。

第四层次是出版刊物。据统计，职教社先后出版了120多种书刊，其中《教育与职业》连续出版几十年至今，还有在全国很有影响的《国讯》《展望》，《生活周刊》原系由黄炎培创办，后来转交给邹韬奋主持，之后又独立了出去。1924年黄炎培创办了一个专门辑集有关政治、经济、文化等方面资料的《甲子社》，1931年又改称《人文社》，该社出版《人文月刊》。1931年为纪念捐款人叶鸿英先生，人文社改名为鸿英图书馆，到1935年统计藏书六万四千多册，报纸四十九种，各类历史资料一百多万件，报纸索引十五万多片。1949年时，中华职业教育社所联系的会员已达到三万余人。除中华职业教育社外，黄炎培还先后创立南京高师、东南大学、暨南大学、上海商大（今上海财大）、河海工程学院、同济大学、厦门大学、江苏蚕桑学校等。

1947年5月6日中华职业教育社成立30周年的日子，社里召开座谈会。“而立”之年的这次座谈会开得别致，别致在笼罩职教社的复杂与矛盾的心理气氛上。三十年来堪称果实累累，回首之际不乏琳琅满目，但前边的“黄牌”警告已亮，“红牌”也隐约可见，危在旦夕，前途未卜。三十年的事实证明了他们所从事事业的巨大潜在需求，然而也为三十年的事实所证明了的一条，是他们左右自己生死存亡命运的微弱能力。对中国历史长远与最终的乐观展望和坚定信念，与对眼前困境的一筹莫展和无能为力交杂在一起。凡此种种，如同愁云，压抑心头，是他们一时解不开，也无法去解开的矛盾。那天，黄炎培没有高亢，没有激奋，没讲形势，没讲任务，反而以平静低抑的嗓音，讲他对人生、对命运的看法，讲得真切也实在。或许他是在做告别演说？听过他那边讲话的人都久久难以忘记。最后他以“竹”为题作诗会赠给这个难忘的日子——

不逐时芳品自尊，冰霜翻为护柴门。
生机都付千竿直，看汝干云长子孙。
（《题书竹写赠中华职业教育社三十周年》
1947年5月6日上海）

是的，黄炎培并没有最终失望，未为“时芳”或“冰霜”所动，他还饱蕴“生机”，相信自己的“子孙”会冲上青天，怒拔干云。时年，他70岁整。

战场的形势变化极快。那些一时以为得手的人，却好景不长。国民党军队由“全面进攻”转为“重点进攻”，又由进攻转为防御。经辽沈、淮海、平津三大战役打击，元气已经大伤。战讯传来，黄炎培感到欣慰。

然而蒋介石派毛森来到上海，这可是个行动讯号。毛森这个军统头子是鼎鼎有名的屠户。

这时黄炎培、姚维钧一家已经搬进了荣康别墅，静安寺附近的常熟路一一六弄七号房子（至今仍在），是黄的几十年老友们，从王艮仲，浦新雅，到杜月笙、钱新之一共几十个人，不忍看到七十高龄的黄炎培整日借居，东搬西迁，居无定所，而凑钱赞助黄炎培大部分，又变卖掉姚维钧、姚荇绚娘家拿来的细软，终买下了这座二百五十平方米的里弄房。黄炎培在上海活动奔波几十年，终于首次在上海市区有了自己的房子居住。而当下正是闭门索居之时，他发出感慨：

七十无家复有家，一楼冷却市声哗。
关门忍便抛群众，老读差怜眼未花。
（“新居人绝句”1948年10月2日）

对于这座新居，黄炎培也有自己的考虑，他对姚维钧讲："我一生无资无财，这所房子留给你和这几个孩子们吧，万一我有什么意外。我的大儿女们反正都早已经长大立业了。"他召来大儿女们如是交代一番，又把家里包括原配王纠思留下的首饰细软分配给他们，算是分配家产了。明显是他在预感危难将来之际安排后事。

一日，杜月笙派人来告：当局可能要对黄下手。同时，张治中先生派人紧急来告：要下手了，"黑名单"已列出，第一位就是黄炎培。

之前中共地下党已几次送来消息，盼黄离沪北上，但黄割舍不掉他在沪的这一大堆事业，犹豫不决。杜、张传来的消息，促使他当机立决：必须立即离开这座刚搬入的新居，离开上海——北上去。

1949年2月14日，黄炎培家大宴宾客。十多平方米不大的客厅里挤满客人，喧哗之际，姚荇绚一一应酬。黄炎培和姚维钧却带着大女儿当当，高声扬言要去永安商场采买些东西以助兴。他们一行三人到了永安商场，从前门进入，却从后门溜出，那里等待着他们的是地下党安排好了的王艮仲先生和他的汽车，甩掉了尾巴，到黄的女儿家住了一夜，次日凌晨来到吴淞口，码头上是专事等候着的地下党同志。黄等迅速上了轮船，绕道台湾地区，奔赴香港地区。

黄炎培一家三口出走之后，姚荇绚带着黄炎培姚维钧的小女儿丁丁及儿子方方，仍然宴客，只见荣康家里灯火辉煌，宾客喧哗，一连三天如此，叮梢们倒弄不清黄本人的确切去向了。及至黄到港后在报端发表声明，宣告自己已离沪，当局才弄明白。然而之前之后，他们并不放松对荣康黄宅的监视，站在弄堂家门口的叮梢甚至由原先的便衣改成荷枪实弹的军警。我大妈、我二姐、我本人均已成为当局欲捕黄而不得，恼怒之下的"人质"！我大妈带我出门买菜即有他们尾随，我们成了"监视居住"的对象。不久我的二兄竞武（黄孟复之父）即遭当局捕去。竞武在上海中国银行做事，又是民盟的上海地区要员，当局抢运银行黄金到台湾地区，遭竞武兄率工人阻拦。抓不到黄炎培本人的当局，抓他的儿子来泄愤。竞武被捕后遭受严刑，腿脚被打断，却未供出组织与同志，上海临解放前九天，竞武被活埋。

北上途中的黄炎培对他走后的事情当然不知。此次他仍是坐船，虽然他之前对坐船如此缺乏好感。此前36年前次他亡命逃亡日本，在吴淞口茫茫大海上的情景他仍依稀可忆。十多年前抗战初年，他一次次地奔港澳赴南洋也是在国难当头之时。唯有这次是不同了。他怀着喜悦的心情站在甲板上，同样的海洋，同样的天空，但时代不同了，黄炎培自己也不同了，他挺着胸膛畅吸着新鲜的空气。还有一点不同，这次黄炎培不是孑然一身，而有姚维钧在他旁边。黄炎培已活了七十二年，但仿佛是第一次觉到大海的可爱，明媚的阳光下，他与维钧并肩傍立在船栏，手拉着他们的当当，兴致勃勃地谈论着过去，谈到了未来。

黄炎培北上了。

十二、北上进京

北上的道路，对黄炎培来说是曲折的。自世纪初年以来，尤其是民国建立以来，黄炎培看尽了中国的黑暗，看透了社会的腐败，他对急剧改变这一切是了无信心的。中国的事情只能慢慢来！因为几千年的腐朽制度不仅培养出一代续一代的统治者，而且也污染与腐蚀着中国的国民性。制度培育着文化，文化滋育着制度。一旦文化与制度结合尽致，那就绝对不会是那么容易来改变了的。难以靠改朝换代改变之，更难以寄希望于清官政治，所谓“政怠宦成”，所谓“人亡政息”，所谓“求荣取辱”，或这或那，无不如此，总是逃脱不出历史的劫运。而对此，要改变中国，唯有从基础做起，从基层做起，这基础就是教育，这基层就是实业。几十年来他埋首其中，历尽艰辛，做着“莫问收获，但问耕耘”前人种树事情。他相信他的努力终有善果。他相信事情不会白做，会在稳定的渐变中积累，中国最终会趋向进步。然而日本人的炮火打断了他的事业，随后国内战火更将此付之一炬。其间，充满着他的苦思苦索，饱含着一位爱国的求索者的莫大痛苦。

北上的道路，对黄炎培来说是必然的。对那个已透顶腐朽的政权，他始终保持着距离，不愿与之为伍。高官封许，不从；提携后代，不诺。从袁世凯起就想召黄入阁，民国十余年北洋政府两次颁布政令任命黄炎培为政府教育总长，均遭他拒命不就。不用说不肯跪下求官做宵，就是站着也不肯求官做官的，索性他连国民党也不入，虽然他在1905年同盟会成立之后一个月就加入了，并且之后接替蔡元培任同盟会上海地区负责人。虽然他当时没有看清真理何在，但有一点他当时是看清楚了："这里不是真理所在。"而且"今年达姆杀学子，全国哪还有生气"。"沿海走私之船，遍地贪污之钱。"一场场，一幕幕，他已经"没有泪，只有血"了，"此时不起，更待何时"呢！（均见尚丁《黄炎培》）

北上的道路，对黄炎培来说是真诚的。对共产党人，他经历了从陈独秀、李大钊，到毛泽东、周恩来的过程，从私人间接触交流，到与组织之间的联系。而在这一过程之中，抗日战争提供了认识的大背景。抗战烽起，职业教育事业被打断，黄炎培不想也不会将大部分精力投入社会政治活动，不想也不会丢下他所从事的教育事业。抗战打断了中国发展的进程，改变了中国社会前行的步伐。其间，1945年抗战即将胜利的前夜，黄炎培访问延安，对共产党人及其根据地有了第一手的了解，从而获得了对中共的认同，这也彻底改变了他后半生的人生轨迹，而且为其后来的一系列选择提供了依据。

北上的道路，对黄炎培来说是充满了希望和预期的。在延安黄炎培已经认识到，"没有政权和军权，当然一切说不上"。他在延安看到了共产党领导下政通人和，百姓安居乐业的景象，感到与他的理想"是相当近了"，从而对共产党，从同情走向好感，从好感走向由衷感佩，又走向衷心拥戴，这几乎是20世纪中叶中国正直知识分子们的共同道路。然而黄炎培仍是有余虑的。一部历史，"其兴也勃焉"，"其亡也忽焉"，总是不能善始而善终，跳出这个所谓的周期率。这些，黄炎培将近七十年的一生中看多了。因而将他的余虑和盘托出，询问毛泽东。毛泽东答以"我们已经找到了新路，我们能跳出这周期率，这条新路，就是民主"。以民主来打破这个周期率，依靠群众起来监督政府，这也正是黄炎培的想法。他对共产党的希望与信任，获得了更为坚实的基础。他以后拥戴共产党，正是真诚地希望和相信共产党能长久保持朝气，锐意进取，永远为中国人民谋福利。

不仅是黄炎培，而且中国的知识分子都如此。

离开上海的黄炎培在港小住后，坐船出发，3月23日到达天津，受到新上任的黄敬市长的欢迎，为他设宴洗尘。3月25日晨登上火车，午前赶到北平。董必武、李维汉、齐燕铭及先期到京的李济深、沈钧儒、谭平山、章伯钧去迎接他，从而结束了他半年左右辗转避难、长途跋涉的生活。

1949年3月25日，毛泽东、刘少奇、周恩来、朱德、任弼时等中共五大书记，率中共中央离开西柏坡北上北平。3月25日中午饭后，在李维汉的安排下，父亲黄炎培与郭沫若、陈叔通、马寅初同坐一辆小轿车，与李济深、沈钧儒、章伯钧等党外人士一起，从六国饭店赶赴西郊机场。下午3时，毛泽东、刘少奇、周恩来、朱德、任弼时五大书记率领党中央机关队伍浩浩荡荡从西柏坡到达，黄等迎上，毛与众人握手言欢，合影留念，之后在雄壮的乐声中检阅了排列在机场上的解放军坦克、炮兵、高炮、步兵等十万大军，晚上又与众人欢宴聚谈。这天黄十分激动，不仅自身又一次逃脱虎口，而且国家有望了。晚上众人欢宴，中共领袖与已汇集京城的各路精英们一起，欢歌漫舞，庆祝胜利，庆祝团聚，好不热闹！

26日午黄被通知当晚主席召餐并请姚夫人同往，周恩来陪同，江青也在座，从晚餐开始至午夜方离去。

四五个小时的会谈内容广泛又意义重大。一见面，主席就叫出姚维钧的名字，黄姚十分惊讶，主席讲在重庆见过姚。是的，毛泽东在重庆多次晤黄，有时姚陪同在场。此次毛、黄对座，江、姚各坐毛、黄之侧，周则坐在对面。3月25日夜毛召集众人时的谈话，侧重讲对时局的看法：停战、和谈、渡江诸问题都涉及了，26日则是先听黄谈。黄畅叙从重庆一别后他对内战，对时局的看法，讲到国共和谈破裂，中共代表团撤离南京前夕，他与周恩来在密室里的长谈，之后他已相信共产党胜券在握，因为对方已“失尽民心”。然而雄才大略的毛泽东听到黄的这席话后，不续谈当前的解放战争，更不关心即将开始的国共和谈，而是把话锋一转，转到新中国成立后，毛关心起新中国成立后的大业。先问黄新中国成立后有何打算，黄向毛汇报创建以民营工商界人士为主的民建的过程，希望新中国成立后中国的民营经济有较大发展，引起毛的认同与反响。毛对黄的想法极为欣赏，强调民建要以民营实业家为主，以推动民营经济为主要工作，请黄做将建立的新中国民营经济的牵头人，一方面向共产党反映民营实业家的要求，另一方面向民营实业家传递共产党的声音。毛再三强调，新中国成立后中共对待民营经济将不同于苏联，不同于斯大林“赶尽杀绝”的做法，相反要予以利用和发展。毛说，新中国中共将实行的经济政策可以概括为“四面八方”。什么叫“四面八方”？“四面”即公私、劳资、城乡、内外。其中每一面都包括两方，所以合起来就是“四面八方”，即实行“公私兼顾、劳资两利、城乡互助、内外交流”的政策。他再三强调对民营经济的政策是“公私兼顾、劳资两利”。他希望黄迅速地利用自己的影响，向外界传递这一精神。对于毛的这一重托，黄是有准备的。虽然他本人长年从事教育，然而与经济界关系极为密切。一方面他从事的职业教育为实业界提供人才，20世纪30年代把试点直接办到荣德生（荣毅仁之父）、荣宗敬兄弟开办的无锡纺纱厂里；也是他直接扶持起不少企业。另一方面他自己对经济也不陌生，20世纪20年代他发起集资修建了浦东川沙到上海的第一条铁路，1949年时他同时兼任着民生公司等六家大公司的董事（独立董事）和商务印书馆的监察（监事）。毛对新中国民营经济乐观前景的描述感动了黄，黄当场接受了毛的重托。最后两人商定，黄向上海、香港地区、新加坡的工商界拍去三份电报。第二天，黄把几份草拟好的电报交给李维汉代发。

之后，黄还曾三次应邀赴双清别墅，至8月毛搬入中南海。然而无疑这3月的会见，确定了黄在新中国政治生活中的地位。6月周恩来来家请他出任陈云为主任的中央财经委副主任，黄推辞了，推荐老友马寅初代替，大概是请示了毛泽东，周又第二次来，说可增设一副主任（马），但仍要黄出任。

和谈4月下旬破裂后，解放军挥师南下，势如破竹，南京、上海等，一个个城市先后解放。

1949年10月1日，中华人民共和国成立，这一天也是黄炎培72岁生日，于国于己，他格外激动。开国大典时，他登上了天安门城楼，这里有这么多他认识的共产党朋友：毛泽东、刘少奇、周恩来、朱德、林伯渠、彭真、聂荣臻、李维汉、陆定一等，这有不少相处共事过的民主人士：宋庆龄、李济深、张澜、张治中、沈钧儒、郭沫若、梁漱溟、陈叔通等各方人士，济济一堂。

从此，历史又掀开新的一章。

1949年9月，黄炎培在全国人民政治协商会上当选为中央人民政府委员。

一天夜里，周恩来驱车来到黄炎培家，与他商谈政府组成人选的事宜。周恩来告诉黄炎培，在由他自己担任的政务院总理之下准备设四个副总理：董必武、陈云、郭沫若，还有一名就是黄炎培，同时兼任轻工业部部长。

周恩来说的这一安排是大大出乎黄炎培自己意料的。他激动了，犹豫了，矛盾了，老泪纵横，沧然涕下。凡是知道黄炎培经历与个性的，对他的这一反应是不感奇怪的。黄炎培几十年中虽然活跃于社会舞台之上，然而他不肯做官。几十年之中，“不做官”已经成为了他的人生信条之一。他这种不肯做官、不愿从政的心理，一方面起始于他对其时的党国失望，对其时的政权不信任，另一方面也出自于他对高高在上而不肯务实的传统反感。他立志一生要务实，要做实事。他主张教育要务实因而提倡职业教育，他个人要做事而坚决“不做官”。几十年来黄炎培真是这样去想，这样去做的，从而几次回绝了封给他的教育总长等官职，长年埋首于教育事业和社会活动之中而未为官所累。然而这一次请他出山的，是他所真心钦佩与拥戴的人，是请他参与一个当时他认为欣欣向荣的政权。更何况，来到他家向他发出恳请的是他钦佩的周恩来，黄炎培思考了整整两天，又征询朋友们的意见。第三天周恩来又来之时，黄炎培终向他表示，放弃了几十年“不当官”的信条，加入政府。

在中南海怀仁堂的宴会上，或许是毛泽东知道黄炎培的心事，端着酒杯走到他的面前攀谈。毛泽东问黄炎培：“北京政府有一时期要你去当教育总长，你为什么不去？”毛泽东的这个问题可击中了黄炎培的“要害”，黄炎培感慨万分。回到家里，躺在床上难以入眠，又重新起身，披襟入座，提笔疾书，给毛泽东写下千言长信，信中道：“我是受过孙中山先生初期领导的洗礼的。——1905年，同盟会成立的那年，入会誓词是‘驱逐鞑虏、恢复中华、建立民国、平均地权’。——后来没有完全实践。……后来一般的国民党员更是鱼龙混杂了。我认为不是真理所在，始终没有加入国民党。……不看清真理，绝不盲从的。……但使我认为可能是真理所在，就是1945年的延安之行。……”

黄炎培的大儿女听到父亲做了“大官“的消息，感觉非常惊讶，跑来问父亲：“爹爹你一生拒不做官，凭地年过70而做起官来了？”黄炎培讲述了周恩来向他动员的经过，讲了他自己的决定，最后对儿女们说：“以往坚拒做官是不愿入污泥，今天我做的是人民的官啊！”

从近四十年前黄炎培不愿当教育总长到四十年后肯做副总理，是黄炎培变了吗？原来的那个政权，鱼龙混杂，污垢遍地，黄炎培觉得它是没有指望、没有希望的。果然，黄炎培看着它怎样建立起，又怎样塌下去，兴衰有时，来去有命。它没有给中国带来富强，没有给百姓带来安康，有的仍然是饿殍遍野，乞丐满地。黄炎培对它由不信任到厌恶，由厌恶到痛恨。当初他这一历史的眼光和果敢的选择经历了时间的考验。黄炎培由于对当时的政权和对当国者的失望而埋首教育事业时，他越来越深地感觉到了这一道路的艰难和危弱，如同一根又细又长的丝，随时可由外乱内扰而撕掉，然而他怀着真诚的爱国之心和造福公众的愿望，咬着牙，挺着身，走下去。日本人来了，给了他结识共产党人的机会。在重庆，在延安，在南京，在上海，伴随着黄炎培对原来的那个政权程度不断加重的反感，他对共产党人，思想也在不断靠近，情感也在不断接近中。他越来越觉得，中国的希望或许是在这里。也越来越觉得，他那颗真诚的爱国之心，或许能够在这里找到归宿。他相信共产党人，相信共产党能把中国领上富强之路，能给百姓带来福祉和安康。在这里，他找到了整整一生七十多年却始终未能找到的路，也找到了他想了整整一生七十多年却始终苦思苦索未能找出的路。从没找到路，无路可走，到找到了路，有路可循，黄炎培自己确实也变了。无路与摸索中的他，变到有路可循的他。

黄炎培欣然地去做了，怀着真诚的心。那年他已经73岁了。

不仅他自己北上去，而且彻底把家搬离他的大本营上海。1950年6月上海解放不久，黄炎培夫妇从京返沪，来接姚荇绚及留沪的一儿一女，举家来到北京定居下来。

不仅他自己北上去，而且又把他在海外的大儿女们，从美国、从英国叫回了中国，放弃在外的高薪厚职，加入建设新中国的行列。

不仅他自己北上去，而且也动员了上海不少知名人士，包括以后工商界的著名代表，留下来走同一道路。

北上——进京，在历史面前，黄炎培如是选择了。

十三、余生后记

新中国成立之后他活了十六年。1965年12月21日，88岁的黄炎培因病住院一个多月之后，溘然长逝了。

1954年起，他由副总理改任全国人民代表大会副委员长至终。

十六年的余生中，黄炎培是共产党的诤友。

十六年的生活中，对于中国在共产党领导下取得的成就与进步，黄炎培是由衷地兴奋，欣慰。过去一些他想都不敢想的事情，在共产党领导下成为现实，中国不再向外国列强俯首称臣，中国站起来了，黄炎培感到自豪。国家的兴旺，大至像爆炸第一颗原子弹，小至获得第二十六届世界乒乓球比赛冠军，他都欢欣鼓舞。听说社会各界举行欢庆胜利的大会，85岁的他要让姚维钧搀扶着，驱车去刚建成的北京工人体育馆一睹“国球”风采，也分享作为中国人的自豪与快慰。

十六年的生活中，对于国家决策中他所感觉到的失误，对于一些工作中他所觉察到的问题，黄炎培是竭尽其力地讲，竭尽其力地说，甚至犯颜直言，把问题报告到毛泽东那里。“勿建言，少发言”那套官场习俗，于他不沾。他依然故我，身在其位，当谋其政。一有事就向上捅，捅到最高层那里。他先后写了百封左右的书信给毛泽东，慷慨言国家大政，尤在新中国成立之初的年月里，一两个月就要写一封信给毛泽东。他为此收到了毛泽东的六十余封亲笔信函。

在黄信中涉及大如新中国的国策和体制。如1950年春他先后几信写给主席毛泽东、政务院总理周恩来、中财委主任陈云、副主任薄一波四人，洋洋洒洒，万言之多。从高征购到农村政策，从发展民营经济到政治体制，从农村金融到引进外资，俨然是递上一整套的国策。这些在几十年后，正为改革开放的中国所采用。1957年黄炎培去南方观察，发现人口有剧增的势头，他深感忧虑，回到北京之后立即上书毛泽东，建议加强节育，抑制人口。

对人民来信，对群众反映的问题，黄炎培是要管的。不止一次素不相识的人向他写信反映求职困难，反映所用非所学，他都出面管了，批转有关部门予以解决。他去世后仍有当年他协助解决工作的人，写信寄给我。

十六年中，凡是认为对的，他是敢于坚持，敢于争辩。凡是他认为错的，也敢争敢顶。

1949年年底1950年年初，对农村高征粮，城里高征公债，他提出意见，为毛周接受。

新中国成立初，对于土改与镇反中的过火偏激，他上书毛泽东，提出意见，毛给他寄来有关材料，又介绍他去找华东局书记陈丕显一谈。

对南方水乡被填埋，环境破坏，他极忧虑，找毛泽东，毛下令保护，周庄等名胜得以保存至今。

对入朝作战，他心中犹豫，心有保留。毛泽东找他征询意见，他建言入朝我军要叫“人民志愿军”，以免与美国等国正式宣战，毛接受了。

1958年他写信给毛泽东，鉴于农业发展纲要颁布，农村面临发展，土地愈趋紧张，建议“平地深葬”，并在人民日报撰文提出此建议。

1954年酝酿统购统销，他持不同意见。

50年代中期，因提出农村饥荒等，遭内部批判。

在某次会上散发黄对农村问题意见书，几年之后的彭德怀给毛泽东的信也被封以“彭德怀同志意见书”。

1957年反右，毛对他是先恭后倨。先某日半夜召见于中南海，请黄回民盟续当主席（1941年民盟成立第一任主席即是黄），黄炎培婉拒。随着黄炎培三子，反对三门峡上马的清华大学水利系教授黄万里的《花丛小语》一文被毛批语：“这是什么话！”亲定其为右派。自此毛对黄也不客气了，接黄万里之后，在建材研究院任职的四子黄大能、在大连工学院任教的五子黄必信、大女儿黄路、四女儿黄素回及其丈夫、二女黄小同在大学的儿子，前后七个人被打成右派，黄小同本人因笃信基督而被内定为“反革命”。即使如此，黄本人仍不肯缄言，不肯闭嘴，他请时任统战部长的李维汉向中共中央表达他对反右的不同意见。

反右刚息，“大跃进”开始。在人大会议上，黄炎培和时任最高法院院长谢觉哉，两位老人对当时高指标提出异议，对“大跃进”提出了疑问，对当时的政策持有保留意见。

在他逝世前不久，“文化大革命”的火药味已很浓了，山雨欲来风满楼，一些老同志开始受到批判。李维汉这位被黄炎培敬重的共产党元老也被扣上了黑帮帽子遭受批判撤职。然而在一次民建的会议上，黄炎培在台上发言时仍称李维汉如何好，引用他所说过的话，台下起初以为是老先生糊涂了，一时口误，不予理会，但黄炎培继续如是讲，听众开始大哗，“排炮”齐发，轰黄下台，但黄炎培仍不为所动。回家后对姚维钧说：“李维汉是个好人，我就要讲李维汉是个好人。”当时，对当时复杂的共产党的党内斗争，黄炎培与大家一样，是完全被蒙在鼓里，一点也不知道的。

对于国际斗争和对外往来，黄炎培也仍积极关注。他给毛泽东信中有一些是关于国际关系和中国外交方面的。

20世纪50年代末北京天安门广场，百万人集会声援某个第三世界国家的斗争，黄炎培由姚维钧搀扶着抱病参加，与其他领导人一起登上天安门城楼。那天北风凛冽，正是北京最冷的天气，天安门城楼上朔风扑面，代表民主党派在大会上发言的沈钧儒老先生刚刚站在麦克风前念了个开头，便嘴唇打战，病发作了。焦急的周恩来立刻来找姚维钧："黄任老的身体可以不可以讲话？"姚维钧虽爱护丈夫身体，但更懂得孰轻孰重。"没问题，请总理放心。"姚维钧立刻回复周恩来。这样当时扶下沈老，黄炎培走到麦克风前，在刺骨的寒风中一直讲毕，周恩来上来搀扶他，嘱咐姚维钧："保护好黄老！"黄回去后感冒了一场。

1964年越南胡志明主席访问中国，一天未经事先约定，也未通过外交部，直接由陈毅陪同来到黄炎培家，恰黄在姚维钧陪同下去了医院，胡主席扑了个空，稍事观览了黄家的客厅及客厅里藏书后即离去。次日黄偕姚去钓鱼台回访，胡志明一见面便称黄炎培是"黄老师"，黄炎培愣住了，胡志明解释到，半个世纪以前黄炎培去越南考察教育，在当地发表讲座，胡志明当时也在听众之中，黄炎培的讲演留给他深刻的印象，之后几十年来未忘。黄炎培这才明白新中国成立初年时，胡志明要托当时第一任驻华大使黄文欢送来一本胡志明的《狱中诗集》的含义。

人到老年，脑子难免僵化，黄炎培也是一样。看见家里孩子们打扑克牌，他大发雷霆，他又想起20世纪30年代日寇入侵，一些同事仍在醉心打牌，不问国事的那一幕。看见在身旁的孙子黄孟复（今全国工商联主席）戴着无沿的平绒圆形棉帽，他兀地想起清朝官员戴的顶冠而大怒，喝令摘去，弄得全家啼笑皆非。老人的心有时要回到那里，回到他那年轻的时代，那个他曾经为之奋斗，为之呕心沥血的时代。当然，黄炎培非完人，他性情急躁，固执倔拗，矫矫不群，时有偏颇。然而几十年中，他终以真诚而强烈的爱国之心，以他刚直不阿而持公不私，洁身自爱而待人以诚，赢得了周围人们的普遍敬重和诚心爱戴。

黄炎培是勤奋多产的学者，几十年来发表众多内容涉及教育、经济、政治、历史、地理、旅游等领域的著述，从1899年至1946年统计，他发表的文章达九百四十篇，出版书籍五十二部。黄炎培还发表了四部诗集：《苞桑集》《天长集》《白桑》《红桑》。其中《红桑》是新中国成立前后创作的自由体新诗，《苞桑集》则代表了他诗词创作中的高潮，全集收入七百六十七首诗词，其中不乏脍炙人口之作。有的是他爱国爱民的热情抛洒，如火如荼，热血沸腾；有的是他伐敌诛寇的憎恶倾注，如火如剑，寒光凛冽；也有他工笔描绘祖国山川，汪洋滋涵，体物入微；还有他对友人亲人的向往，饱寄深情，淋漓尽致。对于诗词，他不刻意雕琢，而信笔写来，一气呵成。

黄炎培去了，他留下什么遗产呢？新中国成立前几十年中他所办学校，他都一一交公了。从浦东中学到中华职业学校，更不用说他办成即脱身的南京高师、东南大学（今南京大学）、暨南大学、上海商大（今上海财大）、同济大学、河海工程学院（今河海大学）、厦门大学等。他的著述多，稿费本应不少，然而他却拿来接济友人，捐赠教育，在他去世时只余稿费一百二十六元。除了在上海自己住的房子，黄炎培、姚维钧一家没有任何资产留下。他的藏书原来极多，但早在从上海进京时，就将大部分赠给了上海鸿英图书馆。他去世前又嘱他的学生范文澜，身后将其五十余年的日记及其家中藏书捐赠国家。他去世以后，姚维钧及其子女们遵照黄炎培的遗嘱，把藏书、文物、礼品等全部捐交给国家。搬离原居住安儿胡同一号时，全家十一口人的行李家具仅装了两辆解放牌卡车，而留在那里捐交国家的东西，据悉却搬运了三天。

黄炎培去世后半年，“文化大革命”来临。黄炎培被划上×子，冠以“党外最大的资产阶级代表人物”，他的名字常被陪绑于“党内最大的走资本主义道路的当权派”刘少奇一起。1968年1月，饱受批斗和毒打，不堪凌辱的姚维钧结束了自己的生命。

母亲姚维钧死后，几个在学校的儿女，一个个走向农村，上山下乡。当当去了内蒙，丁丁去了河北乡下，方方去了太行山，冈冈去了山西工地，从此家破人散。

“文化大革命”之中，除黄炎培夫人姚维钧外，他的五儿必信夫妇及小女儿一家三口都死于非命，报到周恩来那里，周让查，后来不了了之。加上新中国成立前夕被害的黄竞武，黄炎培一家有五人付出了生命。

黄炎培诞生至今，一个世纪零十年的时间过去，历史脚步早已跨越过了黄炎培所处的那个时代，呈现在我们面前的当今的中华大地，已经发生了翻天覆地的变化。追忆故人，诚然在重温历史，而历史也在启迪今人。从这位为中国的命运辛辛苦苦，风尘仆仆，奔走几十年，奋斗几十年的黄炎培身上，我们能获得些什么？从他历尽曲折、历尽坎坷的八十余年生涯中，从他不屈不挠、再仆再起的苦苦追求中，从他所经历的死刑、逃亡、通缉、出走、拒官、上书、参政、被批、子难、妻死等之中，从他的精神、他的人格、他的文章、他的诗词中，中国的儿女们自然会去寻找，也自然会去寻到。中国的儿女们是不会忽略历史，不会忘却历史的，这是因为在他们的前面，路还很长很长。

令笔者终生难忘的是黄炎培留给子女们的那几句座右铭，谨记于此，以示自勉。

“理必求真，事必求是，言必求信，行必踏实。”

“事闻勿荒，事繁勿慌，有言必信，无欲则刚。和若春风，肃若秋霜，取象于钱，外圆内方。”

（原载于《黄炎培与毛泽东周期率对话——忆父文集》人民出版社，2012年版。）

黄炎培与三联《生活周刊》

——忆三联前身之一

北京沙滩美术馆东街三联书店，横匾上书写着的“生活·读书·新知”六个大字，字字沧桑，笔笔有力，见证了历史变迁与岁月更迭。而其中“生活”二字，系由我的父亲黄炎培在八十六年前所写，《生活》周刊也是由我父亲领导的中华职业教育社在1925年最先办起。

父亲黄炎培，1878年生于上海浦东川沙。年少受私塾教育，1901年考入南洋公学，次年闹学潮辍学回乡，1902年办起川沙小学堂，1906年创办著名的浦东中学后来获“南浦东，北南开”的美誉。1903年黄炎培曾在浦东南汇新场镇演说反清被捕，被美国牧师营救逃亡日本，1905年加入同盟会并于次年接任同盟会上海地区负责人。同时黄加入张謇为首的江苏省教育会和后来的江苏省咨议局、李平书为首的上海工巡捐局等几个社会组织任其中骨干，投身辛亥革命，参与大量社会活动。辛亥后黄实施江苏省教育改革，兴办大量的中小学和师范学校，又创办或改扩建南京高等师范学院、东南大学（今南京大学前身）、暨南大学、上海商科大学（今上海财大前身）、河海工程学院、同济大学、厦门大学等多座大学。黄炎培在长年办学中目睹了我国教育学用脱节的严重状况，黄称之为“毕业即失业”，1915年考察美国旧金山世博和美国教育之后，1917年黄炎培联合教育界、实业界名人马相伯、蔡元培、张元济、伍廷方、严修、宋汉章、聂云台、穆藕初、蒋梦麟、郭秉文等共四十八人，发起成立中华职业教育社，引进开创了我国的职业教育。

职教社开办后同人们奋发向前，不遗余力，渐而声名鹊起而愈发蓬勃。次年创立中华职业学校并附设中华铁工场、木工场，又增设机械工场、珐琅工场。在推行职业教育同时推广职业指导、职业培训，黄炎培提出“使无业者有业，使有业者乐业”。黄领导下还把职业教业推向乡村，试办昆山徐公桥等几处乡村教育试验区，又引向企业与荣毅仁的父辈荣德生、荣宗敬合作，在荣氏厂里办起职业培训班。虽说中华职教社仅是个社会团体，但在职教社之下，既有学校，又有工厂，还有刊物，所以确是个涉足教育、经济、文化宣传等多方领域的非政府组织。由于发展迅速，常感资金不乏运转，于是向社会发行中华职教社债券，得以融资。在中华职教社引领之下，不多几年职业教育在我国逐渐推广，蔚成风气，在全国范围内获得很大发展，到1921年时全国职业学校包括补习学校达七百多所，女子职校九所。经济落后的我国西部地区四川、陕甘、山西等省份，在当地主政的杨森、冯玉祥、阎锡山等首领人物的支持下，职业教育也得到发展，1926年全国职校已达1695所。中华职教社本身力量也不断扩大，社员从1917年的186人增加到1927年的6528人。黄炎培等人对我国教育尤其是职业教育的苦苦追求，终获初果。

早年黄曾担任史量才主办的《申报》主笔，对新闻出版一套业务也不乏熟悉。甫成立几个月，职教社即在1917年10月里创办了职业教育理论刊物《教育与职业》，刊名“教育与职业”系黄炎培所书写。

1925年时，黄炎培等职教社领导认为，社之下仅一份理论性、学术性的刊物《教育与职业》尚嫌不足，还应有一份面向社会，面向大众的机关刊物，反映民众尤其是来自底层的声音。因而在该年10月创办《生活》周刊，创刊词明确说明该刊“专门宣传职业教育及职业指导的消息和简要言论”，同时反映各种“小人物”的要求。职教社指命王志莘先生任主编，每周一期，每期印有两千多份。而《生活》周刊之刊名，则由职教社负责人，长于书法的黄炎培拿起笔来，写下“生活”二字，那是在距今八十六年之前的1925年10月。

邹韬奋先生于1922年加入中华职教社。韬奋先生是位热血之人，充满爱国豪情，做事奋发用力，极其敬业、爱业。加入职教社后，几次与黄炎培长谈，交流彼此理念，为黄赏识，不久即任命他担任编辑部主任，负责编辑《教育与职业》，并主编《职业教育丛书》，同时还兼职任中华职业学校英语教师。韬奋编辑《教育与职业》很是用心，也初有成效。《生活》周刊创刊一年后，1926年10月职教社人员调整，王志莘先生另有要任，黄炎培旋将邹韬奋从《教育与职业》调到《生活》周刊，担任主编。黄炎培用人之道乃诚字为先，小心识人，大胆用人，看准之后即大胆放手，委以全权，不相疑，不弄权。韬奋先生接任《生活》周刊主编后全力以赴，从看稿、编辑、跑印刷、看清样、封面设计、广告、发行、处理群众来信等都事必躬亲，亲力亲为，认真负责，毫不含糊。韬奋尤重视《信箱》一栏，关注读者来信，认真给予答复，从而赢得了读者的心。在黄等职教社领导支持指导和韬奋先生全面努力下，《生活》周刊发行量与日俱增。

1931年“九一八”事变发生，日本强占东三省，引起全国同胞愤慨，全民同仇敌忾，媒体顺应民意，发出强烈怒号。9月22日，《生活》周刊发表声明，表示其“与国人共赴难”。在中华职教社带领下，《生活》周刊冲锋在前，一马当先，组织专板专栏，声讨日寇！同年11月，黑龙江马占山将军发起嫩江战役打击日军，《生活》周刊立即发动舆论声援，号召社会各界捐款，在社大门外设立捐款箱，召开捐款大会，敲锣打鼓，旗帜召展，声势浩大。

1932年“一·二八”淞沪抗战发生，十九路军抗击日军，上海各界行动起来，支持十九路军。黄炎培联络各界，组织起“上海市民地方维持会”，随后改组为“上海市地方协会”，由史量才当会长，黄炎培特地请出他之前不屑理睬的上海闻人，黄的同乡杜月笙任副会长，杜捐出款项又提供杜家祠堂，黄炎培自己则任副会长兼秘书长，发动各界征募军需品，运上前线，抢救伤员，维持市面和金融秩序。职教社和中华职业学校师生组织车辆，冒着枪林弹雨，穿梭于前后方之间，运送弹药和伤员，黄炎培甚至让自己的四儿，我的四哥黄大能也加入到运输队伍中。在这全民抗日的浪潮中，《生活》周刊依然冲锋在前，担当舆论前卫，掀起了比三个月前更大规模、更大声势的抗日捐款活动。

通过几次社会实战，人心向背，《生活》周刊顺势而起，获得各界好评。每期发行量由五年前创办之初的2800份，上升至1932年时的15.5万份。在这种形势下，生活书店随之在上海创立，主办单位仍然是中华职业教育社，由邹韬奋先生具体负责，而“生活”二字仍沿用黄原先所写。

在当时仅有一二百万人口的上海，15.5万人这一数字意味着什么？在市民交口称赞同时，《生活》的发达不能不引起当局格外的关注。

“九一八”之后，当局即注意到《生活》周刊的激烈言行，尤其在当时的形势下，东北不战而退，顿失三省，丧权辱国，全国人心为之激昂，悲愤不已，声讨之声不绝于耳。而抨击所向即政府当局和东北张学良，抨击当局的不抵抗主义，声讨张学良的不抵抗行为。在这一浪潮中，《生活》周刊连载文章，口诛笔伐，言辞激烈，成为舆论先声。

“一·二八”之后仅三个月，1932年春蒋介石派胡宗南到上海，约请邹韬奋先生谈话。就一年多来《生活》周刊所刊载的抗日文章和反政府内容，胡宗南对邹韬奋表示了很大不满，且竭力为蒋介石的政策辩解，“攘外必先安内”云云，试图说服邹韬奋，同时还软硬兼施，作出许诺，竭力拉拢邹，目的只有一个，要《生活》周刊公开表态拥护政府。韬奋先生当然不为所动，表示《生活》周刊是中华职教社机关刊物，反映的是社情民意，全国只有一个要求——抗日，全民只有一个声音——抗日，因而只要政府当局合乎潮流，顺应民意，公开宣布抗日，《生活》周刊便一定拥护。双方谈话，不欢而散，胡宗南说了一声“请先生好自为之”，悻悻然走了。

事情并未到此结束。第一轮压力对着邹韬奋先生而来未果之后，第二轮压力便找到《生活》周刊的主办单位中华职业教育社，找到中华职业教育社的负责人黄炎培。1932年夏，蒋介石出面，将黄炎培由上海请到了南京，亲自谈话。

早年蒋曾很仰慕黄，知黄办学有成，故先将其大儿蒋经国送到浦东中学，经国将自己在校的作文（我几年前参观浙江宁波奉化蒋氏老宅见过）寄给父阅，老蒋很是满意，旋将二儿纬国也送到浦东中学。虽黄对蒋有教子之恩，但1927年国民党北伐占领上海后，汪精卫找黄要在职教社成立国民党支部遭黄拒绝，遭到忌恨。是年国民党在上海发动“四一二”政变，捕杀工人纠察队和共产党人同时，也派人捣毁了职教社，通缉黄炎培。黄闻讯避走俄国未成，改去东北旅大隐居近年余，经老同学邵力子等向蒋转寰，黄潜回上海，至1931年

5月才正式撤销对黄炎培的通缉令，随后蒋托邵力子邀黄来南京晤谈。刚访问日本归来，感受过日本上下侵华备战气氛的黄炎培，向蒋陈述在日所见，吁请加强战备，蒋未做表态，旁座的外交部长王正廷则嘲笑说："如果黄任之（黄炎培字任之）知道日本要打我，日本还不打我哩！如果日本真要打我，黄任之不会知道的。"黄作答："很好，但愿我言而不中！"但四个月之后，果然"九一八"发生，不幸被黄言中了，王正廷本人也被赴京请愿要求政府抗日的学生痛打一顿。

与蒋谈过，黄返沪即招来职教社诸领导包括邹韬奋先生在内一齐开会，商量对策。要《生活》周刊停止抨击当局的不抵抗主义，这一点能答应吗？黄、邹、诸位同人对此是坚决不同意，予以否定的，此其一；当局明确表示，《生活》周刊如不停止抨击将关闭中华职业教育社，将关闭其主办单位中华职教社，停止其开展多年的各类教育活动，对此已开办十五年，教育与实业都欣欣向荣的职教社也是承受不起的。两难之中，如何面对，又如何择取，既是对黄等决心之考验，也是对黄等智慧之挑战。一番密议后，黄想出兼顾两头，获取双赢的对策，即作为《生活》周刊主办单位的职教社与《生活》周刊脱钩，《生活》周刊独立，今后独自经营，仍由韬奋先生主持。换言之，为了保住来之不易的职教事业，为了继续这块已在社会上有重大影响的舆论阵地，黄等职教社诸公决定，作出自己的经济牺牲，将自己创办经营了七年之久的《生活》周刊，从刊名、刊号等无形资产，到设备房屋、书籍资料等实物资产，都无偿奉送韬奋先生，并商定如《生活》周刊盈利，则将其盈利部分的百分之二十支授职教社的教育事业，如不盈利则无此须，按此订下契约。黄炎培等职教社诸公和邹韬奋先生凭自己的勇气和政治智慧，以自我牺牲、自我付出的精神，终于克服难题，兼顾了两头。

邹韬奋先生对黄等的支持理解自然明白，而后的年代里对黄等职教社诸公一直心存感激。1937年身陷囹圄，作为"七君子"之一被关在苏州监狱里的邹韬奋回忆道："我们不得不敬佩职教社诸先生眼光的远大、识见的超卓、态度的光明。"（《守望家园》第6页，三联书店2008年）事实证明，即使是在并非"一切向钱看"的20世纪30年代里，黄炎培等作出这一使自己蒙受很大资产损失和经济牺牲的行为，也并非易事。对比一下也差不多同一年代里，王云五先生对待胡愈之先生的一段经历，胡愈之在《我的回忆》中记述："王云五先生要我仍回商务主编《东方》杂志。我表示同意，但我和他约定，采取承包的办法，由商务拨给一定的编辑费用，我自己来找房子，请编辑，定内容，这一切商务均不得干涉，王云五同意了。这样干了半年，王云五却不满意了，他是要《东方》杂志来做政治交易的……就是这样他逼我离开了《东方》杂志。"（《守望家园》第6页，三联书店2008年）就是这个王云五先生，在此之后八年的1945年7月，黄炎培、褚辅成、章伯钧、傅斯年、左舜生、冷遹等加上王云五共七位国民参政员准备多日，定好赴延安考察，但在临登机的当日放弃了，王云五先生"称病"未赴机场，不言而喻，那年月赴延安当然是要冒政治风险的。

当局的不抵抗，不作为政策激化了国内矛盾。

1934年11月13日，鼓吹抗日的上海《申报》老板，上海市地方协会会长，黄炎培的老友史量才，被军统特务杀害于杭州到上海的途中。

1936年，日伪军进攻绥远，傅作义部奋起抵抗，获得百灵庙大捷。黄炎培率领上海市地方协会、上海市商会慰问团，奔赴绥远劳军，鼓励前方将士。

1936年12月12日发生西安事变，张学良、杨虎城扣押蒋介石，逼其抗战。

沈钧儒、邹韬奋、李公朴、章乃器、王造时、沙千里、史良等"七君子"组织救国会，发表《上海文化界救国运动宣言》称"尽量的组织民众，一心一德的拿铁和血与敌人作殊驰而战"。1937年4月当局在上海扣押了七位志士，转移到苏州反省院，宋庆龄等爱国人士赴苏州探监，黄炎培闻知自己的诸友人尤其之中有曾为其部属的邹韬奋，拍案怒起，即赴苏州探望。他和七君子在狱中拍下合影照，又在他们的画册上题诗。

《民国二十六年重五节，访沈衡山章乃器、王造时、沙千里、邹韬奋、李公朴于吴门羁所，题其画册》。

洞烟尘白日昏，端阳风雨叩阛门。
长城万里梅千树，随意挥毫见国魂

（《黄炎培诗词》第92页，中国文史出版社1987年）

当局迫于压力，释放七君子，之后黄炎培与诸位先生保持密切合作。1941年黄炎培与梁漱溟、张君迈、左舜生最先商议组成中国民主政团同盟（后改为中国民主同盟），黄力排左、张议见，坚持请来沈钧儒先生为首的救国会和章伯钧先生为首的第三党（后改为农工民主党）等被社会认为的左派政党参与，黄被各派推任主席。后来章乃器先生由于政见歧义与救国会分手，随后章开始参加职教社的系列活动，受到黄的真诚相待与接纳。1945年底黄又请章一起，与胡厥文等共同发起成立中国民主新中国成立会。

1931年“九一八”事变后不久，黄炎培带领职教社创办《救国通讯》杂志，后改称《国讯》，黄炎培做发行人，宣传抗日救国。抗战爆发，国共合作，1938年5月在武汉召开国民参政会，中共毛泽东、周恩来、董必武、邓颖超等数人，社会贤达黄炎培、邹韬奋等十几人受邀成为国民参政员，共同参加会议，黄第一次会见了周恩来等中共领导。随后5月19日在武汉生活书店召开讨论会，请去周和黄做讲演，他俩在生活书店首次交谈，留下深刻印象。当时的生活书店不仅热销各类爱国书籍，且由于书店里经常举办读书会、报告会等，听众踊跃，从而成为凝聚社会各界，宣传抗日的平台。迁都重庆后，重庆的生活书店办得更为红火，黄等各界人士纷纷聚首在此，书店名气也日益增大。

1939年周作为中共代表常住重庆后，黄开始与中共的合作，首先请周在《国讯》上发表连载长文，阐明中共主张。而后1940年又又请周恩来到职教社主办的《星期讲座》上演讲，在重庆巴蜀中学广场上，闻讯赶来的听众人山人海，黄陪同周登上讲台，向听众介绍了周恩来，这是中共在陪都公众前的首次成功亮相。

皖南事变发生，第二次反共高潮掀起，早就视邹韬奋为眼中钉的当局，查封了当初由黄炎培协助办起、韬奋主持的全国各地五十多处生活书店，店员被捕被杀。韬奋忍无可忍，于1941年2月愤而辞去参政员，出走香港地区，临行来到重庆张家花园黄家向黄炎培话别，两人相对大哭，深谈到夜。黄再三劝邹留在山城，但邹执意离去并郑重拜托黄照看生活书店，在山城的上青寺山脚下的夜雾中，黄炎培送别了韬奋。邹韬奋出走后，按照周恩来之前指示，要黄以备不测，成立生活书店的第二线书店，黄炎培和职教社迅速成立起国讯书店，将生活书店的物资与人员撤到了新开张的国讯书店，有些索性安排到职教社。在重庆，职教社里经常安排一些周恩来请黄炎培安排的人，如江姐夫妇当年都曾在职教社“就职”。国讯书店在韬奋出走当月即开张了，书店的第一任经理即原重庆生活书店的负责人孙浩人。抗战胜利之后，国讯书店在上海也办起，先后在国统区坚守了八年，至1948年底因刊登中共《土地法大纲》，杂志与书店被当局以“替匪宣传罪”查封。一个月后，黄炎培和职教社又在香港地区成立出版了《展望》杂志，负责人为黄炎培的得力助手尚丁先生，尚先生1957年蒙冤，“文化大革命”后平反，任民盟上海市委副主席、中华职教社常务理事，2009年以近百岁高寿在沪去世。

1944年初，根据抗战接近胜利，宪政运动进入高潮的新形势，黄炎培在渝创办《宪政月刊》，发起一系列宪政座谈会。

1944年7月24日，邹韬奋先生在上海郁闷而逝。一年之后的1945年，黄炎培等六位参政员应中共中央邀请赴延安访问。黄炎培在延安与毛泽东做了著名的周期率对话，返渝后，黄炎培口述，黄夫人姚维钧执笔，写成后来传遍国统区的《延安归来》一书，并由《国讯》《宪政月刊》杂志为首，联合十六家期刊，发起反对当局检查审批的拒检运动，竟得成功。

在延安，韬奋去世周年将临，几位朋友请黄炎培写篇纪念文字留下。黄感念这位当年共奋斗，比已年轻却先已走掉的亡友，尤其是在延安，一天韬奋的次子邹嘉骝来访，向黄汇报了来到延安后的生活，而嘉骝极肖其父，“黄老伯”长，“黄老伯”短地亲切叫着黄，二十多年里黄亲眼看着韬奋的两个儿子家华（20世纪90年代任国务院副总理）、嘉骝兄弟长大，今重见在他乡，黄无限感伤，次日提笔写下悼词。黄在《延安归来》书中详细记载：

> 还有一件事，要替亡友邹韬奋写一篇一周年的纪念文。韬奋是去年7月二十四那天在上海过去的。好几位朋友要我写一篇留在这里。这也是自发的情感逼迫着我，觉得不能不做的文章。就做吧！在枕上先想过一下，提起笔来写。

《韬奋逝世一周年哀词》

呜呼！韬奋，人人为他的理想而奋斗，君之生命遂因奋斗而牺牲。不牺牲于沙场之炮火，乃牺牲于流浪的生活与黑浊的气氛。不是东西南北的奔波，君或未至于病，病抑或未至于死，而君竟以是捐生。

呜呼！韬奋，君而有知，倘犹忆五年以前之巴州，张家花园之寓楼，一灯如豆，百端悲涕，我欲留君而不得，从此生离死别，一瞑千秋。

写至此，我哭了。接下去：

呜呼！韬奋，只留下一副又香又洁的骸骨，问何年得正首丘？今日者，距君之死，岁星忽焉其一周，君身何在？君魂何归？而我仍飘然为延安之游。犹得见君之名于书店，犹得见君之少子嘉骝。此一年来，提及君名，辄为哽咽。呜呼韬奋，被君称为知己之我，仍仅仅报君以热泪双流。——

我大哭了。一面还接着写：

呼天不闻，呼君不名，此寂寞之人生，欲解脱其何由。

写此至，崩崩在敲房门了。我急喊：请隔壁坐三分钟，就来。赶快接下去：

虽然，死者已矣，凡我死后，忍忘天职之未酬！今日者，暴敌行将就歼，国事亦将就轨。虽不获见于生前，终将实现于生后。呜呼！韬奋，呜呼！韬奋，死而有知，其又何求。

（黄炎培《八十年来》，文史资料出版社1982年）

1965年12月21日“文化大革命”前夜，88岁的黄炎培病逝于北京。1966年“文化大革命”爆发，1968年1月，执笔记载黄炎培与毛泽东周期率对话的《延安归来》一书的我母亲姚维钧不堪受辱，含冤去世。1978年举行给姚维钧平反的骨灰安放仪式，平日很少出来活动的邹韬奋夫人沈粹镇老人也来了，流下眼泪，深鞠三躬，送别昔日老友，我的母亲姚维钧！

作为20世纪80年代初起即为《读书》杂志老作者和老读者的我，时时关念曾在改革开放初年有过思想启蒙之不凡贡献的《读书》和三联书店，然而问起其过去，却知者寥寥，基本无人有答。于是我想起了列宁那句“忘记了过去就意味着背叛”。但又想，此乃不怪后人不知，只怪今人未说也。于是提笔，尽我所知，写就此文，并谨以此文，衷心祝贺明年即将到来的三联书店成立八十周年这一值得纪念的日子！

（原载于《黄炎培与毛泽东周期率对话——忆父文集》
人民出版社，2012年版。）

黄炎培在辛亥革命

——辛亥百年纪念

一百年前的1911年我国爆发了辛亥革命，结束了我国两千多年的封建帝制，走向共和，开启了我国历史的新纪元，成为20世纪影响我国历史进程的最重大事件之一。

辛亥革命五十周年时的1961年是我国发生空前大饥荒的年月，全国上下节衣缩食，减少活动，同时又是阶级斗争极“左”空气弥漫愈浓的年代。但是对待辛亥，对待辛亥革命纪念活动的问题，中共中央却不予含糊，未有犹豫，在党中央直接布置下，在北京等地安排了有关的纪念活动。在我手头保存着当年纪念活动有关资料：在党中央安排下，由与辛亥密切有关的国家副主席董必武和国务院总理周恩来共同牵头（我记忆中有关资料记载刘少奇主席等中央负责人正在农村或基层蹲点儿搞调研），除有关方面负责人李维汉、张执一、余心清等，少数民族和宗教界人士班禅额尔德尼·却吉坚赞、包尔汉等之外，主要是来自全国各地与辛亥直接、间接相关的人士沈钧儒、陈叔通、程潜、张治中、邵力子、蔡廷锴、蒋光鼐、张奚若等，有老同盟会员吴玉章、李书城、熊克武、李六如等，还有带兵驱逐宣统皇帝的西北军旧将鹿钟麟将军、民国教育总长朱启钤等共约百人欢聚一堂。这场活动出席人员的排列序列里，安排坐在董老和周总理身旁的辛亥老人中为首的，即与董老最紧靠，最相邻的是我的父亲黄炎培。五十年后的今天重寻这一幕，在党中央召集的纪念辛亥革命这样正式的官方活动中，将父亲黄炎培列位于辛亥革命五十年周年之际的辛亥老人之首的位置上，并非偶然。党中央对父亲的历史，对父亲的过去是了解的，周总理和董老都与父亲相识、相交了几十年，或都知道父在晚清时曾虎口余生，险遭杀头！也知道父在辛亥前后上海社会舞台上的地位与分量。在此辛亥百年之际，我姑且翻查史料，做番回忆，著成此文以飨今日的读者们。

一、虎口余生

父黄炎培，1878年生于上海浦东川沙内史第我家老宅（十五年之后宋庆龄等宋氏姐弟陆续在此宅出生，胡适也在此宅借居），不久家道中落。1901年受过传统私塾教育，后来又中了举人的黄又来到南洋公学（今上海交大），考入蔡元培为总教习的特班，与李叔同、邵力子、章士钊、汤尔和等人同班，接受新学教育。然而一年多后参与了对学阀抗争的罢课学潮，离开南洋公学回到浦东。

黄炎培回到家乡，正好废科举、兴学堂之风开启，清政府公布高等中小学章程，命令各省把书院改办学堂。刚经历了学潮洗礼，年方24岁的黄炎培抱定办学的决心，“要救中国，只有办学堂”。（黄炎培《川沙公立小学校史最初的一页》，载《川沙县县志》第7页），开始了他终生不渝的办学历程。当时川沙城里无一座学校，唯有个观澜书院，于是黄联络张访梅、陆逸如等友人上书川沙厅，同时又在寒冬冒大风雪坐船到南京投文两江总督张之洞获准，终于在黄等不领薪水，自理膳食等条件下批准由黄任学堂总理，1903年川沙小学开办。不久又在家乡办起开群女学。

25岁的黄炎培满腔热情，他从小看遍了官府腐败，社会黑暗而立志救国，为此全家依靠他当年投书书院所得奖金的有限之余维持了年余。除管理学校并亲自授课外，黄觉得还应多做些发动群众的启蒙工作，于是每逢假日黄约上好友，带着几个学生，扛上黑板，拿上板凳，来到邻里，来到城墙上，教民众识字算术，或举行演讲会，川沙城墙修建于明朝，古风犹在，系当地游览胜地，黄在此演讲，针砭时弊，抨击列强，吸引来众多听众，从而将活动扩至邻县南汇。2003年初夏黄与好友张访梅、顾次英等来到南汇重镇新场发表演说，一时百里之内，舟车云集，空前轰动。当时震惊全国的《苏报》案刚发生，《苏报》刊载邹容的《革命军》遭清政府查封，章太炎、邹容被捕入狱，各地捉拿革命党，政治空气十分紧张。6月18日黄做了第一次讲演，23日第二场讲演正在进行，南汇知县戴运寅接到地方痞棍密报：黄炎培等人演说诽谤皇太后，即派兵当场抓捕了黄等四人，并贴出告示“照得革命一党，本县已有拿获，起得军火无数”，夸大上纲以图邀功，为此速电禀两江总督及江苏巡抚，前者回电令就地正法，后者回电令解省讯办，二者令歧，戴知县再电请示，来回耽误了三天时间。其间，邀黄来讲演的南汇青年展开营救，找到上海基督教总堂的总牧师步惠廉，同时那位资助黄炎培办川沙小学的浦东房地产商杨斯盛拿出500元交步惠廉，请来美国律师佑尼干，于是步、佑二人直奔县衙找到戴，在督抚会衔的电令“就地正法”午时三刻到达之前的半个小时即午时一刻时，从县衙里保释出黄等四人，出狱后径直踏上赴上海汽轮，之后又在杨斯盛资助下连夜离沪，乘坐西伯利亚轮驶出吴淞口开往日本。虎口余生下的四青年被迫离乡背井，在茫茫海上飘荡多时，黄等四人合计后改名以铭志，黄炎培原号楚南，在船上改为韧之。韧字的含义是刀，是牛皮。要杀敌，要坚忍。

黄炎培等人闹出的这场新场镇风波在社会上引起巨大反响，章士钊主办的《国民日报》等媒体上连篇累牍地予以报道。上海新戏舞台上将这场南汇新场镇风波编成文明戏，说一个25岁年轻的革命党人黄炎培，穿着大皮靴铁秃满街走，发号施令搞革命，被清廷抓去，险些杀头云云。黄炎培的名字连同这桩风云逸事一起，在上海地方传播开来。同时这桩险些杀头的风波也召唤了黄本人，推动他走上了真正的革命党之路。

二、入同盟会

1904年春，在日本半年多的黄炎培返国。如果说南场镇事件之前的黄只是对朝廷与社会现状不满，图冀改变但确非加入革命党，然而这场新场风波的发生使黄被当作革命党险遭杀害，惊心动魄的遭遇推动着他向革命党人一步步接近。

黄炎培返国后继续他的办学事业，先是在上海南市竹行弄办东城女学，又协助在日本期间结识白刘季平（刘三）创建丽泽学院。

1905年2月，因《苏报》案入狱的邹容在狱中病死，黄炎培受蔡元培委托负责处理邹的丧事，为这样一位被清廷视作大敌的狱中要犯治丧，是要冒很大政治风险的，但黄毅然接受。之后黄联络自己为其办学的刘季平，由刘捐出自家宅旁土地作为邹容墓地，把邹的遗体先安葬下来，整桩事情办得十分得体利落，但鉴于当时政治环境，未能修建邹容的纪念塔。

1905年7月30日同盟会在日本东京成立，蔡元培被指派为上海分部负责人。一个月后蔡召黄来到在上海西昌寿里62号自己家，夜深人静时蔡严肃地对黄说：我们中国的前途极危，你知道吗？黄肃目相答知道，蔡又说：要救中国，唯有革命，你同意吗？黄再次点头答是，于是蔡向他介绍了新成立的由孙中山领导的兴中会和黄克强（黄兴）领导的华兴会等革命人士联合组成的同盟会，问黄愿参加否，黄起身正立，庄严地说：刀下余生，只求于国有利，一切唯先生之命是从，当然愿意参加。次日深夜，黄按约再次来到蔡家，蔡拿出同盟会宣誓书："驱除鞑虏，恢复中华，建立民国，平均地权。"黄庄严地举手宣誓。礼毕，蔡紧握黄双手说：你从此就是中国革命同盟会的正式会员了，我们就是同生死共患难的革命同志了！同盟会成立一个月后的1905年9月初，黄炎培正式加入同盟会。

1906年政治空气渐趋宽松，6月因《苏报》案入狱的章太炎出狱，蔡元培与黄炎培前往迎接，把章送往中国公学，又怕清府节外生枝而立即把章送往开往日本的轮船上。章到日本后成为同盟会机关报《民报》主笔，写出一系列犀利的讨清文章。在忙于迎送安排章太炎同时，黄重新启动邹容纪念塔一事。黄炎培求助老友杨斯盛承接建塔工程，由杨接手得以完成，其间，开了一系列会议，策划、组织、安排、实施，都由黄来负责，跑来跑去，二十七八岁的黄正是精力旺盛时。7月3日邹容纪念塔落成，召开了隆重的纪念仪式，各界人士纷纷前往，在纪念塔前纪念这位反清义士，蔡元培致辞，来宾们动容，此事成为上海乃至全国的头号新闻。成就此事之捐地者乃刘季平，造塔者乃杨斯盛，而动员刘张，在幕后组织策划，串联而成者正是黄炎培。

同年9月，蔡元培要赴德国留学而离沪，去北京等候派遣。临行前约来黄炎培，请黄接手自己同盟会上海分部负责人的职务。蔡把同盟会上海分部会员共四十九人的名册、电码和文书取出交给黄，每一会员名字后面都有两个字的商号名称作代，其中有黄花岗起义组织者赵伯先（商号"震康"）、后来被陈其美杀害的光复会领袖陶成章（商号"济世"）、后来密谋炸死清廷出国考察五大臣的安徽桐城人士吴樾、名册上还有黄早已熟悉的章士钊、柳亚子、俞子夷等，有些人之前黄并不知其已加入同盟会。除同盟会会员名册等极机密文件外，还有更为机密的国民教育会暗杀团名单和光复会文件等，黄把这些密件藏在线装诗韵去声九泰蔡字韵页的折页中，即使被查，也难于寻找。

黄接手同盟会上海分部负责人职务后全力以赴。当时的上海已是全国的商业、贸易、金融中心和一定程度上的文化中心。全国各地的同盟会员与革命党人常来上海，或路过上海转赴各地。作为同盟会上海地区当家人，黄的工作相当忙碌繁重，送往迎来，安排食宿，传递信息，布置工作，且都是在清廷的统治下秘密进行，黄在上海已陆续积累一些人脉关系，所以事情都安排得当。黄晚年时还记得，廖仲恺先生从日本归国，是黄接待的。一次云南来电，四位干崖土司女青年要赴法留学，从昆明来到上海，黄与较为同情中国革命的法租界关系很熟，于是将她们安顿在法租界。1日，法租界的一位巡捕手拿法租界总巡麦兰的名片请黄速去，黄不知其有何事，身旁的杨斯盛代黄去见麦兰，麦兰见黄本人未来而不置可否。次日黄去见麦兰，麦告孙中山昨路过上海，兵舰停在吴淞口想要见黄，却未得相见，现已离沪，而柳亚子、陈陶遗、高元梅等人坐了小划子去见孙中山。

辛亥之后黄见到了孙中山。孙卸职后住在上海闭门写《孙文学说》，召黄去晤谈，请黄对其未完成的著作提意见，中午孙与宋庆龄邀黄留下，三人共进午餐。

三、社会组织

辛亥革命中，武昌起义爆发后各地纷纷响应，各省先后独立，然而总体上说社会秩序并未发生重大混乱，其中的重要原因是我国社会尤其是江南经济发达地区的经济活动与社会生活已经基本有赖于逐步发展起来的地方社会组织。而在上海，在江苏，黄都积极涉足了当地的社会组织，并在其中发挥了较大影响与重要作用。

如同黄走上革命党人道路是忧国忧民并抱定救国之黄的必然选择一样，开始从事教育救国的黄也必然涉入地方社会组织，并迅速成为其重要成员。

1902年开始从事兴学办教的黄炎培首先紧密联络的是以张謇为首的江南教育界人士。张謇（1853—1926），长于黄炎培一代，江苏南通人，出身于务农兼经商的底层人家，15岁即中秀才，但系因其祖上无秀才身份而冒充他人弟“冒籍”参考，五年之后1873年才得归原籍获得承认。经历了多年并非顺利和得志的幕僚生活后大器晚成，41岁时考中状元。但之后张謇并不热衷于官宦仕途，面对列强入侵，国力衰落，尤其于1894年甲午之战败于日本之后，忧国忧民的张走上实业救国之路。1898年张在南通办起大生纱厂，之后又办起作为原棉生产基地的通海垦牧公司，经营水运的大生轮船公司，进而创办资生铁厂，又有染织厂、面粉厂、油厂等系列企业，进而创立南通淮海实业银行，而且还办印书局、电话公司等信息文化产业进军。几乎与黄炎培起步办学同时，1902年张开始筹办南通师范学校。张謇的活动不止于南通，上海、南京进而江苏全省各地均是他经常活跃的地方。1905年底，张在上海筹设江苏学务总会，后改名为江苏教育总会，由张謇任会长，集中了包括黄炎培在内还有袁希洛、沈恩孚、姚子让、吴馨、林康侯、龚杰、方还、雷奋、曾朴等人在上海和江苏的一批精英人士，他们或是新式学堂的负责人，或是报馆的主持人，还有些则是管理着朝气蓬勃的民营企业的新式企业家。教育总会成了上海和江苏的精英们会集的大平台，他们在此相识，交流经验，交换信息，互相支持，而其交流的内涵和产生的影响力所及远远超出了教育界。黄炎培先担任作为教育总会中枢机构的干事会的七八个干事员之一，处理教育会日常事务，解决各地反映上来办学中的有关问题，这一职务使他眼界大开，视野由浦东、上海，扩大到江浙。当时新学刚起，教育面对的最大问题是体制不一，规章混乱，官场弊端浸入学校，为克服这一状况，年轻的黄炎培投入了很大的精力。例如江苏江阴地方的南菁书院由省上委派的绅士领导无方，财务混乱，对此黄炎培两度赴江阴调查处理，提出暂关闭该校、全面整顿的方案，获两江总督端方支持，最后将南菁书院改建成省属高等学堂并附设南菁中学。

江苏教育会不仅涉足教育事宜，而且随着它威望日高，成员也更多地深入上海与江苏的社会事务，如在江苏与浙江发生的反对清廷将铁路收归国有的保路运动中，教育会都首当其冲，在全省的民众抗议浪潮中起到中流砥柱作用，从而在上海和江南赢得了更多的话语权。

黄炎培本人由担任干事员的同时又升任常任调查员，常奔波于全省各地。从1909年至1911年的两年中，他足迹遍及全省六十三个县中的四十七八个县，达全省四分之三，从而对当时我国教育状况有切实的、更进一步的了解，积累了大量感性认识，为辛亥之后黄主持和推功江苏省教育改革以至后来发起我国的职业教育，都奠定了基础。

江苏教育总会成立第二年，黄即成立了以他为首的川沙分会，对推动浦东教育起到促进作用。1906年黄炎培在杨斯盛鼎力支持下在浦东六里桥创办起浦东中学附浦东小学。浦东中学后来名满全国，与天津南开中学并列成为当时最著名的两座中学，被称作“南浦东，北南开”。中共一任总书记张闻天和国民党的蒋经国、蒋纬国等那个时代诸多名人都曾在该校受教。

与长黄炎培一代的实业家与教育家张謇一样影响了黄的另一位地方人士是李平书，1854年生，同样长于黄炎培一代，浦东高桥人。30余岁时进上海《字林沪报》，蜚声文坛，1898年去广东主政抗法，后回上海主持江南造船局，并任中国通商银行总董。1905年李与黄炎培等人共同发起成立浦东同人会，集中了穆藕初、穆湘瑶兄弟等一批浦东籍实业家尤其是建筑业家和社会活动家，先修造了浦东大厦，后酝酿建造浦东到上海的铁路。在此基础上，李平书为首下上海的一批实业家和社会人士组织起上海工巡捐局，由李平书担任总董，黄炎培等担任议董。上海工巡捐局逐渐发展成为地方经济活动的中枢机构，集中上海地区相当的工商事务权力。

从事这些地方自治活动并不一帆风顺，同样充满了风险。1908年初，黄炎培险些又一次遭难。此时黄仍任浦东中学监督兼任川沙厅视学，起因是黄在浦东中学的一次讲演中抨击了不良现象，从而得罪了地方小人，被其上告省当局说黄在浦东中学“演说革命排满”，同时引证1903年新场镇演说案黄即有反清、反满的前科，应予撤职查办。江苏提学使毛庆藩接到举报后不敢怠慢，秘密调查了黄的系列言行，发现黄确有此种倾向，欲治罪于黄。上海、川沙两地社会人士闻讯后纷纷起来为这位每月只领四十元大洋（当时中学校长月薪应一百元）的黄炎培抱不平，上书反对查办黄。江苏教育会则更不示弱，以教育会名义上书两江总督端方，以强硬的口气将事件提高到原则高度，给当局极大压力。在社会舆论压力下，端方和毛庆藩不想把事惹大，挑出事端来，从而采取折中办法，只撤销了黄炎培川沙厅视学一职，保留了浦东中学监督的职务。黄本人又一次化险为夷，躲过了一劫。

1909年，在江苏教育会基础上成立江苏省咨议局，按江苏的八府三州划分地区，选出了一百二十名议员，其中十六位为常驻议员。结果，张謇出任议长，黄炎培被选为常驻议员。黄在省咨议局主要办过两件实事，编制预算和撤销厘卡。之前的江苏省行政尚无正规的预算，交给省咨议局审议的是一笔彻头彻尾的糊涂账，无从审议，于是责成由姚子让为正、黄炎培为副代为编制，且限时交上。姚与黄接手后爬梳剔理，日夜赶办，终于编制成像样的省级财政预算表，交给了咨议局审理。当时省里水路交通要道设置厘卡，船只路过须交纳厘捐，于是卡官们便敲船主竹杠，如向其行贿则可免交放行，这股愈演愈烈的风气肥了自己却坑害国家。于是在黄提议下，咨议局派出黄等议员分头调查，调查结果反映行赂腐败之风极为严重，于是通过议案，裁撤厘卡，改由商人认捐，决定1911年实施，不料那年革命爆发了。

江苏省咨议局成立之后，又成立了苏州江苏地方自治筹备处，黄炎培为自治筹备处参议。

1911年辛亥革命前夕，江苏尤其上海社会的日常运转，虽然仍在清朝统治的名义下，但实际的地方性权力已逐步发生转移。在上海逐渐形成了政治事务由江苏省咨议局和苏州江苏地方自治筹备处参与，教育文化事务由江苏教育总会主持，经济事务则由上海工巡捐局掌握的一派地方政治自治、文教自治、经济自治的新局面。而黄炎培又分别是江苏省咨议局的常驻议员、自治筹备处参议、江苏教育会常任调查员、上海工巡捐局议董，交叉在政治、文教与经济三个领域的社会组织实则是权力中枢之中，虽然当时的黄尚未独领一方，但均系这些地方权力中枢的核心成员，那时候黄炎培年仅30岁。

虽然历史上曾有革命与立宪之争，在大讲阶级斗争的年月里又好将人们贴上不同的标签，那时这些地方社会组织难逃“改良”的帽子而不同程度地受贬，但事实证明正是这些社会组织的自治行为把清廷的权力掏空了，至辛亥年间整个朝廷近乎摇摇欲坠，对社会，对地方的控制力已经逐步走弱。恩格斯晚年提出“历史合力”论（《马克思恩格斯选集》4卷第697页，人民出版社1995年），是非常正确的观点，无论是革命还是改革，都从不同角度，以不同途径，用不同方法，削弱、震撼、打击了清朝的统治，为清朝的崩溃和历史的前进起到了自己的作用，作出了自己的贡献。

四、辛亥枪声

虽然晚清在最后的年月里推动宪政，加速改革步伐，然而为时已迟，社会矛盾已高度积累，最终导致反清事件接踵而来。

1900年，唐才常在湖北起义，失败；

1903年，章太炎、邹容《苏报》案被捕；

1903年，黄兴在长沙密谋起义，未成；

1905年，吴樾谋刺载泽等出国考察五大臣被杀；

1906年，江西萍乡党人起义失败；孙中山、黄兴攻镇南关不克；

1907年，浙江绍兴反清烈女秋瑾被杀；

1907年，徐锡麟刺杀了安徽巡抚恩铭后被杀；

1908年，黄兴等在云南河口起义，不成；

1910年，汪精卫谋刺载沣不成，被捕；

1911年3月，黄兴、赵声组织广州“黄花岗起义”，死七十二烈士。

反清，失败，再反清，再夫败，虽不成功，却都一次次地震撼着封建朝廷，加速着王朝走向最后瓦解。

1908年光绪与慈禧去世，幼年宣统皇帝继位。在此期间，张之洞死了，袁世凯罢官，清廷成立了清一色“太子党”组成的皇族内阁，不得人心，虽实施立宪，地方自治，但为时已晚，大势已去。

1911年8月19日（农历，即公元1911年10月10日，以下均为农历），湖北新军在武昌起义，经过一夜战斗，夺取了省城，总督瑞澂逃亡。次日，中华民国军政府鄂军都督府成立，黎元洪任都督。接着，黄州24日、沔阳26日、宜昌27日先后起义，各省也纷纷响应。

如前所述，上海和江苏的社令组织已成气候：张謇为首的江苏教育总会和江苏省咨议局、李平书为首的上海工巡捐局、苏州江苏地方自治筹备处。除张、李二人外，还有若干地方的重量级人物如复旦大学创始人马良（相伯）、姚文枬（子让）、沈恩孚等，尤其是赵凤昌（竹君），在辛亥前的上海尤其之后南北议和过程中起到幕后策划作用。赵凤昌（1856—1938），江苏常州人，原任张之洞的首席幕僚，为张打理各方事务而建立起广泛的人脉关系。赵后遭政敌攻讦被张之洞忍痛罢黜，从此转到体制外，凭借张的支持活跃于沪上，在一些工商活动、社会交际、政治事务上都发挥着穿针引线的作用，至辛亥之时赵的反清立场日趋明确。从张謇到李平书，从黄炎培到赵凤昌，这些地方社会领袖们虽政治意识不完全相同，但却在推翻清廷、建立民国这一根本问题持相同立场。辛亥前后他们时时聚会，据黄炎培晚年回忆，在上海自然形成了几个据点：教育总会是一处，工巡捐局是一处，望平街时报馆楼上“息楼”是一处，赵凤昌的家“惜阴堂”又是一处，经常会商。张謇来沪，时时会集在“惜阴堂”里。而在这几处之间奔走联络的正是黄炎培，一方面这些人中数三十出头的黄最年轻，比张、李、赵都要小二十四五岁，同时他是同盟会员负责同盟会上海分部，又横跨了文教、经济、政治几个社会组织且均为其骨干。年纪最大的马相伯老人时时召黄去徐家汇，询问大局走势和各方反应，早在1901年黄在南洋公学时，蔡元培就带黄和邵力子等去马老家学习拉丁文，相交已多年。

8月19日武昌起义之声传来沪上，不久24日赵凤昌来电请黄去，沟通情况，交换看法，并商定了一些主要的立场。黄同意赵提出的五点意见：“保全全国旧有疆土，以巩固国家之地位；消融一切种族偏见，以弭永久之竞争；发挥人道主义，以图国民之幸福；缩减战争时地，以速平和之恢复；联络全国军民，以促共和之实行。（吴欢《民国诸葛赵凤昌与常州英杰》第3页，长江文艺出版社2010年），同意将此作为处理之后南北争议的指导性原则。

为响应武昌起义，黄与张謇、李平书、赵凤昌、陈其美等或在教育总会，或在工巡捐局，或在惜阴堂赵府，反复商议策划上海起义。最后各方工作做通时机成熟，9月13日上海民军写商团巡警在闸北起义，后来围攻清军大本营所在地江南制造局时不顺利，陈其美被捕，李平书与局总办张士珩反复谈判。14日早8时终于攻下制造局，张士珩逃跑。在上海各界欢呼声中，陈其美被推任沪军都督，李平书任民政长，接受了上海道、县的官印。15日下午，江苏的苏、松、常、镇、太五属设在上海的江苏省教育会召开会议，一致拥护起义，并推举黄炎培等赴苏州动员江苏巡抚程德全起义。

程德全，四川人，秀才出身，原为黑龙江省候补知县，侠义正直。1900年帝俄侵略我国东北，程请赴前敌，将军寿山命程与俄交涉，无果。俄国隔江发炮轰城，寿山自杀。之后程不时以身挡炮口，俄人受感动而停止发炮。黑龙江人民深为程这种以一己性命力保祖国的行为感动，请求朝廷任命程为将军，同时朝廷宴会时，俄公使夫人向中方盛称程德全。当时恰逢黑龙江省启动改革而无合适人选，于是清廷破格命程为黑龙江省巡抚。几年之后的1910年，程被调任江苏省巡抚。程来江苏后接触到黄炎培、张謇等一班人，很是赞赏他们的为人与事业，结下较好关系。15日江苏五属会议一结束，黄就登上去苏州火车，在赴苏诸代表中最先抵苏，但黄到时苏州已是满街白旗，程德全已于14日宣布起义，并被推举为江苏都督。程就任后即将他赏识的黄炎培留在都督府，在身边协助自己做事。

与有些地方杀满排满之风不同，程德全在江苏起事中坚持不杀伤一个满人的原则，都督府发出六言告示："照得民兵起义，同胞万众一心。……旗满视同一体，大家共享太平"（黄炎培《八十年来》，文史资料出版社1982年，以下均同），很是受到拥戴。

黄在都督府中，决不止于做程的幕僚，而是做起实事，操作政务。黄炎培首先做了两件事情：其一，起草新的官制。其二，与同人分向所属各衙门收取印信。黄被分派收取省提学使樊恭煦印信，当时黄来到后樊十分恐慌，战战栗栗，黄受程谆嘱，十分和蔼对樊讲："此举出于全民公意。你如愿留苏，就留下，给生活费。愿回原籍，当送回籍川费。"樊表示愿回老家浙江，黄予办理，毫无刁难。省里官员包括各知县均照此处理，很得人心。

黄几件事办得让程满意，于是程任命张一麐（仲仁）为民政司司长，黄为民政司总务科长兼教育科长（当时未设教育司），黄在都督府一派革新气氛中欣然领命。都督府规定，都督每月工资五十元，司长三十元，科长二十元，大家低工资，但大家都意气风发，一片新气象。

江苏省咨议局无形中解散，设临时省议会于苏州，10月1日行开幕式。

当时大大小小各种会议极多，黄炎培应接不暇，因为众人都希望有个同盟会会员在场，会议才够格。上海"息楼"所在的望平街，每晚人山人海，墙上、窗上贴满传播胜利消息的海报，一个捷报到来，鼓掌欢呼！若传来失利消息，众人认为是受清廷指使，诬胜为败，愤怒地把玻璃窗打碎。独立声、胜利声，震撼各地，震撼全国，清廷狂骇了。

当时南京尚被清廷走狗张勋盘踞，正在残害百姓。各地民军推程统率联军进攻南京，程慷慨就道，发布一篇誓师文："……欲求政本之廓清，端赖国体之改革。无汉无满，一视同仁。鞠躬尽瘁。将泯贵溅高下为一大平等，须合行省民族为一大共和。……仗诸君热力，再造河山。是民国义师，咸遵纪律。……"

10月12日联军攻下南京，这时反清中心已从湖北转到上海和江苏，黄兴等民军首领都来到上海和南京。

10月14日，在上海的江苏省教育会举行全国共和联合大会，公电孙中山回国主持大政，公举黄兴为大元帅，黎元洪为副元帅，国名定为中华民国，决定五色国旗，红、黄、蓝、白、黑象征汉、满、蒙、回、藏五族共和之意。

武昌起义不久，清廷起用袁世凯，任其为湖广总督，统兵进驻天津。之后便开始战场与谈判桌上两方面的较量。而幕后的谈判很大程度上与以赵竹君、张謇、张一麟、黄炎培、马相伯等这些沪上与江苏的社会人士的穿针引线有重要关系。近年发现的大批赵竹君信札证实了这一点，为什么在赵竹君的家惜阴堂中能决定国家前程之事？一个重要原因是赵等广泛的人脉关系，他与南、北双方高层都熟，从而能"一手托两家"。新发现的赵竹君的大量信札（见吴欢《常州诸葛赵凤昌与常州英杰》），也证实了20世纪60年代初黄炎培晚年时的回忆，黄回忆说："'惜阴堂策划'从此开始。……惜阴堂赵竹君等认为：全国人心是一致要求独立的；革命军热情、勇敢、牺牲精神都是有余的，可惜实力太不足。……这种情况下，只有利用拥有实力的袁世凯去劝清廷，可能生效。……没几时，汪精卫被释放了。袁世凯任命唐绍仪为代表，民军公举伍廷芳为代表，双方在上海进行和谈，这是表面文章。实际上袁世凯和清廷间商定：（1）清帝让位；（2）汪精卫释放；（3）提出清廷满意的优待条件。而袁世凯和民军间商定：（1）清延让位；（2）改建民国；（3）总统职位给与袁世凯。"

11月6日，孙文先生从海外归来。11月10日，直、奉、鲁、汴、鄂、湘、粤、桂、闽、晋、陕、滇、赣、皖、蜀、苏、浙十七省代表集中南京，开临时大总统选举会，孙文当选临时大总统，黎元洪当选为副总统。确定国号为中华民国，改用旧历，那天就是中华民国元年1月1日。

2月12日，清帝宣布退位，公布优待清室条件。孙文辞职，袁世凯继任临时大总统。

黄炎培在辛亥革命之后五十多年后回忆写道："辛亥革命，从广义写起来，接下去是宋教仁被刺，袁世凯叛变，二次革命，抽刀断水水更流，是无法划断的。辛亥年结束了。"

五、辛亥之后

辛亥革命结束了，但黄炎培的事业刚开始。

袁世凯要让他来京入阁，颇了解黄，上任民国首任农商总长的张謇拦下，袁生气说黄炎培是"与官不做，遇事生风"。黄为此感激张多年。

黄炎培不肯去中央做官，黄是要在地方做事。1912年，江苏省都督程德全任命黄炎培为省教育厅长，已办学十年，对我国教育有颇多思考的黄炎培，毫不犹豫地上任，开始了大刀阔斧地推动江苏省教育改革，推行他的五年教育计划。

在各县成立起一批小学。

中等学校分五类。

第一类为师范类共十所，在吴县、上海、无锡、江宁、江都、清河、铜山、灌云、南通等地，还有一个女子师范也在南通；

第二类为普通中学共十一所，在江宁、吴县、华亭、太仓、武进、丹徒、南通、江都、清河、铜山、东海等地；

第三类为农业学校共五所，在江宁、吴县、清河、吴淞（水产）、浒墅关（女子蚕桑）等地；

第四类为工业学校为江宁第一工业学校电机科、机械科，苏州第二工业学校纺织科、色染科、土木科等；高等学校，设立南京高等师范，不久改名东南大学。

可惜，随着1914年黄炎培辞去省教育司长职，这些计划未能全部实施到位，但江苏省的教育在此获得了空前的发展，为之后的二三十年代江南经济较快发展，奠定了人才基础。

办这样多所学校经费从哪儿来？黄上任后财税改革先行，规定每年全省教育经费240万银圆，为了保证这笔款项十足到位，黄规定将省内的竹木、屠宰、牙行等省税全额专款划归省教育经费，从而在源头上为教育经费提供了保障。

卸下省教育司长职的黄炎培，并未停止他的办学事业，他已是全国范围内的教育界名流，北洋政府先后两次任命他为政府教育总长，黄坚拒，不就职。重要的原因是黄要推行他的教育计划。除上述所说南京高等师范、东南大学之外，黄又参与创建、改建、扩建了多所大学：暨南大学、上海财大、河海工程学院、同济大学等。陈嘉庚出资要办厦门大学，写信给黄请他筹备并出任厦大校长，黄答应了老友参加筹办却未去任校长职。

1915年黄赴美国参观旧金山世界博览会，考察了美国的教育，三个月中先后转赴美国二十六座城市，五十二所大、中、小学校。1917年5月黄炎培联合教育界、实业界名人马相伯、蔡元培、张元济、伍廷方、严修、宋汉章、聂云台、穆藕初、蒋梦麟、郭秉文等共四十八人，发起成立中华职业教育社，引进开创了我国的职业教育。次年创立中华职业学校，并办起中华铁工场、木工场、机械工场、珐琅工场。在推行职业教育同时推广职业指导、职业培训，黄炎培提出“使无业者有业，使有业者乐业”。黄领导下还把职业教业推向乡村，试办昆山徐公桥等几处乡村教育试验区，又引向企业与荣毅仁父辈荣德生、荣宗敬合作，在荣氏厂里办起职业培训班。虽说中华职教社仅是个社会团体，但在职教社之下，既有学校，又有工厂，还有刊物，所以确是个涉足教育、经济、文化宣传等多方领域的非政府组织。由于发展迅速，常感资金不乏运转，于是向社会发行中华职教社债券，得以融资。在中华职教社引领之下，不多几年职教在我国逐渐推广，蔚成风气，在全国范围内获得很大发展，到1921年时全国职业学校包括补习学校达七百多所，女子职校九所。连位于经济落后的我国西部地区四川、陕甘、山西等省份，在当地主政的杨森、冯玉祥、阎锡山等首领人物的支持下也得到发展，1926年全国职校已达1695所。中华职教社本身力量也不断扩大，社员从1917年的186人增加到1927年的6528人。黄炎培等人对我国教育尤职业教育的苦苦追求，终获初果。

岁月流失，辛亥元老陆续谢世。

1914年黄兴去世。

1925年孙文去世。

1926年张謇病逝，黄送上挽联：

物则铁棉，地则江淮，盖其自任天下自重如此；着眼远处，着手近处，凡在后生，宜知勉矣！

早岁文章，晚岁经济，所谓不作第二人想非耶；孰弗我有，孰是我有，晚而大觉，尚何憾乎？

（《黄炎培日记》，未刊稿，1926年9月22日）

1927年2月9日，马相伯老人九十九寿，之前相伯老人九十五寿和九十六寿时黄曾作诗相赠，此次黄赠上《百岁凯旋长句凡九十九言，为九十九龄马相伯先生寿》：

撑霄徐汇双窣堵，
扁云灵谷千枫树。
高龄好游不遑处，
爱此山奇甲寰宇。
一星南极辉当户，
山半画堂开，
酒暖春归早。
片语发群蒙，
彼儒亦强矫。
我闻桂林山多患人少，
何以作人惟寿考？
相期明岁迎归，
碧淞作酒黄墙桃。
百岁坊临歇浦涛，
凯旋一柱擎天高。

（《黄炎培诗词》第100页，中国文史出版社1987年版）

1934年，黄炎培率众友又一次来到惜阴堂里，庆贺长己一辈的赵竹君八十寿，共同回忆之前二十余年的辛亥时光，尤其对已侵占我国东三省的日本极为忧虑，黄作诗道：

惜阴清隐人海，
真灵相业山中在。
溯从庚子迄辛亥，
兴亡梦觉惊风采。
皤皤一老秦亭来，
盛年泗笔游蓬台。
大堤鄣水沟江淮，
长髯风雪日往迴
……
相看九五白眉翁，
此正壮年日月迈。
嗟哉东北多封狼，
荒荒山川阻且长。
诸公若定指挥策，
人庆无疆国有疆。

（《黄炎培诗集》第74页，中国文史出版社1987年版）

诗的前两句“真灵”“相业”“隐人海”正是对赵竹君一生的写照。“九五白眉翁”则是指当时健在95岁的马相伯老人。那是辛亥之后的二十余年时的辛亥老人重聚的一幕。

无论是辛亥之后二十余年的1934年，还是五十年后的1961年，或即将到来的辛亥100年的今年2011年10月10日，中华民族的儿孙们都不会忘却历史，并从回忆与纪念之中思考些什么。

（原载于《读书》2011年第5期）

教育救国，不做高官

毅然投身辛亥革命

1901年进入南洋公学的黄炎培受教于中文总教习蔡元培。和蔡元培一样，黄颇具教育救国之志。1903年在浦东南汇新场镇演说评击社会黑暗被捕险遭杀害而逃亡日本的黄悟出“要救中国，只有办学堂”。辛亥革命前，黄先后创办和主持川沙小学、开群女学、广明小学和师范讲习所、浦东中学等，尤浦东中学办得十分成功，获“北南开，南浦东”美称，蒋介石送来长子蒋经国，看了儿子的作文感觉该校教得不错，于是又送来次子蒋纬国入校学习。后任中共总书记的张闻天、左联五烈士中的胡也频、殷夫、历文学家范文澜、罗尔纲、科学家钱昌照、王淦昌等诸多精英均出自浦东中学。

早在1905年同盟会在日本成立刚一个月，黄就在同盟会上海分部负责人蔡元培的感召下入会。1906年6月，因《苏报》案入狱的章太炎出狱，蔡与黄前往迎接，又怕政府节外生枝，立即把章送往开往日本的轮船上。同时，黄接下任务处理受迫害死于狱中的《革命军》作者邹容遗体，经一番奔走，老友刘三捐献其私地葬下邹，出资捐办川沙小学和浦东中学的川沙房地产老板杨斯盛承接建造邹容纪念塔，在黄一手安排下举行隆重的落成仪试，各界名流纷纷前来，推动了反清思潮。

同年9月，蔡元培要赴德国留学而去北京等候派遣，请黄接手自己同盟会上海分部负责人职务。黄接手后全力以赴。当时，各地同盟会员常来上海，或路过转赴各地。作为同盟会上海地区负责人，黄要送往迎来，安排食宿，传达任务，布置工作，都是在清廷统治下秘密进行。他晚年时还记得，曾接待廖仲恺从日本归来。一次云南来电，四位干崖土司女青年要赴法留学，从昆明来到上海，黄将她们安顿在法租界。1908年初，黄被人上告省里说在浦东中学“演说革命排满”，引证1903年新场镇案黄即有反清前科，江苏提学使毛庆藩欲治罪于黄。风声传出，社会人士后纷纷起来为这位每月只领40元大洋（当时中学校长月薪100元）的黄抱不平，上书反对。江苏教育会上书两江总督端方，口气强硬。端方和毛庆藩不想把事惹大，只撤销了黄炎培川沙厅视学一职，保留了浦东中学监督的职务。

武昌起义之前，上海和江苏的社会组织已成气候，逐渐形成了政治事务由张謇为首江苏省咨议局和苏州江苏地方自治筹备处参与，教育文化事务由张謇为首的江苏教育总会主持，经济事务则由李钟珏为首的上海工巡捐局掌握的一派自治新局面。而黄炎培又分别是江苏省咨议局的常驻议员、自治筹备处参议、江苏教育会常任调查员、上海工巡捐局议董，交叉在政治、文教与经济三个领域的社会组织之间，均系核心成员，时年黄仅30岁左右。几个组织的要人张謇、李钟珏、马相伯、赵凤昌和黄炎培等，在辛亥前的上海尤其之后南北议和过程中起到策划、组织和推动作用。他们时时相聚，据黄晚年回忆，在上海自然形成了几个据点：教育总会是一处，工巡捐局是一处，望平街时报馆楼上“息楼”是一处，赵凤昌的家“惜阴堂”又是一处。在这几处之间奔走联络的正是他们之中最为年轻的黄炎培。

为响应武昌起义，黄与张、李、赵及陈其美等商议策划上海起义。9月13日上海民军与商团巡警在闸北起义，14日攻下清军大本营所在地江南制造局。15日下午，江苏的苏、松、常、镇、太五属在设在上海的江苏省教育会召开会议拥护起义，推举黄等赴苏州动员江苏巡抚程德全起义。

程德全其时官声甚好。他顺应了历史的潮流，江苏宣布独立。他很赏识黄，于是将黄留在都督府，协助自己。与有些地方杀满排满之风不同，程德全在江苏起事中坚持不杀伤一个满人的原则，都督府发出六言告示：“照得民兵起义，同胞万众一心。……旗满视同一体，大家共享太平。”很受百姓拥戴。

在都督府中，黄负责起草新官制和向旧衙门收取印信。黄找来省提学使樊恭煦收印，樊十分恐慌，战战栗栗。黄和蔼地对樊讲：“此举出于全民公意。你如愿留苏，就留下，给生活费。愿回原籍，当送回籍川费。”樊表示愿回老家浙江，黄炎培予以办理，毫无刁难。之后省里官员包括各知县均照此处理，很得人心。

黄办的几件事，各方都很满意，于是程任命黄为民政司总务科长兼教育科长（当时未设教育司），既是管家又主教育。当时都督月工资五十元。司长三十元，科长二十元，工资都很低，但在一派革新气氛中，黄炎培欣然领命。

不愿入阁，教育救国

辛亥革命结束了，但是黄炎培的事业刚开始。

张謇入阁做了政府农商总长，李钟珏等也做了官，袁世凯要黄入阁而黄不从，袁生气地说黄是“与官不做，遇事生风”。

1912年，江苏省都督程德全任命黄为省教育厅长，已经办学十年，对我国教育有颇多思考的黄，毫不犹豫地上任，大刀阔斧推动江苏省教育改革，推行他的五年教育计划。

他首先在各县成立起一批小学。

其次是中等学校，分五类。

第一类为师范类共十所，在吴县、上海、无锡、江宁、江都、清河、铜山、灌云、南通等地，还有一个女子师范也在南通；

第二类为普通中学共十一所，在江宁、吴县、华亭、太仓、武进、丹徒、南通、江都、清河、铜山、东海等地；

第三类为农业学校共五所，在江宁、吴县、清河、吴淞（水产）、浒墅关（女子蚕桑）等地；

第四类为工业学校为江宁第一工业学校电机科、机械科，苏州第二工业学校纺织科、色染科、土木科等；

黄还办起高等学校，创办南京高等师范，不久改为东南大学。

办这样多学校经费从哪儿来？黄炎培上任先抓财税改革，定每年全省教育经费240万银圆，为保证这笔款项，规省内的竹木、屠宰、牙行等省税全额专款划归作省教育经费，从而在源头上保证了教育经费。

1914年卸下省教育司长职务之后，黄并未停止他的办学事业。此时，他已是全国范围内的教育界名流，北洋政府先后两次任命他为政府教育总长，黄坚拒不就。重要的原因是黄要推行他的教育计划。除上述所说南京高等师范、东南大学之外，他又参与创建、改建、扩建了多所大学：暨南大学、上海财大、河海工程学院、同济大学等。陈嘉庚出资要办厦门大学，第一个写信给黄炎培，请他筹备并出任厦大校长，黄答应了老友参加筹办却谢绝去任校长职。

1915年，黄赴美国参观旧金山世界博览会，考察美国教育，转赴美26座城市，52所大、中、小学校。归国后1917年黄联合马相伯、蔡元培、张元济、伍廷方、严修、宋汉章、聂云台、穆藕初、蒋梦麟、郭秉文等48人，发起中华职业教育社，开创我国的职业教育。次年创立中华职业学校，办起中华铁工场、木工场、机械工场、珐琅工场。同时推广职业指导、职业培训，黄提出“使无业者有业，使有业者乐业”的教育理念，把职业教育推向乡村，试办昆山徐公桥等几处乡村教育试验区，又引向企业与荣毅仁父辈荣德生、荣宗敬合作，在荣氏厂里办起职业培训班。

中华职教社与之前的江苏教育总会一样是个社会团体，有学校，有工厂，有刊物，还发行债券融资，几年后职业教育在我国蔚成风气，到1921年时全国职业学校包括补习学校达700多所，女子职校9所。连落后的西部如四川、陕甘、山西等省，在当地主政的杨森、冯玉祥、阎锡山等人支持下也得到发展，1926年全国职校达1695所。中华职教社力量不断扩大，社员从1917年186人增加到1927年6528人。黄等一代人的苦苦追求，终获初果。黄的学生遍布沪江浙，许多后来做了老板，于是黄被称作“老板的老板”。另外毛泽东的老师徐特立、数学家华罗庚、经济学家顾准、乒乓球教练傅其芳、导演谢晋、演员秦怡等都曾在职教社或江苏教育会下求学，故毛泽东称黄为“我老师的老师”。1964年越南胡志明主席来家访黄，也称黄为“我的老师”。

不仅是教育，我国尤其是江南一带的经济文化等诸多领域的事业在20世纪一二十年代里，均获得较大的发展，我国的民族工业逐渐壮大。而后30年代日本入侵打断了这一进程，历史走上了歧路。

（原载于《新京报》2011年10月）

黄炎培与中国共产党

今年是中国共产党立党九十周年。在此之际，回想从父亲在中共成立之前五四运动期间交往陈独秀、李大钊开始，到抗战结识周恩来、董必武等中共领导，在国民参政会并肩争取民主与宪政，请周恩来在重庆父亲举办的论坛讲演亮相于陪都公众，皖南事变后与中共一起反击反共高潮，营救被捕的中共人员和进步人士，配合中共在生活书店被查封后建立国讯书店，安排中共人员等。在中共支持下，父亲与友人先后发起成立民盟与民建两个政党并任其首任主席（主委）。1945年父亲访问延安与毛泽东做周期率谈话，及至1949年北上迎接中共中央进入北平，次日应邀为毛泽东下榻香山双清别墅后的第一个长谈深夜。1949年4月初父亲代表民建与各个民主党派领导一齐在中共领衔的反对北大西洋公约宣言上签字，自此中共与各民主党派正式结成统一战线。同年9月在周恩来两度登门恳请下，父亲出任开国的政务院副总理兼轻工业部部长。父亲与共产党新中国成立前风雨同舟，新中国成立后风风雨雨，共同历经了近半个世纪。今日作为六旬有半之其子，在此谨将所知书出，供今人一阅。

我家祖上虽为世家，书香门第，乃春秋战国春申君黄歇之后，但到我爷爷时便已家道中落。父亲13岁丧母，17岁失父，未及成年便负起养自己和两个妹妹的担子。家境贫寒激发他刻苦攻读，青年时就到川沙和邻近的南汇等县书院投文获取奖金，后来中了举人，又考入南洋公学接受新学。父亲继承了祖辈侠胆义肠、疾恶如仇、同情弱者、好抱不平的家传，看不惯官府欺压百姓。父亲25岁时被清廷抓捕险些杀头，辛亥革命时父亲全身投入，1927年又被刚得天下的国民党通缉而二次逃亡。父亲的身世，父亲的性格，推动着他与当时为穷人打天下的中共天然地接近，逐渐地认同，从而走到一起。

一、早年时期

1. 学生中不乏中共要员

父亲1902年开始办学，先办川沙小学堂，又办开群女学、广明小学、广明师范，1906年办浦东中学，获得当时“南浦东，北南开”的美誉。又陆续创办改办一系列高校如南京高师、东南大学（今南大）、暨南大学、上海商大（今上海财大）、同济大学、河海工程学院、厦门大学等。1917年创办职业教育。中共及其同路人中不乏曾从师过父亲或在父亲所开办的学校学习，如左联五烈士胡也频、殷夫、中共一任总书记张闻天、毛泽东老师徐特立、学者范文澜、罗尔纲、孙起孟、顾准、数学家华罗庚、核弹专家王淦昌、导演谢晋等。越南胡志明主席也称父亲为老师，专程来家拜访。除外，父亲学生中也有蒋介石的两个儿子蒋经国、蒋纬国等。当年，陈毅等赴法国勤工俭学，也曾得到作为知名教育家的父亲的大力支持与帮助，陈毅等登船离上海赴法，父亲还亲自送到码头。二十多年后的1945年父亲访问延安，陈毅来看父亲时提起。

2. 结交陈独秀、李大钊

中共成立前，“五四”前后父亲即结识了陈独秀、李大钊，当时有“南陈北李”的说法，父亲与他俩都熟悉。陈独秀人在上海，常来父亲处，两人就形势大局等交换看法。同时，父亲为结识大钊而北上专程拜访他，两人在北京长时间交谈，毫无保留地交换了意见，对国内国际的大局看法是相同的，都认为应当“唤起民众”，只是做法上，大钊认为父亲重教育，而其自己在教育之外还重组织。两人约定以后“密切联系”（黄炎培《八十年来》，文史资料出版社1982年，以下同）。当时父亲正在编一本申报纪念刊《最近之五十年》，向大钊约稿，大钊寄来“1871年的巴黎‘康妙恩’”（按：即巴黎公社），宣传马克思主义，宣传共产主义，父亲将稿登在申报纪念刊上，影响很大。此时，值中共成立前后。

3. 讲演听众中有27岁毛泽东

1920年5月父亲邀美国杜威博士来沪参加论坛。父亲讲演抨击传统教育，台下听众中有27岁的毛泽东，毛记住了父亲，尤父亲一句话毛印象深刻：“读书不是为了做官，而是为了学到人家强国的本领。”25年后在延安毛迎接来访的父亲："我们20多年不见了！"父亲大惑不解，毛追述了当年父亲的讲演。以后毛与父亲相处中尊父为师，对父说："你是我老师（徐特立）的老师。"

4. 同遭国民党迫害

1927年北伐军攻入上海，不久国共破裂，国民党反动派开始捕杀中共。因为父亲之前不同意在其领导的中华职教社建立国民党支部，北伐军入上海后又不愿腾房子让国民党使用，得罪了汪精卫等国民党高官，因此国民党将父亲定为"学阀"予以通缉，派人到父亲创办的中华职教社捣乱。父亲逃亡到旅大，躲了将近一年，老同学邵力子等在蒋介石面前为父转圜，形势才有松动，后来父亲回到上海。

5. 受周恩来关注与好评

20世纪20年代末起周恩来在上海几年，感受到父亲在上海的威信和影响力。由于父亲长年办学并早年加入同盟会任上海地区负责人投身辛亥革命，同时又是几个社会组织的核心领导，在沪上从学界、商界到政界都不乏名望，周恩来观察到、注意到，对人讲："黄炎培是在社会里扎了根的人，我们要注意他，帮助他。"

6. 援救七君子

1937年父亲的朋友沈钧儒、邹韬奋等七君子因宣传抗日被捕，父亲赶到苏州监狱看望他们，狱中合影留念以示支持，又在其画册上题诗："澒洞烟尘白日昏，端阳风雨叩阛门。长城万里梅千树，随意挥毫见国魂"。父找到蒋介石，说："我是不是要拿着铺盖卷到你这儿来，陪他们一起坐牢？改成'八君子'吧！"后来，七君子被释放。那时蒋本人对黄优礼有加，慑于黄在沪上各界威望，他两个儿子都曾受教于黄，对父亲称对其有"教子之恩"。抗战爆发时我家老大、老二、老三都留美归来，蒋听说后请父亲送其中两个到他身边当秘书，愿予"提携"，以示回报，但为父所拒。

二、抗战年代

1. 同入国民参政会

1937年抗战爆发，国共二次合作，成立国民参政会，有国民党、共产党和社会贤达三方组成。中共方面有毛泽东、周恩来、董必武、林伯渠、秦邦宪、邓颖超、吴玉章等七八人，父亲等非国非共的第三方人士作为社会贤达也被选入。在整个抗日期间，父亲经常与中共代表相处在参政会里，由于国民党及亲国民党的社会贤达在参政会占了多数，中共代表和父亲等自然靠近，互相支持。

2. 结识周恩来、董必武等

1937年底徐特立奉党中央指示拜访父亲，系中共首次正式联络父亲。1938年5月父亲在武汉出席国民参政会，首次认识了周恩来、董必武、秦邦宪、邓颖超、吴玉章等。周和父亲同时出席生活书店（最早由中华职教社创办后交给邹韬奋）的茶话会，先后做了讲演，呼号抗日。之后董必武拜访父亲长谈，极为投合，约定自此彼此将以挚友相待，每月定期至少长谈一两次。

3. 与周恩来定期晤谈

1938年重庆定为陪都，父亲与中共代表先后来到重庆，父亲与周恩来约定，定期晤面长谈。当时在国民党眼皮底下，中共与各方人士交往不能不受限，与父亲的晤谈有时要秘密进行，母亲对我讲过，有几次父亲与周伯伯谈话是在汽车里，事先父母按约来到某饭馆或茶社，等周的汽车一来即登车，然后在街上绕来绕去，谈毕父母即下车。母亲讲，当时场景与后来电影里演的地下工作者与特务周旋很像。

4. 刊登周恩来长文

1938年底，父亲创办的《国讯》转移到后方后在重庆复刊，父亲特约请周恩来撰写文章，宣传中共主张。周接受了父亲的约请，连夜赶写了一万多字，表达中共政见，1939年初在新复刊的《国讯》上连载三期登出，在重庆，在大后方尤其在知识界中广为传阅，影响很大。

5. 成立宪政期成会任主席

1939年开始在参政会上，中共代表与父亲等第三方参政员联手，提出“请政府结束党治，实行宪政”等内容相近的共七个提案，反对国民党专治，在参政会内外反响很大。为此，国民党不得不同意在参政会里组成由国、共和第三方的二十五位人士组成宪政期成会，商定由父亲出任主席。该会成立后连续召开十天会议，通过了有八章一百三十八条的《宪法草案》，参政会内外要求宪政日益高涨。为推动全国的民主浪潮，1940年2月，中共中央在延安成立了宪政促进会，呼应宪政期成会，为宪政主张鼓动造势。毛泽东在宪政促进会大会上登台讲话，抨击国民党“挂羊头，卖狗肉”，即挂“宪政”的羊头，卖“一党专政”的狗肉。还说国民党像《封神演义》中的申公豹，走路只知道后退（何方《一定要解决好民主化问题》，载《炎黄春秋》2011年7月）。

6. 统一新中国成立同志会

1939年底，国共磨擦渐起，为此参政会中的第三方人士们相互联络，酝酿成立组织，发出自身声音，从而主持公道，反击破坏抗战和统一战线的逆流。父亲主张：“余以为吾辈调解国共，必须有第三者明确的立场与主张。”（《黄炎培日记》，华文出版社2008年）于是由父亲和梁漱溟、沈钧儒、章伯钧、左舜生、张君励等共三十多位参政员，于该年11月发起成立统一新中国成立同志会，通过八条《简章》与十二条《信约》，明确提出以“反对内战，调解国共关系为职志”，此乃一年多之后成立的民盟的前身。

7. 主持特种委员会

统一新中国成立同志会刚成立不久，1939年底开始国共关系趋紧，磨擦加剧，国民党第一次反共高潮开始。为此，参政会里统一新中国成立同志会诸公在中共代表支持下建议，组织特种委员会专事调解国共纠纷。于是当年底，在参政会里由国共各派二位代表加上七位中间派人士共十一人组成特种委员会，推举父亲与张伯苓为该会召集人，共产党方面代表为毛泽东与秦邦宪。

8. 请周恩来讲演亮相重庆

迁渝后，中华职教社每周举办《青年星期讲座》，邀请社会人士登台宣讲主张。1940年9月，父亲请周恩来讲演，并特地将讲座移到著名的重庆巴蜀中学操场上，能容纳数千人，这是中共代表首次在陪都公众前亮相。通知贴出后，市民纷纷赶来，听众人山人海，周做了“国际形势与中国抗战”的报告，震动山城，影响极大。在周两个多小时做报告时，父亲都在周身旁，注视着台下防止有人来扰乱。

9. 抗议皖南事变

皖南事变爆发，国民党掀起第二次反共高潮，团结抗战局面濒临破裂。周恩来在新华日报上题写“同室操戈，相煎何急”，但报纸遭当局阻挠出售。父亲愤怒难遏，亲自带人去新华日报社搬来了几千份报纸，拿到职教社所办的学校，让学生们挨家挨户去散发。事变消息传来的最初几天里父亲心急如焚，深夜专候在电话机旁，等待周恩来的电话通报新四军的消息。父亲在参政会上抨击这种倒行逆施，使亲者痛仇者快的行径。

10. 营救被捕中共人士及盟友

皖南事变后许多中共和倾向中共的人士被抓，关在集中营里，父亲便和周恩来等中共领袖与社会人士一起，向国民党上层施压，要求放人，后来成为民建领导的孙晓村、经济学家吴大琨等人都是父亲当年营救过的。抗战中，新疆盛世才变脸，反对中共，抓捕中共领导毛泽民、陈潭秋等和一批进步人士，父亲通电声讨，要求放人。老友马寅初抨击国民党四大家族贪污腐败，受当局迫害被关押，父亲奔走呼吁，当局终放出马公。前述的江姐夫妇被捕，父亲也曾营救但未果。

11. 支援生活书店

1941年国民党加紧打压进步力量，先后查封了生活书店在各地的五十多家分店。《生活》周刊最先由父亲创办，后来无偿交给邹韬奋，同时父亲也长期予以扶持。生活书店被封后邹韬奋愤而辞去参政员，出走香港地区。周恩来请父帮忙，父亲给予大力支持，将生活书店的人员和财产转移到中华职教社。又应周之请，职教社开办国讯书店，从而将生活书店改头换面，起死回生。这样，父亲配合中共，国民党又没能斗赢。

12. 安排中共人员

在重庆，由于工作的需要，周有时要找父亲请他帮助安排中共人员，父亲领导下的机构不少，有学校、有企业、有事业单位。周公有求，父亲必应，很快办妥，而且从不去多问什么。《红岩》中的江姐夫妇，由父亲安排在职教社里，后来被国民党抓捕，父还出面营救。

13. 共同的民主主张

父亲与中共在抗战中密切合作，基础是什么？是有相同、相近的思想理念，有相同相近的政治主张。中共在抗战中高举爱国与民主大旗，把众多民主人士、爱国青年和知识分子召唤到一起，为抗日而战，为民族而战，为公平与正义而战。当时中共在重庆所办的《新华日报》不仅作为中共喉舌，而且也是进步人士宣扬政见之窗口。作为社会贤达与第三方人士，父亲明确提出当时自己的政治主张，归结成两句话即是“政治民主化，军队国家化”，这两句话最先由父亲在1941年1月刊登在《新华日报》的文章中提出。该文发表后两个月民盟成立，成立宣言中吸收父亲这两句话，变成民盟政纲。后来这两句话被引入国共和谈，国民党和共产党双方都经常引用。

14. 成立宪政实施协进会任召集人

1939年父亲与中共代表一起在国民参政会上争取宪政，并在之后的宪政期成会和参政会内外，父亲等进行了长期不懈的努力。在各方面压力下，1943年9月国民党五届十一中全会宣告将实施宪政，还政于民，11月在由国、共、第三方组成的国防委员会中成立宪政实施协进会，由五十四名委员组成，中共的周恩来、董必武等都在内，蒋介石自任会长，父亲和孙科、王世杰任常务委员兼召集人。

15. 宪政运动

参政会内民主与宪政要求不断高涨，内参政会外社会上的宪政运动也一直未息，尤其国民党1943年秋允诺还政于民后，更加如火如荼地开展。1944年初父亲创办《宪政月刊》，任发行人，请张志让为总编，将当时社会上众多知名人士或以编辑委员或以赞助人身份包括了进来，有褚辅成、傅斯年、章士钊、王云五、王芸生、杨卫玉、江问渔、浦心雅、章乃器、杜月笙、钱新之、胡西园、刘攻芸、荣尔仁、潘序伦、刘航琛、江一平等，不仅有政界、还有文化界、经济界、金融界等各领域人士，父亲为人宽厚，交友广泛。《宪政月刊》先后发行了二十七期。父亲又在出版《宪政月刊》基础上，以其编委和赞助人为主，举办宪政座谈会，第一次在交通银行会议室举行，杜月笙、钱新之等都来参加，请来各界人士座谈，由父亲主持。之后间或举行，题目为“民主与宪政”“宪政与经济”等，各有侧重，先后举行了十三次。最后几次参加者扩大到一千五百余人，开会地点从会议室最终搬到大礼堂，共产党代表董必武及进步人士冯玉祥、陶行知、沈钧儒、章伯钧、章乃器、邓初民等先后作主旨讲演，从而将座谈会由学者清谈变成群众广泛参与抒发政见的平台。这些活动，自然自始至终都得到共产党倾力支持和高度评价。

16. 茅台诗

在重庆，沈钧儒次子画家沈叔羊画了一幅画，上面有一瓶茅台酒瓶和两个酒杯，请父亲题字。父亲想起当年红军长征时，有报纸称红军战士在茅台池中洗脚，便以此为题调侃起来：“喧传有客过茅台，酿酒池中洗脚来。是假是真我不管，天寒且饮两三杯。”董老在重庆画展看到画与诗，欣赏之至，买下来拿到延安给了毛泽东，毛也喜欢，将其挂到中共中央会客室，父亲访问延安时见到。新中国成立初父亲路过南京，陈毅设宴款待，端起了茅台酒，讲起了父亲这首茅台诗：“那时我们艰难困苦，能为我们说话的可谓‘空谷足音’，今特设茅台宴答谢黄老！”陈老总当场作诗答谢父亲的茅台诗，父亲也当场和诗答谢陈老总。

17. 创立民盟任主席

为应对国民党独裁，第三方加紧联合。1941年12月，父亲代表职教社，联合梁漱溟为首的乡村教育派、张君劢为首的民社党、左舜生为首的青年党、沈钧儒为首的救国会、章伯钧为首的第三党等，共称三党三派，联合起来秘密发起中国民主政团同盟，推举父亲为主席。当时当局禁止成立政党，蒋听说后查问。民盟为此起先处于半地下状态，在首次举行的新闻会上，父亲讲了上海卖烧饼故事：前边一个卖饶饼者边挑担边喊“卖烧饼呀”，后者跟着喊：“我也是！”讲完父亲肃然落座，他以这种方式暗示自身的民盟身份，后来逐渐公开。

18. 力挽国共关系

1945年抗战胜利在即，而国共关系面临破裂。驻重庆的王若飞拜访父亲，送来了中共七大文件。父亲读了毛泽东所作《论联合政府》，颇感认同，认为可行。但当时国共双方正处于僵局，如何打破当下僵局，打开国共和谈的新局面呢？父亲为此煞费苦心，认为此时正是该由第三方行动之时，于是联合其他第三方参政员，希望能访问延安，拜访毛、周等，将共产党代表请回重庆。于是他与其他几位参政员首先拜访蒋介石，表明愿意访问延安，力请中共重返参政会。

19. 访问延安

1945年7月，在与延安中共中央几个电报往来后，应中共中央之请，父亲与褚辅成、冷遹、章伯钧、左舜生、傅斯年等一行六人飞抵延安，在机场受到毛泽东、朱德、周恩来、刘少奇、张闻天、秦邦宪、林伯渠、吴玉章、邓颖超、刘伯承、林彪、陈毅、陆定一、谢觉哉、徐特立、杨尚昆等三十多位中共领导热情欢迎。在延安会谈和参观几天之后，父亲对延安留下很好印象，并且预感共产党终能成功，获得天下。在与毛泽东做了十几小时的长谈之后，父亲对毛提出了周期率问题。黄直言相问：“我生六十余年，耳闻的不说，所亲眼见到的，真所谓‘其兴也勃焉，其亡也忽焉’，一人，一家，一团体，一地方，乃至一国，不少单位都没有能跳出这周期率的支配力。大凡初时聚精会神，没有一事不用心，没有一人不卖力，也许那时艰难困苦，只有从万死中觅取一生。既而环境渐渐好转了，精神也就渐渐放下了。有的因为历时长久，自然地惰性发作，由少数演为多数，到风气养成，虽有大力，无法扭转，并且无法补救。也有为了区域一步步扩大了，它的扩大，有的出于自然发展，有的为功业欲所驱使，强于发展，到干部人才渐见竭蹶，艰于应付的时候，环境倒越加复杂起来了，控制力不免趋于薄弱了。一部历史，‘政怠宦成’的也有，‘人亡政息’的也有，‘求荣取辱’的也有，总之没有能跳出这周期率。”毛肃然相答：“我们已经找到了新路，我们能跳出这周期率。这条新路，就是民主。只有让人民起来监督政府，政府才不敢松懈。只有人人起来负责，才不会人亡政息。”

20. 出版《延安归来》

父亲从延安回来，友人纷纷来问延安情形，父亲实话实说，又委实应接不暇。于是闭门谢客，父亲口述，母亲姚维钧执笔，完成《延安归来》一书，记述在延安所见所闻，包括与毛的周期率对话。成书后又突破当局书刊审查，自行出版，当时读者争相竞购，一抢而空，于是又数次再印。与当年美国记者斯诺所著《西行漫记》一样，影响了当时相当一批知识分子和爱国青年。

三、国内战火

1. 迎毛访问重庆

父亲等人访问延安，促成国共恢复和谈，当年9月毛泽东、周恩来亲赴重庆，与蒋介石和国民党谈判。父亲为中共领袖的到来和国共和谈的恢复而兴奋，但也为中共领袖的安全担忧。他赴机场迎接毛，又与毛相见，先后五次与毛、周见面晤谈。后来国共签署了《双十协定》，毛离重庆返回延安。

2. 创立民建任主委

1945年12月，在中共支持下，父亲联合胡厥文、章乃器、李烛尘、杨卫玉、孙起孟、施复亮（施存统）等发起成立中国民主新中国成立会，父亲被推选为主委，母亲姚维钧被选为监事。民建成立之后即投入反内战的斗争，为建立新中国而奋斗。

3. 遭国民党报复抄家

毛离渝后，国共双方落实《双十协定》，1946年1月政治协商会议（俗称旧政协）在渝召开。父亲一系列言行尤其访问延安惹恼国民党，1946年1月26日，几个特务闯入我家，翻箱倒柜。当时母亲怀着我，受恐吓惊扰。特务的暴行引起中共和民盟代表愤怒抗议，张澜代表民盟宣布事件不澄清前民盟代表不出席政协会议，中共代表团对父亲表示慰问与支持，强烈抗议国民党。《新华日报》以《军警特务宪兵竟搜查黄炎培住宅》大标题为文报道，并发表《实现人民身体和居住自由》社论。孙科、张群、孔祥熙等也斥责特务行径，在中共、民盟与国民党开明人士压力下，当局正式向父亲道歉，蒋介石亲自表态称要严查彻办。抄家事件后不久，我们全家返回久别多年的上海，母亲早产生下腹中八个月的我，出生才不到四斤重。母亲告我，我本人正系延安归来后母亲所怀，又是《延安归来》一书招至抄家，使母亲早产而生。今日我做了政协委员，会上发言说本人与共产党的关系非是“与生俱来”，而是“未生俱来”。

4. 反战促谈

国共和谈中父亲的立场是反战促谈。1946年春国共在东北激战，国民党以为稳操胜券，在政协会上敷衍，父亲焦虑至极。5月父亲联合沈钧儒等向蒋与毛双方致电提出调解方案，请求停火，毛立即复电表示接受方案，同意停火，下令四野主动撤出长春，蒋却得意扬扬，先不予理睬，后在第三方和国际舆论压力下，6月初宣布停火，而后又将停火延长数月。共产党方面的四野部队趁机整军，补充军械，数月后重返战场，已令人刮目相看，果然横扫东北国军。父亲等人反战促谈，帮共产党打天下。

5. 和谈破裂与共产党共进退

1946年秋国民党终于撕破脸发动全面内战。梁漱溟讲：“一觉醒来，和平已经死了。”父亲忧国忧民，尤为中共担忧，闭门与周恩来做了两小时的长谈，周向黄交底，父亲放些心。1947年2月，中共驻南京、上海等地机构撤退，中共将自己的房产（在上海为上海思南路107号称“周公馆”，现为73

号）托付民盟代管，为此父亲与张澜亲自过问，约来中共代表陈家康详谈，仔细落实房产等托管事宜。1946年11月周恩来等中共代表临别前，与父亲等朋友们在南京交通银行与老友会谈话别，留下合影，老照片还在我家保存。1947年父亲也愤而辞去参政员职，与共产党人共进退。

6. 拒绝参加国大

国民党军攻下张家口，以为胜利到手，强行召开国大欢庆，左舜生为首的青年党和张君励为首的民社党难抵诱惑宣布参加。在此情况下，民盟和父亲的态度至为关键，一时我家说客如云，国民党派人纷纷来劝父。中共那边也传话来，希望朋友们关键时刻坚守立场，经受考验。长年与中共为友，近期与周做过深谈的父亲心中有数，在报端宣布不参加国大。当时是国民党的天下，白色恐怖笼罩，父亲的决定当然需要勇气，当然这也是他几十年的一贯使然。父亲等人的表态，使国民党很下不来台，中共在舆论上得了分。

7. 挺身而出保护盟员

民盟与父亲及张澜等人拒不参加国大，当局恼羞成怒，要宣布民盟非法，取缔民盟，迫害盟员，这涉及几万盟员生命，一时险恶将至。当时民盟一些领导人离开内地，避居香港地区，躲掉了，而父亲坚持不走，留守在沪，与大多数盟员共生死。看到张澜主席身体不便，父亲挺身而出，代表民盟中央，率罗隆基、叶笃义赴南京，在特务包围与尾随之下，以他几十年在社会上赢得的广泛的威望与人脉，与当局做最后艰难的城下之谈，最终向当局争来民盟“自行解散”，从而保护了盟员的安全。之后一些人在“左”的思潮下，指责父亲此举，曾颇有争议。经历“文化大革命”，方知抗战初期为争取出狱而刊登悔过启事的薄一波等所谓“六十一人叛徒集团”一案，都是毛泽东批准，党中央一手安排的，相形之下，父亲之举即既“悔过”，也未“自新”，并未丧失任何原则，仅以其七旬老面，多方奔走游说，最终保住了民盟数万盟员的身家性命，是非功过当由后人评说。

8. 卖文为生

辞去参政员后的父亲没了收入，全家经济拮据，但父亲坚拒当局各种任职邀请，宁可卖字为生。父亲写了首当时有名的《五斗歌》，登在报端，这诗新中国成立后还被毛泽东讨去留念，诗云“渊明不为五斗折腰去作官。我乃肯为五斗折腰来作书。作官作书曾何殊，但问意义之有无。作官不以福民乃殃民，此等官僚害子孙。如我作书言言皆己出。读我诗篇，喜怒哀杂情洋益。读我文章，嘻笑怒骂可愈头风疾。有时写格言，使人资儆惕。我今定价一联一幅一扇米五斗。益人身与心，非徒糊我口。还有一言，诸君谅焉，非我高抬身价趋人前，无奈法币膨胀不值钱。”（《黄炎培日记》，华文出版社2008年，下同）

9. 对土改提意见

1948年已依稀可见中共胜利曙光，中共在农村开展土改，有些地方搞过火。父亲来自农村，一直赞成减租、减息，抗战后中共在农村实行这一政策，访问延安父亲亲眼观察，是他拥戴共产党的一条重要原因。中共搞土改后，父亲听到苏北的朋友来向他反映，坐不住了，通过渠道向中共中央表达自己的意见，引起中共中央重视。后来中共纠正了土改中的“左倾”偏差，不知与父亲所提意见有无关联。当时中共中央研究了父亲的意见，派来党内经济学者许涤新、齐燕铭、薛暮桥（？）等人拜访父亲，予以解释，送上中共中央文件《中国土地法大纲》等。经数日长谈，父亲释然。父亲是这样的人，想不通时不盲从，一旦晓悟则立即见诸行动，在他的《国讯》上刊登《中国土地法大纲》，并在国讯书店公开出售《中国土地法大纲》单行本，还组织宦乡等学者前来讨论，为之造势，从而更紧张了与当局的关系。后来当局查封了《国讯》杂志与国讯书店。对此父亲迅速作出反应，派职教社头号笔杆子尚丁赴香港地区创办《展望》，并请中共派人参与，继续刊登反蒋拥共文章。1957年尚丁被打成右派，“文化大革命”后平反，任民建上海市副主委、上海市政协常委，2009年去世。

10. 终有住房却遭监视

父亲逐渐与国民党誓不两立。1946年从渝返沪之初我家没房住，浦东川沙祖居内史第离上海太远，浦西黄家阙路的老房毁于日寇战火，父亲从渝归来两袖清风，无力购房。父母带着两个姐姐和刚出生的我及赶来协助母亲带我们的大姨母等一家人，只能借居中华职教社所在的雁荡路80号六层楼顶层的几间房子（这楼是早先父生日时友人相赠但父私人不受而由职教社留下），或借居二女儿黄小同家。后来在友人赞助下，东拼西凑购置了静安区常熟路116弄7号弄堂房，七旬老父终有了自己的住处，不无感慨，作诗《新居八绝句》云：“七十吾生始有家，一楼冷却市声哗；闭门冷便抛群众，老读差怜眼未花。”然而刚住进去，116弄弄堂口小卖部便被当局设了盯梢，父亲出入都受他们掌控。

新中国成立以后1956年社会主义工商业改造，父亲与母亲商量想交出我家这套房子，向周总理表示，总理坚决谢绝：现在是共产党天下，我们共产党怎能要你黄老房，当初国民党天下我们共产党的房还托你黄老代管。但“文化大革命”来临此房被没收，“文化大革命”后虽退还产权但房中仍有“钉子户”占据，至今未予解决。

1956年时父母又要把南汇母亲的姚家六百多平方米的大院（南汇周浦大街新马路185号）上交，按照当时政策有多间房出租属社会主义改造之列，但总理仍指示下边不许接收该房，最后确定由房管部门“代管”，挂了起来。“文化大革命”中该房被当地派出所借用，20世纪90年代我与二姐曾去交涉但无果。之后，我又写信给当时的徐匡迪市长，徐市长有意予以补偿解决，派人来电联系我，但最终仍无下文。该房地处南汇周浦交通要道处，后来开发高速路时被拆，这是我家第二处房的结局。

第三处，黄家在上海浦东川沙城关镇的祖宅内史第，诞生生活过黄（炎培）家、宋（庆龄）家姐妹兄弟、胡（适）家的近一百八十年老宅，也早在20世纪80年代扩建马路时被拆，近由上海有关部门重建中，但至今未补偿我们。可以讲，我家在沪的三处房屋都未能真正物归原主或给予补偿，依然都在不同程度遭受侵权。

四、走向新中国

1. 逃离上海做人质

1948年时父亲的言行已与国民党誓不两立，张治中、杜月笙等友人处都递来消息，父亲已上了当局的“黑名单”，且被列首名。起先，父母离开浦西，到母亲上述的在浦东南汇周浦的老家姚宅躲了起来，住了一段，但发现仍不安全。1949年初中共地下党安排父亲出走，在老友王艮仲协助下，在常熟路家中宴客三天，其实第一天父亲偕母亲姚维钧携我姐当时从家后门外112弄弄堂出走，到永安公司前门入，旁门出，次日化名登船，逃离上海，转道台湾地区又赴香港地区。而我大姨母带着二姐黄丁年和3岁的我留在家中，继续宴客。几天不见父亲，当局弄不清父亲去向，派来荷枪实弹的匪特进驻里弄，直接盯住我家，从而本人3岁时便成为国民党枪口下的人质，出入都有人紧随，属于“监视居住”吧！那一场景六十余年后今仍能记得。

2. 二兄被害

当局抓不到父亲，气急败坏。当时我家二兄黄竞武（黄孟复的父亲）在中国银行，他系留美获哥伦比亚大学金融硕士归来，担任部门经理，是民盟上海支部负责人。当时国民党在做撤退台湾地区的准备，将各大银行黄金抢运到台，中国银行首当其冲。竞武在中共地下党指示下，组织职员罢运。未抓到父亲的国民党本已恼怒，此时更恨，便抓捕了竞武。竞武坚决不肯供出组织，被打断腿脚后遭活埋，此时离上海解放仅九天。近年传说竞武本人系中共秘密党员，确否未知。

3. 北上迎接中共中央

父母亲辗转香港地区后坐船北上，1949年3月23日登岸天津，受到当时上任不久的黄敬市长及参谋长王世英、秘书长吴砚农、军委会主任王克成、交际处长连以农等人热烈欢迎。休息一天后，25日清晨坐火车奔赴北平，近中午抵达前门火车站受到董必武、李维汉、齐燕铭及先期抵平的李济深、沈钧儒、章伯钧等人欢迎。当日下午父母与众人一起赶赴西郊机场，迎接自西柏坡北上的毛泽东、周恩来、刘少奇、朱德、任弼时等中共中央领导，一齐拍照。毛与父亲重庆别后重逢分外兴奋，第一次见到我母亲，邀父母次日来做客。毛等检阅了部队，当晚众人欢宴一堂，庆祝入平，不胜热闹。

4. 双清别墅第一客

毛泽东进入北平后的次日即3月26日晚，父母应邀来到香山双清别墅，成为毛下榻此处后的第一位客人。那天，迎在大门外的毛亲扶父亲走下汽车，见到母亲后叫出了“姚维钧女士”，父亲夸毛好记性，毛则调侃道：“维钧，维钧，‘秉国之钧，四方之维’也”（《诗经·小雅》）。那晚，周恩来、江青在坐，毛对父亲讲：黄老，你是我老师的老师，请你帮我个忙好吗？我知道你长于教育，办了几十年学校，但希望你新中国成立后去搞工商业，我希望发展我们的民族工商业，我决不会像苏联斯大林那样把资本家“赶尽杀绝”，请你做新中国民族工商界的牵头人，一方面向共产党反映民族工商业家的要求，另一方面向他们传递共产党的声音。毛强调新中国将实行的经济政策可以概括为

“四面八方”。“四面”即公私、劳资、城乡、内外。其中每一面都包括两方，所以合起来就是“四面八方”，就是“公私兼顾、劳资两利、城乡互助、内外交流”的政策。毛希望父亲利用自己的影响，迅速向外界传递这一精神。对于牵头民族工商业一事，黄也不感陌生，蒋介石当年也曾推崇他为民族工商业领袖，请他以此身份做事。但除了抗战特殊时期，父亲应下蒋要他主持战时公债劝募委员会秘书长一职（蒋本人任主席）之外，其他父亲都推脱了。父亲虽长年从事教育，然而与经济界关系密切，甚至被称作“老板的老板”，也是事实。一方面他从事的职业教育为实业界提供人才，另外他本人对工商业也不陌生，中华职教社本身亦是经济实体，有铁工厂、木工场、珐琅厂，还发过企业债。1921年父亲还牵头组建公司，建设了上海到浦东川沙的上川铁路。在双清别墅那晚毛夫妇与父母亲共进晚餐，谈到了深夜。父亲受毛谈话鼓舞，第二天即向上海、香港地区、新加坡等地的工商界朋友们发出五份电报，把毛的谈话精神传递出去，稳定了人心。“文化大革命”后，时任上海市副市长刘靖基等人都在电视上讲过，新中国成立前夕自己曾撤离上海，到了香港地区等，受了黄炎培影响才重返沪上。

5. 反对北大西洋公约联合宣言

1949年4月初，各民主党派领导已基本云集在北平，中共提出其起草的反对北大西洋公约联合宣言。4月1日民建常务理事会议一致通过该宣言，推举父亲与中共一起签署。3日晚应毛泽东和中共中央约请，父亲代表民建，与代表民革的李济深、代表民盟的沈钧儒、章伯钧、代表民进的马叙伦、代表农工民主党的彭泽民、代表救国会的李章达、代表致公党的陈其尤及蔡廷锴、谭平山等人同赴双清别墅毛泽东处，正式签署通过了联合宣言。该宣言在国际上正式宣告了将成立的新中国的对外政策原则，是第一次在共产党为首下中共与各民主党派的联合行动，从而标志着中共与各民主党派的统一战线正式成立。

6. 丧子哀痛

1949年5月27日上海全部解放，失踪多日的竞武未有下落，时任上海市领导潘汉年下令全城搜寻但无果，父焦急万分，夜醒不寐。6月初确认其遇害，陈毅、饶漱石、潘汉年等致电父亲相告。6月4日，周恩来来家慰问。5日，父复电陈、饶、潘等："承以儿子竞武遭难，赐电齿及，不胜哀感。竞儿仅一专门技术人员，只因为民主服务，惨遭杀害，亦可云求仁得仁。炎培虽老未衰，犹愿随诸先生后，对人民革命，更加努力，以补诸先生对此儿已绝之期望。敬此道谢！"

为减父亲哀思，奉周恩来安排，柳亚子、王艮仲等诸友一起，在接待处余心清等陪同下，父母赴颐和园小住。游园中柳亚子赠父诗，父作诗赠还：

（一）

漫乐晴湖苦雨湖，最怜湖底晚霞铺；
夜游欲破诸峰睡，时润能令万象苏。
投杖只应鞭老骥，同舟忍自恋秋鲈；
名园端称诗人住，风柳图开话漫殊。

（二）

惟民是主彼何知，国可为仇众可欺；
沪渎公然作狐注，粤台宁免树降旗。
老渐死后骸难乞，中菇深哀口绝辞；
终见大群扬我武，卅年桑海鬓双丝。

（三）

蓝舆陶令腰防折，赤壁东坡妇未偕；
爱读新诗机自足，偏惭积习韵难谐。
朝迎林旭行仍健，夜困泥途趣亦佳；
莫怪不时需未备，与君同是客天涯。

父亲把哀痛洒向笔端，提笔念儿，忆其生平，成文《我儿竞武的一生》，后来与竞武友人余生所写纪念竞武的专文放在一起，装订成册，印刷了几十本专赠毛泽东、周恩来、朱德、刘少奇、陈毅等党中央与上海市的诸位领导，以答谢诸公对父亲丧子的关念。

7. 周恩来深谈

上海解放仅几周，父亲受中共中央委托回沪做工作，安定沪上人心。行前已酝酿多日，中共反复交代。6月21日出发当日，上午十时李维汉又来家，与父谈了一小时。父亲是办事认真的人，凡重要政治性谈话，都有我母在旁做记录。那天母亲记录了父亲与李维汉一小时的谈话。李维汉刚走，十一时周恩来又来，谈了一小时，不仅交代去沪事，而且那天周恩来谈得极深、极诚恳，向父亲表示中共愿意与父亲“永久合作”，对父亲说：“我们共产党对你们黄家包到底。”母亲在旁也做下记录，并保管在案。父亲去世后，母亲将家中的藏书与文件都交公，父亲生前日记则交给了近代史研究所收藏。“文化大革命”中斗母亲，叫她交代，交出有关材料。其实母亲多年之中亲历亲闻了父亲与毛泽东，父亲与周恩来的许多重要谈话，但“文化大革命”中母亲未吐露一字，造反派打骂污辱，母亲最终以死抗之。

8. 受托归沪安定人心

6月21日上午周恩来与父亲谈后，中午周恩来、陈云、李维汉在中南海设宴，为父母返沪送行。

当日晚父母与邓颖超等一行七十余人离京，坐火车返沪。25日回到上海住进常熟路房子，与曾掩护过他们离沪的大姨妈与我和二姐，悲喜交加，泪如泉涌。

父亲在沪月余，接洽各方人员，出席各种会议，讲演多次，完成了临行周恩来交托的诸事。7月底，父母带上我二姐及我，大姨妈也同行，共同来到北平，从此落户京城。

9. 未允出任中央财经委员会副主任

1949年6月中共与各民主党派开始着手新政协筹备。6月11日，周恩来来父亲临时下榻的六国饭店（今北京饭店）与父亲长谈，希父亲出任中央财经委员会副主任（新中国成立后为政务院财经委员会），主任为陈云，副主任薄一波。父亲长年不当官，此次未允周恩来。15日周恩来又来长谈，仍是邀父出任中财委副主任，父亲提议老友马寅初代替自己出任，认为马深谙经济是合适的人选，周表示马寅初可担任副主任，但仍请父亲也出任副主任。然而父亲仍未允下，最后父亲同意任财经委委员参与工作。

10. 毛泽东长谈周恩来承诺

1949年入夏，新中国的新中国成立筹备紧锣密鼓，加紧进行。毛泽东从香山双清别墅迁入中南海颐年堂。7月底父母从沪返回，从此落居京城。8月里我家也从暂住的六国饭店迁入东城小雅宝胡同65号院，第二年又迁居西城宣武门内安儿胡同一号院，但此房不仅老旧且也仅有十多间，父亲身边的警卫与工作人员就有十余人，住得很挤。于是新中国成立初年毛、周特批给父亲在北京东城圆恩寺胡同建造了一座小洋楼，但父母看到当时国家这样困难，坚持不肯接受，后来父亲一直住在安儿胡同至其逝世。父亲去世几个月后，1966年4月国务院机关事务管理局来人通知我们立即腾房，后来将出事的陆定一一家安排进去。“文化大革命”之后周扬一家搬去，到其逝世。黄孟复入京出任全国工商联主席后，2003年我们全家重访安儿胡同老宅，并向有关方面表示希能保存该房，但不幸仍被拆毁，这些都是后话了。与我家沪上的常熟路宅、周姚宅、川沙内史第等三处私宅的故事相对应，北京的小雅宝、安儿胡同、圆恩寺等，则是父亲在京城三处住房的另一番故事。

8月1日，毛泽东邀父赴中南海，在颐年堂里从下午五点开始，至晚上九时半退出，长谈近五个小时。其间，周恩来晚餐前赶来，三人共进晚餐，之后续谈。此次会谈，绝不仅仅是为刚从沪归来的父亲洗尘，而是听父亲汇报上海一行的观感，也涉及新中国对待民族工商业的政策等诸项重大事项。

周恩来在新中国成立前后常来我家，不仅与父母，且与我们，尤其与我姐姐很熟。新中国成立初有一次周恩来来我家，交代父母去沪做工作，谈完工作从屋里出来看见在院子里的我们姐弟几个，叫着“当当、丁丁、方方……”我们的小名，我们拥上去叫着“周伯伯！周伯伯！”总理拉着我们的手，动情地说：“我没有孩子，你们以后就是我的孩子，爸爸妈妈要去上海一段时间做事情，我有时间就来看你们，以后你们有事情就来找我，我们对你们管到底。”父母走后不久，当时任职政务院机关事务管理局的李公朴夫人张蔓云受总理托付，来我家看望我们。廿多年后的1973年底，在太行山上的我冒昧给总理写信求援，当时已患重病的总理接信后特派孙晓村（“文化大革命”后任全国政协副主席）来家看我，要予我安排。几年后周恩来去世，我请求去向他遗体告别未准，于是几乎天天去天安门广场悼念他。

11. 首获毛泽东书函

8月23日民建发表由父亲签署的声明，斥责美国国务院白皮书。24日收到毛泽东亲笔函，高度评价民建声明，认为民建获得了作为一个政党的主动性。父亲回函表示感谢，并告此声明为民建孙起孟（中共）所执笔。这是毛泽东和父亲第一次互致亲笔信函，从此两人开始书信往来，至60年代初，毛共亲笔致信父亲六十余封。据悉从入京到去世，毛泽东共写出亲笔信共一千八九百封。而给父亲的信大约占了其中的六十分之一。自然，父亲也没少亲笔致函毛泽东，共约八九十封吧！

12. 召开政协

1949年9月21日全国人民政治协商会议召开，代行人大职能，筹备新中国成立事宜。大会上毛泽东致开幕词，周恩来报告会议筹备，之后刘少奇、宋庆龄、何香凝、张澜、高岗、陈毅、黄炎培、李立三、赛福鼎、张治中、程潜、司徒美堂先后致辞。父亲在大会致辞中将新中国比喻成一座新建的大厦，表示自己愿作大厦的一砖一瓦，为新中国做贡献。父亲的发言赢得台下掌声。

13. 国名简称之争

政协会上讨论到国名、国旗、国都、国歌、纪年等。讨论到国歌时，多数赞成义勇军进行曲，有些代表如郭沫若等认为原歌词内容为抗战而作，主张更新。对此父亲坚决主张沿用原词，张奚若等人支持父亲意见，最后周恩来、毛泽东相继发言支持保留原歌词，采纳父亲意见，原歌词无一字改动。讨论国名时，父亲主张国名为“中华人民共和国”的同时，在其后保留一简称“中华民国”，用括号括起来，父亲的这一意见虽获何香凝等坚决支持，但未被多数认可而遭否决。如果当时真能采纳，几十年之后今天的台湾地区海峡两岸的“一国”之争，解决起来似乎好办些了，因两岸都叫“中华民国”。

14. “职业教育”被取消

在9月政协大会召开之前，6月和9月都召开筹备会讨论一系列相关问题。在讨论共同纲领时，围绕要不要写上“职业教育”，发生多次激烈争论。共同纲领第47条为教育章，主流意见不同意写上“职业教育”，理由有三：其一，职业教育是资本主义国家产物；其二，苏联无职业教育；其三，说中等、高等教育，已将职业教育包入其内，没必要单列。父亲搞了半辈子职业教育，当然主张要上，朱德、李立三、马寅初等人支持父亲意见，主张上职业教育，理由如下：其一，美国职教鼻祖华莱士不代表美帝国主义；其二，苏联据梅丁斯基教育制度，有技术学校，有职业学校；其三，小学、中学毕业，如不受不同式样的长期、短期的职业训，此不能名之为中等、高等教育。当然当时的争论当然也只能在当时的语境与概念逻辑之下进行。最后调停，在该章中加了一句“注重技术教育”。父亲当然知道取消职业教育意味着什么，之后卅年里职业教育被打入冷宫，父亲等艰难创办的职业学校改校或解散，一代人的努力付之东海，他有生之年未能再见到职业教育，但为大局父亲强忍下，转而投身民族工商业的工作。这样一个涉及父亲前半辈子业绩的不算太小的决定应当说肯定不会出自一般人甚至周恩来这一级，当是毛泽东的决定，联系在双清别墅里与父亲入京第一次会面所谈，毛当时已有通盘考虑，应是不假。

15. 出任副总理

1949年10月1日开国大典，新中国成立。9月30日政协大会上选举中央人民政府主席毛泽东，副主席朱德、刘少奇、宋庆龄、张澜、高岗。10月1日下午2时，中央人民政府第一次会议确定周恩来为政务院总理。10月11日夜，周恩来驱车来到小雅宝胡同我家，长谈了两个小时。周恩来代表中共中央和毛泽东，邀请父亲出任以他为总理的政务院副总理兼轻工业部部长，周对父亲说：我是受毛主席委托来请你，我们中共同志对你黄老都有好感，中共中央开会大家都赞成你。父亲尤为激动，自他民国三年（1914年）因看不惯腐败而辞去江苏省教育司长一职以来，几十年来他拒绝当官，拒绝从政，两次民国政府宣布任他为政府教育总长但都被他拒任，此次周恩来的邀请与几十年他坚守的信条相违怎么办？之前周请他出任中财委副主任已为他所拒。父亲好一番思虑，最后请求周让他考虑一天，和自己的好友们商量一下，周同意了。第二天早8时，父亲请来了在职教社和民建最密切的友人江问渔、杨卫玉、孙起孟，父亲与之商量前一晚周恩来的邀请，三位老友一致赞成父亲受任。当晚八时半周恩来再来，父亲告之自己的决定，同意出任政务院副总理兼轻工业部部长，周欣然而去。父亲出山任职一事，对自己，对朋友都有了交代，但父认为还需向社会有所交代。为此父亲专门写了一篇文章《为参加行政工作一封公开的信》，告示社会自己出山任职所为何，登在报刊上。由于自己担任政府高职，不宜再在公司任职，父亲立即写信给中铁、上川、民生、劝工、浦电、铅笔等六家公司，辞去所任的董事职务，又致函商务印书馆张元济，辞去所任监事一职。终了了这番事务后，父亲一心去上任了。毛泽东问父亲心情如何，父亲答之：“有决心，无信心。”毛对父亲讲“送你四字：调查研究”，父亲记住，照办了。

16. 组建轻工业部

宣布父亲担任政务院副总理和轻工业部部长之后，父亲投入紧张的组阁事务，大如人事安排，小如落实办公地址，都要一一过问。陈云派秘书曾群来与父亲接洽，商量部址，带领父亲等去西郊民巷口东半壁街14号处查看，这就是共和国首届轻工业部部址。之后落实办公桌椅橱柜等一应杂务，当时因陋就简，艰苦朴素，连我的母亲和姨母都出动了，十分紧张和投入，因为总理要求各个部委要在11月开始办公。我那时也随大人去了轻工部院子，看到里边假山假水，郁郁葱葱，曲径通幽。父亲那时岂止是“有职有权”，简直是“老板加婆婆”，事无巨细，都找上门来，忙得不可开交。好在父亲长年领导中华职教社，对行政并不陌生。也好在轻工部三位副部长也很快到位：杨卫玉、龚饮冰、王新元，两位党内与一名党外。杨卫玉是父亲老友，职教社老领导，被称作父亲的“左膀右臂”；龚饮冰，湖南长沙人，上海中共地下党，任职上海中国银行经理，其子龚育之后来是有名的党史专家（刚故去）；王新元的情况不详。筹备工作就绪之后，中央财经委委员薛暮桥带着父亲与杨、龚等来到轻工部，登台向全体部属宣告对父亲等的任命，又向全体介绍了父亲等履历，从此父亲上任。开国之时父亲不光是忙轻工部，还要忙政务院的事，那时政务院一周开一次会，周恩来总理主持，四位副总理董必武（兼政法委员会主任）、陈云（兼财经委员会主任）、郭沫若（兼文化部长）和父亲出席，全体政务院委员在座。组建之初，人事问题就不少。马叙伦的民进请求派人出任政务院副秘书长，最后定下由民进的许广平出任。致公党陈其尤嫌副部长太低，不肯受任。民建吴羹梅原被任中央财经委委员，在他请求下改当政务院私营企业局副局长。另外，一位老友被任命为中央财经委委员，此友与父亲私交一般，入京后他先与民建其他领导施复亮、孙起孟等闹翻，又与父争执不下。此时他来找父亲表示自己想再兼任政务院政务委员，请求父亲去找周恩来为他争取。父亲为此找了总理，之后政务委员的名单上有了他的名字。1957年反右运动说右派想抓权，举出来的典型例子是二号右派罗隆基不甘心当森林工业部长，想当外交部长去向周恩来要。反右时这位老友也蒙冤戴上大右派帽子，对他多方批判，但倒从未提起他要政务委员的事，父亲替他掩过了。父亲不提，周恩来也不提，否则他要“罪加一等”了。

1949年11月1日轻工业部开始办公，父亲在当天日记上写下：“今日起，轻工业部开始办公了。自民纪三年2月辞官以来，卅五年了，不意老后为此。但我不认为是做官。”（《黄炎培日记》第十卷第296页，华文出版社2008年）

五、余生“左”猖

1954年起，他由副总理改任全国人民代表大会副委员长至终。

1965年12月21日，88岁的黄炎培因病住院一个多月之后溘然长逝。

十六年的余生中，黄炎培是共产党的诤友。

十六年的生活中，对于中国在共产党领导下取得的成就与进步，黄由衷兴奋，欣慰。过去一些他想都不敢想的事情，在共产党领导下成为现实，中国不再向外国列强俯首称臣，中国站起来了，黄感到自豪。国家的兴旺，大至爆炸第一颗原子弹，小至获得第二十六届世界乒乓球比赛冠军，他都欢欣鼓舞。听说社会各界举行欢庆胜利的大会，85岁的他要让姚维钧搀扶着，驱车去刚建成的北京工人体育馆一睹“国球”风采，也分享作为中国人的自豪与快慰。

十六年中，凡认为对的，他敢于坚持，敢于争辩。凡认为错的，他敢争敢顶。

十六年的生活中，对于国家决策中他所感觉到的失误，对于一些工作中他所觉察到的问题，黄炎培是竭尽其力讲，竭尽其力说，甚至犯颜直言，告到毛泽东那里。他先后写了百封左右书信给毛泽东，慷慨言国，尤在新中国成立初，一两个月就要写封信给毛泽东。为此收到了毛泽东的六十余封亲笔信函。

黄信中涉及新中国的国策和体制。如1950年春他先后几信写给主席毛泽东、政务院总理周恩来、中财委主任陈云、副主任薄一波四人，洋洋洒洒，万言之多。从高征购到农村政策，从发展民营经济到政治体制，从农村金融到引进外资，俨然是递上一整套的国策。这些在几十年后，正为改革开放的中国所采用。

1957年黄炎培去南方观察，发现人口有剧增的势头，他深感忧虑，回到北京之后立即上书毛泽东，建议加强节育，抑制人口。

1949年底1950年初，对农村高征粮，城里高征公债，他提出意见，毛周接受。

新中国成立初，对于土改与镇反中的过火偏激，他上书毛泽东，提出意见。毛给他寄来有关材料，又介绍他去找华东局书记陈丕显面谈。

20世纪50年代，南方的许多水乡被填埋，环境破坏，风景被毁，他极忧虑，找毛泽东。毛下令保护，周庄等名胜得以保存，今成旅游胜地。

对入朝作战，他心中犹豫，心有保留。毛泽东找他征询意见，他建言入朝我军要叫“人民志愿军”，以免与美国等国正式宣战，毛接受了。

1958年他写信给毛泽东，鉴于农业发展纲要颁布，农村面临发展，土地愈趋紧张，他建议“平地深葬”，并在《人民日报》撰文，提出此建议。

1954年酝酿实行统购统销政策，自小长于农村，而对农民，也对企业熟知的他，对统购统销持有异议。

20世纪50年代中期，因反映农村饥荒，黄遭内部批判。

在某次会上散发黄对农村问题意见书，几年之后的彭德怀给毛泽东的信也被封以“彭德怀同志意见书”。

1957年反右，本来5月周亲赴职教社成立四十年会，会上对黄再三称赞，是明显保黄之举，黄完全可对之后的运动回避而自保，但黄未是。毛对黄是先恭后倨。某日半夜召见于中南海，请黄回民盟续当主席（1941年民盟成立多一任主席即是黄），黄炎培当场婉拒。黄炎培三子，反对三门峡上马的清华大学水利系教授黄万里的《花丛小语》一文被毛批语：“这是什么话！”亲定其为右派。自此毛对黄不客气了，黄万里之后，在建材研究院任职的四子黄大能、在大连工学院任教的五子黄必信、大女儿黄路、四女儿黄素回及其丈夫、三女黄小同在大学的儿子，前后七个人被打成右派。当时我们四个姚维钧所生儿女尚未成年。而在世成年子女七人中有五人未逃厄运，只有两个女儿幸免，即使如此，黄仍不肯缄言，不肯闭嘴，他请时任统战部长李维汉向中共中央表达他对反右的不同意见。

反右刚息不久，“大跃进”开始。在人大会议上，黄炎培和时任最高法院院长谢觉哉，对当时“大跃进”高指标提出异议，对“大跃进”提出了疑问与保留意见。

在他逝世前不久，“文化大革命”的火药味已很浓了，山雨欲来风满楼，一些老同志开始受到批判。李维汉这位被黄炎培敬重的共产党元老也被扣上了黑帮帽子遭受批判撤职。然而在一次民建的会议上，黄炎培在台上发言时仍称李维汉如何好，引用他所说过的话，台下起初以为是老先生糊涂了，一时口误，不予理会，但黄炎培继续如是讲，听众开始大哗，“排炮”齐发，轰黄下台，但黄炎培仍不为所动。回家后对姚维钧说：“李维汉是个好人，我就要讲李维汉是个好人。”当时，对当时复杂的共产党的党内斗争，黄炎培与大家一样，是完全被蒙在鼓里，一点也不知道的。

20世纪50年代末北京天安门广场，百万人集会声援第三世界国家的斗争，黄炎培由姚维钧搀扶着抱病参加登上天安门城楼。那天北风凛烈，正是北京最冷的天气，天安门城楼上朔风扑面，代表民主党派在大会上发言的沈钧儒先生刚刚站在麦克风前，便嘴唇打战，病发作了。焦急的周恩来立刻来找姚维钧：“黄任老的身体可以不可以讲话？”姚维钧虽爱护丈夫身体，但更懂得孰轻孰重。“没问题，请总理放心。”姚维钧立刻回复周恩来。扶下沈老后，黄炎培走到麦克风前，在刺骨的寒风中讲毕，周恩来上来搀扶他，嘱咐姚维钧：“照顾好黄老！”黄回去后感冒一场。

1964年越南胡志明主席访问中国由陈毅陪同来到黄炎培家，恰黄去了医院，胡主席扑了个空。次日黄偕姚去钓鱼台回访，胡志明一见面便称黄炎培是“黄老师”，黄炎培愣住了，胡志明解释到，半个世纪以前黄炎培去越南举行讲座，胡志明听过，留给他深刻的印象。黄炎培这才明白新中国成立初年时，胡志明要托当时第一任驻华大使黄文欢送来一本胡志明的《狱中诗集》的含义。

对人民来信，对群众反映的问题，黄炎培要管的。素不相识的人向他写信反映求职困难，反映所用非所学，他都出面管，批转有关部门。他去世后仍有当年他协助解决工作的人，写信寄给我。

黄在1965年底“文化大革命”将临之际去世，“文化大革命”后“黄炎培”的名字被画上叉叉，他的言论遭受批判。他写给刘少奇的信和刘少奇的回信被拿出来当作大毒草，刘少奇与黄炎培，被冠为“党内最大的走资本主义当权派”与“党外最大的资产阶级代表人物”。新中国成立初年，刘少奇来我家拜访过父亲，父亲也早就知道他是党内二把手，听刘少奇讲话觉得很有水平，对他很是敬重。父亲偶或也与他通信，交流一些问题。1954年后刘做首届人大常委委员长，父亲做副委员长，一块儿开会共事。据我三兄黄万里生前告我，有一次人大开会，父亲发言反映农村饥荒，彭真站起来批驳，两人激烈争论，相持不下。当时刘少奇主持会议，竭力公允，说黄、彭两位意见暂都不急于下结论，彭真同志看法正确，黄老意见也有道理，还是要派人下去调查再做结论。在当时越来越“左”的趋势之下，刘少奇仍能对父亲意见持较为尊重与客观态度，殊为不易。“文化大革命”后，1977年我在新华门街上看见刚被解放的王光美阿姨，连忙迎上去问候她。她后来做了社科院外事局局长，在社科院从事研究的我去院部见过她。前些年她去世，我去八宝山送别她。

1968年1月，饱受批斗和毒打，不堪凌辱的姚维钧结束了自己的生命。这位记载黄炎培与毛泽东对话周期率的《延安归来》一书的执笔者，用自己生命的抗争，在证明自身无辜同时，又一次以周期率执笔人之死的现实，对这一当年的预言，加以印证、加以注脚，给予后记了。

母亲姚维钧死后，几个在学校的儿女，一个个走向农村，上山下乡。当当去了内蒙，丁丁去了河北乡下，方方去了太行山，冈冈去了山西工地，从此家破人散。

“文化大革命”之中，除黄炎培夫人姚维钧外，他的五儿必信夫妇及小女儿一家三口都死于非命，报到周恩来那里，周让查，后来不了了之。加上新中国成立前夕被害的黄竞武，黄炎培一家有五人付出了生命。

五条生命，七个右派，这是黄家人的付出，也是对历史的交代。

六、黄的身后

“文化大革命”之后，被颠倒的历史又颠倒回来。随着胡耀邦人力推动的平反与恢复，随着历史真情的披露与公开，早已作古的父亲日益受到尊重，在一些场合都被称作共产党的“诤友”“挚友”，受到与他共事过的中共中央老领导们的好评。

1977年为我母亲姚维钧举行骨灰安放仪式，孙起孟、胡厥文、胡子昂、荣毅仁、王光英、孙晓村、万国全、经叔平、孙孚凌、刘靖基等十来个全国人大副委员长、全国政协副主席们出席，邓颖超送来花圈并打来电话，悼念母亲。

进入20世纪80年代改革开放新时期以来，陆续传来第二代中共领导各种方式的对父亲的好评。

“文化大革命”后，胡耀邦不仅平反宽假错案，而且推动在“文化大革命”中被迫关张的民主党派与人民团体恢复。在收到接父亲班的民建中央主委兼中华职教社理事长胡厥文副委员长写来请求恢复中华职教社的信后，时任中共中央总书记胡耀邦立即亲笔复信，信中写道：“继承发扬光大黄任老毕业奋斗的事业……”予以大力支持，并题下“重放光彩”四个大字。后来耀邦去世，举国哀悼，我三赴胡家致哀。

陈云在收到为父亲在上海浦东川沙故居题字的请求后，推掉其他事，嘱人拿来纸墨，对人说“黄炎培是好人，我要替他写”，挥笔写下“黄炎培故居陈云八十七”。后来，陈云和于若木去世，我都赴中南海陈家致哀，并到八宝山送别陈云老人。

邓小平在20世纪80年代中期在收到在美国的父亲曾孙请求回国考察的信，批转中央统战部，接待他回国考察。

1987年逢父亲诞辰110周年，中央有关方面为父亲举办了隆重的纪念活动，将海内外的父亲亲属几十人请来北京，正在美国哥伦比亚大学访学的我为纪念父亲的这一特殊日子，写下父亲小传《黄炎培的故事》刊登于纽约《北美华侨日报》上，连载一个多月，之后我也被邀回国，参加了有关的纪念会、展览会。在当年的政协文化俱乐部即今日欧美同学会，还举行饶有意义的黄氏家族团聚会，黄家四代近百人齐聚一堂，共庆国家与家族之复兴，殊为难得。党和国家领导人乔石、习仲勋、王任重、阎明复、孙起孟、胡子昂、荣毅仁、王光英、朱学范、万国全、孙孚凌等人出席了在大会堂举行的纪念会，在父亲诞辰110周年时，邓颖超题字“发扬黄任老热爱祖国与时俱进的精神”。

彭真“文化大革命”前在人大与父亲同任副委员长，在党内分管人大事务。在人大会上父亲提出农村饥荒等问题时，曾与父亲发生多次争论，父亲对他怨言不少。但1987年中央纪念父亲110年诞辰，很少给人题字的彭老写来了充满情谊的题字“纪念为祖国解放和建设事业合作奋斗的战友”。一场“文化大革命”，获取了新的视野与思考，健在的彭老与地下的父亲冰释前嫌，读之我唏嘘不已。1998年彭去世，我去台基厂彭宅，向老人遗像鞠躬致哀。

习仲勋夫妇一家我们在20世纪五六十年代在北戴河暑休时就认识，1987年习老代表中共中央在父亲纪念会上致辞，讲父亲为中共的“诤友”，宴会上我向习老敬酒，他再三对我讲你爸好，敢讲话，讲真话。1989年春我刚归国，在大会堂的会上又相见。我趋前问候，攀谈一番，老人极为关心，问我家情形。2002年习老去世，我特地去他家两次并去八宝山送别老人。

杨尚昆1987年访美，我正好在美国学习，当时作为留学生代表受其接见，韩叙大使把我介绍给杨主席，杨说：你爸我认识，访问延安时就认识了，他也是诗人，最近刚读他的诗（1987年出版讨父亲诗集）。他让我回国后去找他。我回国后没去麻烦他，但他去世，我去什刹海旁他家看望，并去八宝山送别。

李维汉80年代初住进北京医院，我姐去看他，李老对父亲评价很高。李当时肯定还不知道“文化大革命”前夕发生的事，当时他已被打倒，父亲却仍在民建大会上讲李部长说过什么，李部长如何好云云，旁边人提醒他，但他不为所动，仍讲个不停，台下对父亲炮轰不停。

薄一波老人新中国成立前后曾在中央财经委主持工作，曾与父亲共事。走入高寿后怀念父亲。2005年，薄熙来给我打来电话，希望我去看望老人。我去了玉泉山老人住处，李秘书嘱咐我，97岁的老人只能谈话20分钟。但后来一谈竟达50分钟，我几次要告辞，老人拉住我的手，眼里透出晶莹的泪花，嘴里吃力地吐字：“黄……好！”久久不肯松开。2006年春节薄老98岁寿辰，薄熙来来电，邀去北京饭店为老人祝寿，留下合影。2007年初薄老去世，我去八宝山送别，薄熙来流着眼泪告诉：“我父亲走到哪儿都跟人讲你爸与毛泽东的周期率……”

姚依林因其子姚明伟与我同学，20世纪60年代起就相熟。20世纪80年代末收到我姐求助信后，姚副总理立即批示办理，对身旁人讲，以后黄老家孩子有求，一定要办。1994年姚老去世及之前周阿姨去世，我都去八宝山或去姚家致哀。

马文瑞老人一家也是20世纪60年代就认识的，马老三个女儿是早年的同学。2002年我家遇到一些困难，为此托请马老向江泽民转呈上我们的信，马老在信上批下几字，送给了江办。

另外李先念、陆定一、宋任穷、胡乔木等中共老人“文化大革命”之后都关心、过问、帮助过我们。

近年来，第三代、第四代党中央领导也关怀我家。

江泽民任上海市领导期间，曾亲自手书父亲为其创办的中华职业教育社写下的社训“双手万能”四个大字。

作为我三兄黄万里长年任教的清华大学水利系毕业生，胡锦涛总书记曾于2004年光临黄万里的长女婿、数学家杨乐的家，与杨乐、黄且园夫妇亲切交谈。

八届和九届全国政协主席李瑞环曾高度评价父亲与毛泽东的延安对话，认为此对话为共产党的统战和政协的工作，提供了理论方面的基础。

1980年我考入社科院，接触学术界一些老领导，他们对父亲都很尊重，社科院的领导宦乡、许滌新、浦山、王仲方都如此。我的所长先为钱俊瑞，而1949年政协会上讨论共同纲领，钱俊瑞曾坚决要求取消职业教育，反对父亲主张尤甚。“文化大革命”后钱老成为社科院世界经济所所长，听说黄炎培之子的我考去该所，钱老表示竭诚欢迎。而且钱在经济研究上思想也解放，时势催人，终变得开明了。

父亲与中国共产党那些曾经的日子，一桩桩，一幕幕，回忆起来激情难掩。同时又不禁感其不易，感其分量，遂提笔作下此文，做番历史的记录。当然这些昔日之事，在历史长河中不过片段，且父亲的努力，我家的付出，在先后几代中华儿女的奋斗之中，在国家民族的前赴后继之中，仅仅沧海一粟！父母生前并未经常提及，只是在历史早已翻过多页之后的今天，为了子孙，为了明天，也为了父辈曾风雨同舟的共产党，我方提笔写此，留住历史，留住昨天。

2011年7月10日

（原载于《黄炎培与毛泽东周期率对话——忆父文集》

人民出版社，2012年版。）

七十年前的宪政努力

——走向新民主主义的一段历史

近来，一些友人和同行都在关注和谈论新民主主义。在信息爆炸的当代，一项理论或观点的提出能获得如此多的眼球，如此多的回应，殊非易事。从这一角度看，无论赞成与否都不能不承认：作为一项问题答案的“新民主主义”论或可商榷，但作为一个问题的提出，其确实抓住了时代，切中了要害！更如其提出者所云，此乃仅仅是问题的起点，而非问题的终点。

我对新民主主义理论本身尚乏研究，不想说三道四，但是对于新民主主义的由来，其产生的背景却知一二。在此主要根据父亲黄炎培的日记（《黄炎培日记》，1911—1949，华文出版社2008年）对这一历史做番回忆。

一、抗战初期新政治生态形成

1937年“七七”事变，抗日战争全面爆发，全国军民抗战激情高涨。

1937年7月14日和17日蒋介石两次召开庐山谈话会，邀请全国各界精英携手抗日。中共代表周恩来、秦邦宪（博古）等奉党中央之命应邀上山与蒋会谈，开始第二次国共合作。

1937年6月17日由各党派人士组成的国防参议会第一次会议在南京召开，至1938年在武汉举行其第64次会议而完成使命，决定成立国民参政会，原国防参议员皆转任国民参政员。

1937年7月6日国民参政会第一届会议在汉口两仪街20号召开，共149人出席。根据国民参政员遴选资格丁项规定“曾在各重要文化团体或经济团体，服务三年以上著有信望，或努力国事，信望久著之人员”，中共代表毛泽东、周恩来、董必武、秦邦宪、陈绍禹（王明）、邓颖超、吴玉章等入选。长年从事教育的黄炎培与张澜、梁漱溟、邹韬奋、沈钧儒、章伯钧、罗隆基、史良、张君劢、左舜生、江问渔（江恒源）、褚辅成、胡适、傅斯年、章士钊、王云五等人也根据上述丁项之规定，作为社会贤达入选国民参政会。汪精卫任议长，张伯苓任副议长。1939年2月第一届第三次会议上，黄当选为提案审查组主席。

二、第一次宪政高潮

背景：

1. 1939年1月，国民党五届五中全会通过“限制异党活动办法”，开始实行“溶共、限共、反共”政策，引起社会各界反对与警惕。

2. 1939年2月的第一届三次会议上，中共代表董必武提出“加强民权主义的实施案”的提案，要求对各个党派予以法律上的保障，实行民主。董提案遭到国民党方面参政员激烈反对，作为提案审查组主席的黄做番调停，提案修正后获通过。与此几乎同时，黄炎培等联署提出“请确立民主法治制度以奠定新中国成立基础案”，提出“政府行动应法律化”，“政府设施应制度化”，“政府体制应民主化”，“逐渐增加人民参政之权力”等建议。会上还有类似的提案提出，这些提案与董提案、黄提案一起，构成对国民党五中全会反动政策的强烈回应，并为半年后9月召开的国民参政会第一届四次会议上掀起的第一次宪政高潮作出铺垫。

经过：

1. 1939年9月国民参政会第一届四次会议举行，会上各党派参政员不约而同地提出内容相同的“请政府结束党治，实行宪政”的七个提案，计有：中共代表提案；江恒源、黄炎培等职教派代表提案；王造时等救国会代表提案；张君劢等国社党代表提案；左舜生等青年党代表提案；张申府等人提案；孔庚等人提案等。会上国民党方面剧烈反对，参政会上发生从未出现过的激烈争论，黄在日记上写道：“其间争辩甚烈，屡临破裂。”邹韬奋记道：“有人大呼‘一党专政不取消，一切都是空谈’当时空气紧张到一百二十分……一直开到半夜三点多。”（《韬奋文集》第3集第223—224页）。作为提案审查组主席的黄认为此案乃“新中国成立之根基，民治之起点”，而竭尽全力调停，努力使其在会上获得通过。为此，黄起草了决议案，提出了治本（定期召开国民大会，制定宪法，实行宪政；成立宪政期成会，促进宪政）与治标（请政府明令在法律上一律平等；政府应充实与改进）两套办法，于在9月16日会上获表决通过。

2. 1939年9月18日闭幕会上蒋介石宣布成立宪政期成会，由中共代表董必武和若干国民党代表及社会贤达代表张澜、罗隆基、章伯钧、张君劢、左舜生、李璜、傅斯年、史良等二十五人组成，由黄炎培、张君劢、周览任召集人。之后在黄主持下，期成会对原“五五宪草”作出修正，提出了八章一百三十八条的宪法草案。

3. 参政会内外要求宪政日益高涨。推动全国的民主浪潮，1940年2月中共中央在延安成立了宪政促进会，呼应重庆的宪政期成会，为宪政主张鼓动造势。中共领导一应出席成立大会，吴玉章任会长，毛泽东在会上发表讲话，坚决支持宪政主张，抨击国民党独裁统治，说其是“挂羊头，卖狗肉”，即挂“宪政”的羊头，卖“一党专政”的狗肉。还说国民党像《封神演义》中的申公豹，走路只知道后退等等（何方《一定要解决好民主化问题》，载《炎黄春秋》2011年7月）。

三、第二次宪政高潮

背景：

1. 1941年初皖南事变爆发，国民党掀起第二次反共高潮，团结抗战局面濒临破裂。事变传来最初几天里黄炎培心急如焚，深夜专候在电话机旁等待周恩来电话通报新四军消息。黄炎培在参政会上抨击这种倒行逆施，周恩来在《新华日报》上题写“同室操戈，相煎何急”，但遭当局阻挠出售。黄愤怒难遏，亲自带人去新华日报报社搬来了几千份报纸，拿到职教社所办的学校，让学生们挨家挨户去散发。

2. 面对国民党高压，黄炎培等第三方人士加快了组党步伐，1939年11月黄与沈钧儒、梁漱溟、章伯钧等在参政员中发起成立统一新中国成立同志会。1940年底由黄炎培、梁漱溟、张君劢、左舜生四人最先发起，几经酝酿，于

1941年3月秘密成立中国民主政团同盟，在黄炎培为首的职教派、梁漱溟为首的乡村教育派、沈钧儒为首的救国会派、章伯钧为首的第三党、张君劢为首的国社党、左舜生为首的青年党等“三党三派”为基础，五常委为黄炎培、梁漱溟、张君劢、左舜生、章伯钧，主席黄炎培，秘书长左舜生。周恩来等获知民盟成立，立即给予了包括经济方面的各种支持。

3. 中共与民盟联合反击，克服了国民党第二次和第三次反共高潮，中国人民熬过了最艰难的时光。1944年，苏德战场形势喜人，盟军开始全面反攻，我国的抗战迎来胜利曙光。面对即将到来的胜利和抗战后的新局面，国内的政治走向也发生了改变，即开始了第二次宪政高潮。

经过：

1. 1943年冬中共中央作出关于在全国发动宪政运动的重要决定。中共中央发出《关于宪政问题的指示》，决定“我党参加此种宪政运动，以期吸引一切可能的民主分子于自己周围，达到战胜日寇与建设民主国家的目的”。（《南方局党史资料·统一战线工作》第22页）周恩来在延安向党内做了《宪政与团结问题》的讲演。中共中央指令周恩来、董必武、林祖涵（林伯渠）等人积极投入宪政运动。

2. 面对二战胜利的曙光，美国罗斯福总统对蒋介石提出三点“献议”：“中国宜从早实施宪政；国民党退为平民，与国内各党派处同等地位，以解纠纷；战后建设须自筹经济。”

3. 1943年9月国民党五届十一中全会召开，会上蒋介石宣告将实施宪政，还政于民。

至此，国际上和国内的中共、民盟、国民党三方面先后表态支持宪政，在抗战即将胜利，国家与社会即将面对新局面之际，都选择了宪政作为对未来的共同选项，形成对未来的共识。如同之前面对日寇入侵全民族义不容辞选择抗战一样，在此之际都共同举起了宪政大旗。

4. 11月在国、共、民盟等第三方组成的国防委员会中成立宪政实施协进会，由五十四名委员组成，中共的周恩来、董必武等在内，蒋介石任会长，黄炎培、孙科、王世杰任常务委员兼召集人。

5. 参政会内宪政要求不断高涨，参政会外社会上宪政运动更未平息，尤其国民党允诺还政于民后，更加如火如荼地开展。1944年初黄炎培创办《宪政月刊》，亲任发行人，张志让为总编，将当时社会上众多知名人士以编辑委员或赞助人身份包括了进来，有褚辅成、傅斯年、章士钊、王云五、王芸生、杨卫玉、江问渔、浦心雅、章乃器、杜月笙、钱新之、胡西园、刘攻芸、荣尔仁、潘序伦、刘航琛、江一平等，包括政界、文化界、法律界、实业界、金融界等各领域人士。《宪政月刊》先后发行了二十七期。黄炎培等在出版《宪政月刊》同时，以其编委和赞助人为主，举办宪政座谈会，第一次在交通银行会议室举行，黄炎培主持。之后间或举行，题目为"民主与宪政""宪政与经济"等，都围绕宪政问题，先后召集了十三次。最后几次参加者扩大到一千五百余人，开会地点从会议室搬到大礼堂，共产党代表董必武及各界人士冯玉祥、陶行知、沈钧儒、章伯钧、章乃器、邓初民等先后作主旨讲演，从而将座谈会变成群众广泛参与宪政议题抒发政见的平台。这些活动自始至终都得到中共的高度评价和倾力支持。

6. 1944年9月奉中共中央指示，参政员林祖涵在国民参政会上正式提出组建联合政府的主张，获得参政员们的广泛支持与响应，将这次宪政运动推向了最高潮。

四、走向新民主主义

1945年春中共召开七大，毛泽东发表《论联合政府》。会后中共代表王若飞拜访黄炎培，将上述文件送交黄，得到积极反应。

当时国共关系处于僵持状态，中共代表拒不出席参政会。阅毕《论联合政府》后，在宪政运动与联合政府前景鼓舞下，应中共中央毛泽东之邀，7月黄与五位参政员访问延安，在延安，黄炎培与毛泽东做了著名的周期率对话。回渝后黄拜访蒋介石，转达中共态度，国共关系开始松动。中共重返国民参政会。之后毛泽东赴重庆开始国共和谈，签署《双十协定》，启动了"和平民主新阶段"。

1946年1月10日，政协（俗称旧政协，以区别1949年之新政协）在渝召开，酝酿成立联合政府。几乎与此同时内战也开打，打打停停，黄炎培等忙于调解内战，曾经的宪政主张已无从谈起，民盟与第三方也产生了分化，之前1945年底黄炎培联合胡厥文、章乃器、孙起孟等创立民建并任主委，逐渐转变到反对国民党独裁统治的全民斗争中，战场上三大战役，国民党腐败透顶而不堪一击。黄炎培携我母逃离虎口北上（国民党反动派未抓到父亲，即将3岁的我和姐姐、姨母当作其枪口下的人质，上海解放前夕杀害了我二兄），毛泽东率党中央进入北平，在香山双清别墅里第一个会见了黄炎培，毛请黄放下多年的教育事业而以我国民族工商业领军人物身份发展我国民营经济。之后，新中国成立前夜召开新政协获得合法性，通过共同纲领，各党派共同确认新民主主义，确认共产党领导，黄在周恩来力邀下打破惯例出任政务院副总理并兼任以民营经济为主的轻工业部部长，开始了新民主主义的实践。那是另一段历史了。

2011年8月27日

（原载于《黄炎培与毛泽东周期率对话——忆父文集》

人民出版社，2012年版。）

初登蜀道

——抗战之前首次入川

父亲黄炎培对四川有很深的感情。他在晚年说:“我在四川留居八年以上,占八十年岁月的十分之一,四川可算我的第二故乡了。”(黄炎培著《八十年来》第95页，文史资料出版社1982年出版)

父亲一生走南闯北，他1878年生在上海浦东川沙，1901年21岁考入在上海的南洋公学，1902年中举人，当年返浦东家乡创办川沙小学等，1906年又办浦东中学，1905年加入同盟会并于同年接蔡元培任同盟会上海干事，同时于1905年被张謇引入江苏省教育会任常任调查干事，频繁活动于上海和江苏。辛亥之后他受任江苏省教育司司长三年中，大刀阔斧地推动省内中小学及大学教育，1920年后他两度坚辞不任北洋政府颁任的政府教育总长，并坚辞不任直隶省教育厅长，坚持在上海和江苏先后参与创建、扩建、改建了暨南大学、上海财大、南京高师、东南大学、同济、河海工学、厦大等大学。尤其是在考察了美国旧金山世博会和美国及日本、东南亚的教育后于1917年创立中华职业教育社，从而开创我国职业教育的先河。在办学兴教同时又不忘经济，1920年领衔成立公司修建了上海到浦东川沙和南汇的上川铁路、上南铁路。他的众多学生当了老板或老总的故被称作“老板的老板”。这样一位走遍大卜乂名满天下的黄炎培，为何偏对四川独有情钟呢?

首先，父亲是为国为民而生，在川岁月经历的是国家民族的最危亡时刻，不能不在忧国忧民的黄炎培心里路程上留下极重痕迹，是其一。

其次，在川八年中已过六旬的黄历尽艰危，奋力拼搏，从而在他诸方面的事业上都达到了辉煌高峰：创建民盟与民建两个政党并都出任其第一任负责人与共产党人合作并赴延安与毛泽东做了至今时常被人提起的历史周期率对话等，是其二。

而且，也在川，黄经历了他前妻亡故之后与我母相恋成婚，重组家庭的个人感情与生活的巨大变化，是其三。

最后，黄一生爱诗尤爱杜甫之诗，而杜有相当诗篇是写川或写于川（据黄统计共712篇，占杜诗共1135篇的百分之六十三），1927年黄被国民党通缉逃亡旅顺期间，工工整整抄下了数百首杜诗成一册《杜诗尤》，成为他一生最为满意的书法作品。

然而尤值得一提的是，在黄炎培抗战移居四川之前，1936年元月底至5月上旬黄曾首次赴川百日，给黄留下深刻印象，为而后黄在川岁月打下基础，值得一书。

黄选择此时赴川是有原因的。

其一，他难却当时中国的船王卢作孚之盛情。之前卢几次邀黄赴川考察，但黄都没腾出时间。当下黄刚刚完成连续数月紧张的修纂川沙县志之事，于是决定川游，边休息边考察。

其二，届时黄越来越预感到日本进一步侵华在即，之前的“九一八”“一·二八”，一桩桩，一幕幕都预示了这一点，黄明白一旦开战，四川即大后方，全国的政治经济都要向此转移，包括他创办多年的中华职业教育社也似乎要转移到此，所以，黄此来是为打前站，为抗战预先考察，预做布置，以后事态发展也证明了这些。

一

1893年出生的卢作孚亲自飞来上海，以川籍人士且为民生船运老总的双重身份来迎接其师辈友人黄炎培离沪赴川。当时卢为首的民生公司在长江上已拥有了客轮共41艘，把长江上游之前由外国人控制的船运夺回国人手中。

1936年元月29日晚，黄登上了上了民生公司的“民贵”轮，中华职业教育社二把手江问渔率一班同人前来送行，卢作孚则率民生一班人马迎黄，轮船客仓中挤满人。送行者之一黄齐生创议各位献上临别赠言，于是“庄谐杂出”，各献一辞。黄炎培面对一句句，一篇篇贺他远行之辞，客气一番，调侃道："长江旅行不是黄河旅行，应以江先生为主体，吾不能为主体。"站黄身边的江问渔先生笑了，连忙回应："现尚在黄浦江，应都是主体。"众人一阵掌声，又有人说："黄江都有着落了，浦未有着落。"恰当时黄的友人，中华职业学校校长潘仰尧携夫人浦女士在场，于是又有人说："浦太太应是主体。"众人又一番大笑，最后在黄等提议下众人唱起《义勇军进行曲》。出发之前一天是"一·二八"四周年，黄率众人赶去庙行无名英雄墓前，纪念抗战英魂时也曾高奏此曲。一时"起来，不愿做奴隶的人们，把我们的血肉筑在我们的新的长城……"荡漾在黄浦江畔。在悲壮的气氛中，船起锚了。黄炎培在其结束此行后发表的《蜀道》一书中记载道："民贵船当夜就冲出了四年前遗下赤血和白骨蒸发愁云惨雾阴酷的氛围，狠（很）勇敢地开出吴淞口，向长口逆流进发。"（《蜀道》，开明书店1938年版，下同，第4页）黄提笔写下了此行的第一首诗：

丙子"一·二八"之明日赴蜀留别沪友

到眼蓬蓬未是春。淞波翦恨送征人。
迟迟雪柳归何处。莽莽江山着此身。
老癖图书外何有。客心鱼鸟壹相亲。
庙行薤曲声悲壮。锻练千年蜀碧新。

（江行十首之一，《蜀道》第4页）

二

在《民贵》轮上，黄发现多处张贴着服务乘客的布告，如备有免费的救急药品、娱乐器具、图书报章等，代发信件电报，转船时提供向导，代约人来接客等多项内容。黄感到浓浓的当客人是"客"，是"人"的以人为本的民生风格。黄也从中了解些民生公司能脱颖而出之道。

在船上黄用了两天时间校阅《夷氛闻记》。这本1848年由无名氏所写之书记载了道光年间为防英军入侵，粤督徐广缙和巡抚叶名琛在民间办团练，设社学，辅以公所，平时务农，战时为兵，黄称之为"教养卫合一"（《蜀道》第

8页），体现了官民合作，政府与地方合作，黄对此极为赞赏。所以早年系由黄主办的人文图书馆从辛亥元老，惜阴堂主人赵凤昌手中借来手抄，今又借得北平图书馆印本两相校阅并无差错，两天读下来黄炎培“竟发现了这本书更伟大的价值”（《蜀道》第9页）。价值何在？就在其所依靠的正是社会自治组织。黄几十年在社会上，无论是办教育，从搞江苏省教育会到中华职教社，还是支持十九路军淞沪抗战，组织市民维持会，行业不同，任务不一，但其所作所为，无一不是依托社会组织。

阅毕该书，船上响起警报，原来是船上搞消防练习。习毕，民贵轮周绍虞总经理请黄向船员讲演“练习”之重要，讲毕黄题字。次日周又来求字，该日乃周母73岁生日，黄写下“寿域慈航”四个字以祝。

2月2日船抵武汉。恰逢中国教育学会年会在武汉的中华大学举行，黄赴会遇见诸位老友。次日黄应王星拱校长之请赴武大参观，“武汉大学建筑在东湖之旁，就山址高高下下，依其天然形势而成。环境优美极了。与其说是闳壮，不如说美雅。是一座极好的清修学府。全部建筑及一切设备费二百五十六万圆。学费极廉。全年仅二十圆。这时候正准备开学，校长王抚五（星拱）、教务长皮宗白（宗石）、文学院长周通伯（源）、教授刘炳藜、李儒勉、高翰诸先生，旧好新知，握手相见”（《蜀道》第10页）。

在汉一周黄晤见各方人士，值得注意的是黄与时任武汉行辕主任的国民党要员陈诚一去一来两次晤见，长谈近三小时，两人都预感见到日本与我开战在即，“与日必出于一战”（《黄炎培日记》第五卷，下同，1936年2月7日）。

2月9日，黄换乘民生公司的《民风》轮再次启程。途中又作了三首诗。

江行二

腾腾一水佛金焦。寂寂五峰江海交。
季子文章余事在。小姑诗酒廿年遥。
魂物楚尾无青草。星落旌头有赤。
到底英雄论成败。素车怒射热矶潮。

江行三

黄鹤楼前散舳舻。百年陵谷见乘除。
抱冰互保扶危后。易帜共和新中国成立初。
金箭美材无晋楚。汉江游女有诗书。
精庐吾亦东湖爱。奈此野哭余。

江行四

壬戌曾追赤壁舟。归途亦上岳阳楼。
十年野血群龙战。一夕天门万骨浮。
赤地刀兵兼水火。朱门歌管自春秋。
荒荒象鼻山前土。楚国书成宝未收。

（《蜀道》第11页）

三

船行到宜昌之后即是荆门，荆门是我们黄家史祖春申君黄歇之故乡。黄炎培在《蜀道》中写道："直到近宜昌时，两岸是峭壁，如门户一般。水势较急，一泻千里。就叫做'荆门'。杜少陵诗：'群山万壑赴荆问'……"（《蜀道》第12页）七十多年后的今天，读到此我甚是纳闷：怎路过史祖之故乡，父亲怎不着番笔墨，发番感慨呢？怎会提都不提呢？父亲不会不知道我家之始祖，浦东川沙黄氏后人众多，祖上春申君踪迹如川沙春申路等比比皆是，父亲肯定知晓无疑，但春申君之故乡在湖北荆门，乃考古挖掘出的新发现，系近年发生之事，父当然不知。看来，科技与生产的发展不仅不断延伸我们人类的未来，而且不断地拉近着我们今人与古人的距离，使我们得以更多地了解我们祖先的种种状况。在这一点上，庆幸我比父辈获知了更多。

在船上黄不是读书即是与人谈话，乘员乘客来自四面八方，黄借此更多地了解社会现状与公众心理。如与一位四川酆都县人谭秀灵谈话中，黄得知四川全省有十个县被指定为种鸦片。过去种鸦片收入最多时每亩可得三四百元，而现在则要赔本，但又不许不种。鸦片10月种3月收，稻子3月种8月收，二者一年里可并种。黄还了解四川的佃农制度，种稻的农民与田主收获四六分成，“而纳税分四季，每担每季须纳四角，全年四季须一圆六角。此外尚有保卫捐，……捐等，不计其数，不计其数。皆由军队抽收，把全部收入来供给还不够，酆都真成活地狱了。”（《蜀道》第17页）

船上举行联欢会，请黄来讲“提倡服用国货的意义”，这正中黄下怀。“一·二八”淞沪抗战以来，由申报老板史量才担任会长，黄炎培担任秘书长的上海市地方协会发起了声势浩大的提倡国货运动。当时西方正经历历史上最大的经济危机，产能过剩，产品滞销，从而千方百计向我国倾销，冲击我国幼稚的民族工业。尤其日本在侵华同时，还大规模地走私产品到我国，极大干扰了我国正常的生产与社会秩序。为此黄等号召国人使用国货，1932年12月28日举行国货年运动开幕式，请来吴铁城市长，宣布次年为国货年，三天后的1933年元旦为开幕日，张贴宣传图画与标语的汽车行驶在上海各条主街上，《申报》还发元旦国货特刊，首发黄撰写的“国货与国人”一文。一年之后黄等又与妇女界联手，定1934年为妇女国货年，黄亲自以国民党党歌之曲谱，填上提倡国货的新词。148字歌词如下：

“共和新中国成立，廿三星霜。妇女国货，年号流芳。自家庭始，相随相倡。苟非国货，虽美弗光。苟为国货，虽朴何妨。自给自足，俾富而廉。可耻可耻，洋货满堂。请观日本，欧美列邦。家家抵制，强益求强。独吾中华，自由市场。金钱千万，流入外洋。血枯精竭，国破家亡。中华天产，百物精良。有农有矿，我工我商。国绸国布，我棉我桑。妇女率先，自家而乡。自近而远，普及边疆。民生之本，国之祯祥。”

（《黄炎培日记》1933年12月24日）

1935年则定为学生国货年，黄又填了首提倡国货内容的儿歌，名“宝宝歌”

早晨起得早，
功课做得好。
一概洋货我不要，

看见国货微微笑。
好弟弟，小妹妹，
真是好宝宝。

（《黄炎培日记》1934年3月17日）

四

在沙市和宜昌，黄做了两场报告，每场都有一两千人，都是关于在外侵形势下动员民众与教育问题。在宜昌的那场听众中有个东北籍人士听到黄讲到国破家亡时竟当场泣下，悲奋难忍，黄把此记入诗中。宜昌那场是军方组织的，组织者柳剑霞原是个学者，曾写《新士耳其》一书，由黄主办的《人文》杂志刊登黄亲摘取的此书提要，此番柳来迎黄，黄也记入其诗。

江行五

身后功名那可凭，相才吾欲起江陵。
当年吴蜀曾争地，今日西南倘得朋。
差喜拂云棠荫美，定看挥日鲁戈能。
尊前旧雨逢今雨，一夕园游感不胜。

江行六

金甲春农事可嘉，东山忠骨枉虫沙。
急须飞将丰毛羽，忍对诸生惜齿牙。
入座南冠犹有礼，随阳北雁已无家。
长沙终见登宣室，吾爱清才柳剑霞。

（《蜀道》第20页）

黄一行参观了宜昌机场，之后登上东山，山上存有一座昭忠祠，系1925年时由直系吴佩孚手下师长王金山所建，为纪念这些年里战死的直系将士，黄对此很不以为然，“可怜这一般将士……死于自相残杀，把有限的国力——生命和财产，无端断丧，不知凡几！败没有价值，胜也没有意义。”

（《蜀道》第21页）

在宜昌换乘“民主”轮，黄一行驶入三峡。三峡由西陵峡、巫峡、瞿塘峡组成。首入西陵峡，竟是由一位能操流利汉语的洋人船长来向他们讲解沿江风光。“北岸石壁绝高处，有石很象牛的肝，马的肺。……江心大石兀立，把水分做南北两漕，南漕乱石不能行船，北漕有暗礁伏水，更不易行。……船直向江中大石开行。待将要触着时，忽然转北，缘大石疾趋，才得出滑漕，其险可想。”（《蜀道》第25页）进入第二关巫峡，“两岸峰势更奇峭雄伟。……在整个的奇峭雄伟的环境中旬，添上阴森幽险的意境，杜少陵诗‘巫山巫峡气萧森’，萧森两字形容得不错。能使人心突起一种变化，由可爱至于可怖。所苦在看了南岸，舍不得北岸，使全部乘客，奔走于南北两舷间……累得护航兵士，高声唤起大众注意，勿偏站一边，使船失了重心闯祸！”（《蜀道》第26—27页）

白帝城过了，夔府过了。黄留下诗：

江行七

夷陵西去万山云，六六巫峰一水分。
随地花盐堪入味，成图拳石亦能笔。
灵风屈子祠前拜，梦雨高唐赋里闻。
白帝孤城谁许卧，亭边百战旧时裙。

江行八

空冷滩接泄青滩，入蜀于今路未难。
到处雄奇大斧劈，幻成慈孝合家欢。
兵戈想像留书剑，牛马忠劝见肺肝。
吹气蒲兰碑下过，几人天职似君完。

江行九

不夜园林禁客眠，红梅万本拂吟鞭。
烛奴密树惟窥影，罩子遥山不见天。

何扬雨云幻神女，只今涪万少春鹃。
潇潇一枕江声里，归梦吴阊晓泊船。

（《蜀道》第29页）

船已入川，到了涪陵，“涪陵山下，一水浓碧，即是乌江。从黔省来入江，但入江后，像一条碧带，与江水不相混合。……涪陵以上，山头一径，有门像穹形。叫鬼门关。凡守涪陵必守此。真是‘一夫当关，万夫莫开’”。（《蜀道》第33页）

在此，黄做了江行篇的最后一诗。

江行十

夔府西来渝万东，严城尽在白云中。
平沙金砾凭君取，小县小楼亦自雄。
峡里人家生有养，峰头硐壁盗无纵。
长缨一骑桃花血，请向逢山去挂弓。

（《蜀道》第33页）

五

船到重庆，登岸后即登飞机一小时后飞抵成都。黄写道：“第一种感想，只觉房屋、器具、物品、人们衣服，一切一切反映到吾眼帘里，和长江下游很少两样。然而东西相距已五千余里了。把这五千余里，由东西转为南北，如广州、福建、和江浙，和平津，彼此间便绝对不同了。就为是一条长江关系，东西几千里‘道一风向’可知河流于民族的迁流，特性的陶冶，风俗的融化上有极大力量。”（《蜀道》第40页）

黄看到成都与重庆，面貌迥然不同。“把成都与重庆比，恍惚等于把苏州与上海比。重庆是工商世界，成都的社会却完全不同，是很和缓的，很雅静的，很安闲舒适的。”（《蜀道》第38页）当时黄的长子，我家长兄黄方刚，美国哈佛获哲学博士，在川大任教并兼职华西大，黄就住在儿子家，“独立的一所小楼，四围花木，旁边草地一方，环以竹篱，倒也简朴而幽雅……”

（《蜀道》第44页）。后来在四川的游览中，黄写过一篇长律《成渝行》：

“成渝之间八百九十里，鹰岩百折仆复起。自余如绳又如砥，我来何见又何闻。嗟嗟吾仆亦哺矣，内江之糖富荣盐。地中有火明夷占，富媪美利谁能兼。盗天国氏何伤廉，忽闻道左啼饥者。当街饿季赤两踝，鹑衣百千走牛马，有虎有虎泰山下。”（《蜀道》第142页）

抵成都后，地方官员设宴为黄洗尘并征求黄对四川发展的意见，下车伊始，黄不多说什么。2月23日黄在卢作孚陪同下来到灌县，乃是“考察四川实际状况破题儿第一遭”（《蜀道》第44页）。县长罗远猷来迎并陪同参观。1938年开始，抗战中黄移居重庆后曾无数次地来灌县，或途经或专程，从讲演到办学，以至1941年春黄与我母通信相恋，有多封信写在灌县，发自灌县。在我父母的百来封情书中，灌县、成都与陪都一样成为信中最常见、最频繁出现之词。然而1936年2月里的访问却是首次。黄参观了都江堰，搞清楚了内江外江的水利原理，留一诗《灌县》：

劫余玉垒千年古，影里绳桥百丈长。
水自江都分两派，天留离碓峙中央。
碑文自昔尊三字，庙貌于今肃二郎。
始识杜陵工写笑，桤林笼竹费猜详。

（《蜀道》第51页）

黄第一次游览他倾慕经年的青城山。青城山属道教，与属佛教的峨眉山遥遥相对。23日午后从灌县县城出发，一路庄稼丰茂，鸡犬之声，沿途长生宫都未及细访，赶到山脚下已天晚了。晚八点钟登上天师洞，便早早安寝。天师洞始建于隋炀帝大业年间，名延庆观，唐改称常道观。24日清晨起雨下不停，黄等只能留在堂内，彭椿仙道长捧出道家乳酒和青城毛峰，一行人品茗谈天。黄等人聊到老子之三宝：“一曰慈，二曰俭，三曰不敢为天下先。”（《老子》第67章），聊起了佛道两家冲突，聊到阴氏煮金惠穷乏之爱民，张天师在鹤鸣得道后治病救人，药王孙思邈在青城山用千金方治病，范贤长生之千家部落在青城山自耕自卫等。尤其知晓了川农种植川芎乃珍贵良药而川农饱受高利贷盘剥，都一一记在黄心里。“外边雨下个不止，白云一片一片飞入房里”（《蜀道》第56页），黄写了副对联赠椿仙大师：“经阁如新，从知道道非常道。山田无恙，但祝年年大有年。”（《蜀道》）又写了一首长诗《青城山》再赠之，诗中记述了游山之感：

“既观都江堰。遂趋青城山。一肩滑干三十里。禾麻鸡犬居民闲。范贤故居未及式。”

“但闻流水声潺潺。一亭引胜暝烟里。第五洞天不可攀。炼师何倦倦。笼烛自开径。侵晨豁雨阻游屐。长日瓯茶助谈兴。我闻老聃三宝首曰慈。无为而为非不为。阴氏煮金惠穷乏。鸣鹄治病百姓师。逍遥千家倡自卫。思邈千金方广耳医。凡诸求仙者。匪敢以自私。方今嗷鸿遍海宇。掉头忍与人世辞。师赞我言非河汉。五千真谛知者罕。少年愤世求入山。荒荒天职良可叹。高谈未已云入房。张我军者儿方刚。诗成各尽酒一觞。垂乳银杏老生子。大脚玉菇香调羹。为语飞升今有术。我曾拨宅云中翔。”（《蜀道》第54页）

黄此诗之笔墨被刻在青城山天师洞石壁上，“文化大革命”居然逃过劫难，至今游人登山可见，乃后人之慰也（附上天师洞石壁该诗影照）。

当日灌县第四区赵管青区长来访，黄与赵商议一番，重点关注修治上下官堰之事，决定回县城后要办的事。

下山之时路过长生宫，是范寂故里。相传三国时刘备曾封范为逍遥公，他有部族千人在青城山结寨自卫。黄问范贤当年亲植的楠树，答早没有了。黄乃做《过范寂故里》诗：

“郁郁青城道，虢虢鸣泉流。言寻范贤居。茕茕千余家，率之遁林丘。

“自卫合群力，耧锄胜戈矛。余事虽弗洋，能令遐迩讴。越千五百年，我来抚松楸。

“古楠贤手植，樵斤早见摧。大平方荐瘥，桑土须绸缪。谁欤众归往，吾子与同仇。

“相传贤已仙，修龄乔松侔。长生曷足贵，怀德永千秋。”（《蜀道》第61页）

回县城后黄与罗县长商议，决定用建立合作社的办法解决川农种莴的借债和上下官堰水利问题．为此，之后黄去接洽银行，不久上下官堰利用合作社和川泽利用合作社在灌县搞起来了，地方尤其是农民从中获益匪浅。

六

当时黄已是教育界和社会名人。四川从省上到学校，纷纷来邀黄去讲演。

应省府秘书长邓汉祥之请邀往省政府去讲《如何唤起民众》。黄讲第一要承认民众，第二要识得民众的要求，第三要知道民众本要起且不等唤的。讲演中黄批驳当时有人主张“救国不救民”的观点，重提“民为邦本”的理念，“民之所好好之，民之所恶恶之”（《蜀道》第65—66页）。

应张凌高校长之请邀往华西大学讲演“今后学生的新使命”。黄讲了无形的国难，比有形的国难还严重等社会问题。

赴川大文学院讲《今后教育者的新使命》。

赴省教育厅召集的一千五百名师生讲《吾们怎样踏进社会的门》。

应任叔永校长之邀赴川大讲演《大四川的青年》，黄讲到，四川诚然是天府之国但前途危险；要从全中国和全世界眼光看四川；黄强调国防与西南防务。

赴中央陆军军官学校成都分校三千五百人讲演《团结生产与国防》，黄讲：“……国难到这地步，还能光靠政府吗？能光靠军队吗？能光靠少数知识分子吗？…希望诸君见着这些民众，须认清这些就是国家和民族的基本分子……而且还有一层要记好的，诸君的饷，以及我们的衣食，都是他们的血和汗造成的呀！”（《蜀道》第76—77页）

黄对四川的游兴何日产生的呢？10岁时读三国，描写蜀中山川人物与诸葛武侯，心中起一感动。后读杜甫诗，觉蜀中别有一天地，虽不能至，心向往之。黄是偏爱杜诗的，反之9岁时读李白的《蜀道难》却无感觉。黄做了统计，杜甫留下诗篇共1135首，其712首是其48岁至57岁的十年间在蜀中所做，占其全部诗的62%，“究竟蜀有怎样环境，为什么关系，而使子美长吟远啸，忽泣忽歌……伤时念乱，忧国忧民……”黄爱杜诗而爱蜀，然而“假使他生在今时，住在今时的四川，这样的国，这样的民，不知他感愤忧愁，还要到什么地步哩！我游子美堂，驻满了军队，只有叹气了”（《蜀道》第64页）。

俗称四川风景有“四天下”。黄既坐船入蜀，已领略了“夔门天下雄”，又观赏了“巫峡天下奇”，剩下“峨眉天下秀，剑阁天下险”当然也不会放过。

成都之后黄做川北行。黄发现“自入剑阁境，男女老少多无完衣，患眼病者甚多”（《蜀道》第98页）。黄议论道：“这次到四川来，第一使我难过的，觉得老百姓还是太苦。田赋一项，吾们已经知道，从前防区时代，各军队直接征收，大都征到民国几十年。民廿二年成都县已征至民国六十八年。”（《蜀道》第86页）“山壁和三峡一样，只没有长江。……方知千万年前，这里还淹在海水里。周围多古木，时时听到泉水声。”（《蜀道》第98页）黄在此写下长律《剑门行》：

飚车上阪扶摇势，峰迴迳逼不可制。坡陀行屋变山容，铲天叠嶂白日蔽。

砉然双阙摩云开，当门巨石何崔嵬。谁欤辟此五丁锤，辟成小迳容身缠。

直疑太华压擦耳，视彼夔门犹恢恢。其旁小剑门，丸泥封荒莱。

别径不许扪苍苔，除却飞将从天来。摩挲绝壁惊奇采，大小母子石磷碥。

高崖百丈皆磊磊，谁烫成圆压成块。始知过去万千年，此地滔滔犹大海。

出关千里秦陇行，插空万剑天为惊。迎面诸山尽北向，隋阳独雁犹南征。

严严天险正多故，有关不守真庸孺。我闻昨岁赤嫖怒，当关奇扼官兵仵，屯沙猿鹤悲无数。

（《蜀道》第99页）

黄又登上峨眉，爬上洗象池，又攀上金顶山。游山，戏猴，观景，说佛。黄虽不信佛但甚熟佛经，此次登金顶见到“佛光”，心满意足了，又留下诗《留题峨嵋》：

一宿报国寺，再宿牛心石。新寺对金顶，可望若可即。
何惜路迂迴，踏破暝烟碧。双桥路张翼，下蛰溪龙黑。
降谷复跻厓，莲石差可席。入山有二道，小大此合迹。
危坡号钻天，直上陡且窄。寺门象池旁，微叩得安宅。
云海平浮峦，月波冷侵浸。晨兴望大峨，九十里半百。
兹游五人俱，杨魏双飞鸟。吾儿健善步，吾妻仗扶掖。
山颠气高寒，医戒血张脉。吾儿善说辞，留母伴猨客。
揭来绝顶间，山果庭抛积。群猨逐母喜，自晨乐达夕。
座上佛大笑，诸僧手频拍。名山叹观止，白云绕归屐。
觍缕写游程，人去诗留壁。

（《蜀道》第169页）

七

初入川时黄曾在重庆短暂停留即转赴成都，只落得对山城的大貌印象。而3月13日黄从成都飞赴重庆停留多日，得以近距离地观察两三年之后在此生活了多年的山城，不能不说是他此次入川百日行的重头戏。

黄在渝是由重庆青年会接待，青年会的宋杰人系华大毕业，曾受教于黄的长子黄方刚。黄参观了巴蜀小学评价甚高，校长周勖成是黄的老友，该校系由川军首领王赞绪出资捐办，在当地极有名气，后来在小学基础上又扩办了巴蜀中学。黄又参观了其老友胡春藻为校长白重庆大学，设在沙坪坝，东对歌乐山，下临嘉陵江。黄在重大做了讲演，提倡“大学生须静悄悄地研究（一），须活泼泼地办事（二），须热烘烘地对人（三）”（《蜀道》第104页）。

那时重庆属巴县，位于嘉陵江西侧. 江东是江北县，县长范英士题邀黄去对中学和师范学校学生们讲演。黄以长江为题，讲“长江的富源、长江的交通、长江的水患、长江的外患”（《蜀道》第110页）。

对黄留下深刻印象的沿着嘉陵江，溯江而上。坐在汽艇上，看见两岸的电力厂、自来水厂，看见磁业中心的磁器口和已关闭的五六家丝厂，“撑着枯骨式的烟囱，供游客冯弓。这一带辉煌灿烂的金碧楼台，着实着实不少。都是二十年来有功内战的大军人领袖把他部下血战得来的‘血钱’堆积而成，供他们享福的所在呀！”（《蜀道》第111页）黄记述3月18日重庆报刊所载新闻“北川人肉每斤五百文”，黄写道：“这条新闻，恐怕嘉陵江上神仙宅里先生们不要看的，看见也当做没看见的。”（《蜀道》第113页）

船行五六小时便到了北碚。何为“碚”？黄解释到，碚即“很大很大的石块平铺着和地面一样”（《蜀道》113页）。黄继续说：“历史是活动的。有许多‘人’，昨天是无名小卒，今天便是鼎鼎名流。‘地’何尝不这样呢！诸君从普通地图上找北碚两字，怕找遍四川全省还找不到。……可是到了现在，北碚两字名满天下，几乎说到四川，别的地名很少知道，就知道有北碚。与其说因地灵而人杰，还不如说因人杰而地灵吧！”（《蜀道》第114页）而经营北碚的，正是邀黄入川的卢作孚先生。

卢作孚先生1893年生于四川合川县一个贫困农民家庭，世代为农但也在光绪年间出现过两位体面的叔曾祖父：一位驻俄使馆参赞、一位边军师级将官。卢的父亲在合川长年卖麻布，被人称为“卢麻布”，家境虽艰但仍勉力支持儿子读书。卢作孚自小长于数学，以优异成绩小学毕业后，15岁的他只身来到成都，自学数学同时又辅导学生以谋生。1911年卢参加了辛亥革命，次年被任命为夔关监督但卢放弃，辗转各地，选择了去教书，当记者，赴上海等地游学考察并结识了黄炎培（本文开头所述治）。1920年川军杨森提出“沪县新政”，任命卢为川南永宁道教育科长，卢刚欲施展宏图，两年后随杨倒台而辞职。1924年杨东山再起任卢为省教育厅长，卢明白只宜做小事的国情，此次拒任而在成都开办通俗教育馆，像黄炎培一样，向传统教育发起挑战。1925年，卢约集十多位朋友，凑足八千元购买了第一艘船，开始了民生船运公司的漫长征程。十一年之后抗战爆发前夕的1936年，民生船只已达四十七艘，迫使外国船运退出川江航线，并基本控制长江中上游的航运。卢的人品才华渐获川内川外各方好评，于是在各方支持下，继通俗教育、民生船运之后，从1927年开始卢开辟了他人生的第三个战场：北碚乡村建设。当时卢的家乡合川所在的嘉陵江三陕地区盗匪出没，危害四方，卢被刘湘任命为当地峡防局局长，从打黑除匪入手。为与匪患斗争，卢既训练士兵，又训练当地学生，训练当地村民，动员民众，保家卫安，将除匪与发动民众，提高民众素养结合起来。在除匪初步见效后，卢即着手开始乡村建设。首先是经济建设，在政府支持下，疏浚河流，修路筑道，建设北川铁路、发展乡村电话，在基础设施建设上下功夫。又陆续开办一系列工厂，发展印染、煤炭、种植等产业。发展经济同时发展教育文化，创办兼善中学附设小学，创立民众教育办事处，进行识字、公共秩序教育，普及现代知识。与此同时还振兴社会事业。以学生为主维持市场秩序，创办医院，开展防疫，创办报刊，开设图书馆、博物馆、公共运动场、平民公园、动物园等。将过去地图上从未标明的小小北碚，搞得红红火火，远近闻名。尤抗战爆发重庆被定陪都之后，内地的机关、团体、学校有二百多个单位西迁到此，人口激增至十万。北碚也先后被冠以“嘉陵江三峡乡村建没实验区”“迁建区”“中央农业实验区”“扶持自耕农实验区”等，获得国内各界美誉，被称作“小陪都”以至“陪都之陪都”。

黄与卢相识很早，大约是在1915年卢20岁出头年纪只身闯荡上海，每晚都在书馆翻阅书籍至很晚，引起书馆员工注意并报告了黄，于是黄晚间来找卢，得知卢是来自四川农村贫困家庭而志向远大、一心报国的有为青年，于是黄欲推荐卢去书馆以解决其生计。然而卢谢绝了黄，仍坚持在沪读书、思考、考察、交友，不久又回到了四川（以上乃卢作孚之子卢国纪亲口告我）。在沪卢获益匪浅，从黄等的办学和事业中获得了启迪，回川后即开始着手事业，黄与卢从此开始了几十年心心相通的交谊。大约在20世纪30年代初，卢有一次来沪向黄求字，黄给他写了一副对联：上联“有朋自远方来，不亦乐呼”（论语）；下联“君子创业垂统，为可继也”（孟子）。此次应卢邀赴川，亲察北碚，黄感到眼前一亮，很为卢的治理有方而欣悦，黄想起了来川途中所阅的从赵凤昌处借得的《夷氛闻记》所述，反官民合作，平时与战时兼顾，总结道“北碚的成功在教养卫兼施”（《蜀道》第120页）。但面对着眼前北碚的“花团锦簇，盛极一时”的场景，深涉世事的黄又不无忧虑，且胜过几年之前给卢题字之时。几年前黄对卢题字即对卢有所提示“君子创业重统，为可继也”，当下黄更要说：“这回到四川，在北培，在民生公司，吾还是说，卢作孚先生而能培养出第二个卢作孚，公司而个个人负起责任，愿作卢作孚，将来事业进步还是无限度的。如果让卢先生单独奋斗，还不能不替前途担忧。因为吾是江苏人，老实说，这样花团锦簇，盛极一时的局面，我在江苏早就见过的。吾说这几句‘忧盛危明’的话，或者比没头没脑的恭维，还有多少益处吧！”（《蜀道》第119页）不幸的是，黄对卢“人亡政息”的担忧不幸而言中了。

八

1952年初“三反”“五反”运动，卢作孚不堪面对巨大压力，在家中自杀，留下令人心酸的给夫人的遗言：“一、民生公司股票交给国家。二、借用家具还给民生公司。三、西南军政委员会证章退还军政委员会。四、今后生活依靠儿女。”（卢作孚之孙女卢晓燕提供，其父卢国纶亲阅卢遗嘱）这就是被毛泽东称作对我国民族工业做过巨大贡献的四个人（除卢外还有张謇、陈嘉庚、范旭东）之一的大名鼎鼎的卢作孚之悲壮谢幕！这位以自家船队拯救政府和军队的民族功臣的悲壮谢幕！这位办教育、办实业、办社会而自己每月只领五十元薪水养活全家生活的没钱大亨的悲壮谢幕！

老友恶耗传来，身在北京的黄愤怒至极，时任开国政务院副总理的他欲在政务院会议上拍案而起，他写条子给主持会议的周恩来总理，请求为卢说话。深知黄的周恩来立刻回条：黄老，卢事我来说。于是周恩来首先提议全场起立，为这位为民族航运和抗战建有奇功的卢致哀。周和黄先后讲话，尤提到抗战初年，国民政府西撤，内地沪上的工厂企业西迁，仰仗卢的民生船运，多少万人员军队、多少吨设备器具抢运入川，演出了一场壮烈的中国的“敦刻尔克大撤退”。而后又沉船江中，阻挡日军舰沿江而上。当时由于黄的态度，周的态度，卢终于获保，在那个年代有幸未被作为“对抗运动，畏罪自杀”处理，在重庆为他举行体面的葬礼，黄挥泪为老友写下长长的悼词：

“呜呼作孚！君为一大事而死乎！君应为一大事而生，君以穷书生乎无寸金，乃大集有钱者之钱，以创‘民生’。辛辛苦苦了卅年，长江几千里，内河几十道，平时载客载货，战时运械运兵。责在人先，利居人后！有罪归我，有功归人。奇艰大诽集中于君之一身，君为何来？为的是国家，为的是人民。终得黑暗中眼见光明，眼见全大陆解放，眼见大中华的复兴，还运最后的奇谋。七大艨艟，完璧归赵，而不居功，而不求名。呜呼作孚！君其安眠吧！君实为此大事而生。作孚！作孚！我是君卅年之老友。我以爱君敬君之故，曾历访君早年事迹于北碚，于泸州，于少城。又曾多次为‘民生’乘客，实地察君所经营之事物，所识拔所训练之人。识君之抱负，惊君之才，知君之心。乌乎作孚！今乃为词以哀君之生平。君其安眠吧！几十百年后，有欲之君者，其问诸水滨。中华人民共和国成立第三年1952年3月14日君既殁三16日”（凌耀伦、熊甫编《卢作孚文集·附录一》第653—655页）

今读上词，除了一般地为卢评功摆好，为卢鸣其不平之外，深感有意思也有分量的是此悼词的开篇之句“呜呼作孚！君为一大事而死乎！君应为一大事而生”，何之大事？即黄词后来所述卢创业之艰，功勋之著，卢即为此而生，“为的是国家，为的是人民”，也卢恰恰也为此而死，言外之意卢是为国而死，为民而死，为事业而死。黄对卢之死似已有他的理解，他的认知，他的判断，既写入又未写入悼词之中，这不能不说是黄的苦衷，黄的良苦用心。当然，这都是后话。几年之后的1957年，黄的三个在世的成年儿子（我尚11岁在读小学四年级不在此之列）、四个在世成年女儿中的二个，一个女婿、一个外孙，全家共七人被打成右派，黄又能怎么样呢？气怒之下跑去找毛泽东，也不过讨回毛的几句：“你家也分左中右啊！”“你儿子黄万里的词我爱读！”云云。

然而当时，黄真爱北碚，真爱嘉陵江，真爱四川。他写道：“遊侣大家回去了。我真爱这温泉公园，独留数帆楼再是一天。临别留题七绝句。”（《蜀道》第122页）

北碚温泉公园三宿留题

嘉陵江水碧于油，夹岸春云懒不收。劳者有声谁会得，清宵幽怨棹人讴。

数帆楼外数风帆，峡过观音见两三。未必中皆名利客，探幽我亦泛烟岚。

汩汩兰汤称体温，深宜池子浅宜盆。热中不尽横流叹，沸雪蒸云出树根。

小队池鱼乐自然，生机曾不碍温泉。寻常南北东西叶，现出青青火宅莲。

花好楼连益寿楼，琴庐声室傍龙湫。农庄虽小饶清雅，香面条条韭叶抽。

桃花细雨锁山门，铁瓦斑烂古殿存。清绝头衔山学士，见无佛处且称尊。

竹林深处有人家，苏洞低幽拂乳花。满袖山云寻去路，归舟餐胜下渝巴。

（《蜀道》第121页）

5月黄回到上海，黄在川百日走遍川省二十四个县，为之后迁川八年打了前站。回沪后黄迅速发表记述此行的《蜀道》和《空江集》两书，对开发四川提出建言，尤建议铺设川滇铁路并建滇越公路与滇缅公路。几年后此建议之一被当局采纳，滇缅公路得以修建，为我国抗战中的一项重要战略决策，对日冠侵占下的我国寻到唯一条通向海外的通道。次年，抗战爆发。再次年，黄迁川。在此组建民盟并首任其主席，在此组建民建任其主委，在此丧前妻后与我母相恋成婚，从此出发赴延安考察与毛泽东做那段至今留传世人的周期率对话，谱写了他的人生高潮，黄未曾忘记这一切都是在川，晚年作出“这是我的第二故乡”的感慨。作为父母在川成婚，在川育下，因父口述母执笔《延安归来》一书公诸世人而得罪当局召匪特抄家在母腹中八个月即早产的我，当然对川富于特别情感，20世纪60年代即作川游，1981年又赴川开会，匆匆挤出时间于夜色中在重庆来到上青寺，拾级而上找到了父母居住过多年的张家花园，激动不已。可惜年前再赴渝，居然已不见其踪迹。黄、卢都早已作古，物与人一样随一个时代过去而结束，只是愿后人能有些许些许知情，些许了解，些许念想吧。

《原载于《黄炎培与毛泽东周期率对话——忆父文集》

人民出版社，2012年版。）

黄炎培百年前赴世博

1915年，黄炎培参加了在美国旧金山举行的巴拿马太平洋世博会（曾译万国博览会或万国赛会等）。今年再过几十天，将在我国上海，在我的家乡，举办历史上第四十一届世界博览会，振奋之中，回想起近百年前父亲黄炎培赴美国世博之行，尤为兴奋，遂拂开历史封尘，翻查资料，将我国世博先行者之一的这历史一页，供众人一睹。

（一）办校兴学投身教育

黄炎培，1878年生于上海浦东川沙。辛亥后，黄深感他曾投身的革命未能根本改变社会面貌，沉疴依旧，黑暗如前，而立志于办校兴学，教育救国。1903年开办川沙小学起在，又陆续办了几所学校，1906年成功创办浦东中学，从该校陆续走出了20世纪我国的一代名人：共产党总书记张闻天、国民党蒋经国、蒋纬国、左联五烈士胡也频、殷夫、史学家范文澜、罗尔纲、核弹专家王淦昌、名星谢晋等，获“北南开，南浦东”美称。办学中黄深感传统教育弊端，遂在考察国内七省教育后，又把目光转向海外，时逢民国政府农商部组织实业考察团赴美。1910年，张謇在南京举办南洋劝业会，当时美国送来展品并派商团赴会，此次我国组团访美即为回访，考察美国并参加在旧金山举行的世博会，团长张振勋，副团长聂云台，特邀黄炎培参加。这是辛亥之后中国首次亮相于世博舞台，之前世博晚清曾派人参加，1904年美国圣路易斯世博时，清廷派出以傅伦为首的中国团赴会。

（二）旧金山

1915年4月9日，黄一行乘太平洋轮船公司二万七千吨的满州“利亚号”客轮于吴淞口外启程，途经日本长崎、神户、横滨，26日达夏威夷檀香山，一周后5月3日抵达旧金山。美总统代表戴维、政府各部代表、西美商会会长兹巴克、旧金山市长洛维、旧金山商会会长摩泽、尤其是巴拿马世博会总理摩尔热烈欢迎并欢宴该团，旧金山世博会中国展品总监陈琪、旧金山领事馆领事徐善庆出席。全团下榻于全市最豪华的旧金山饭店。

之前世博会已举行十三届，历届世博会上各国尤举办国均展示本国经济成就，又开启经济新局面。1851年首届英国伦敦世博，展现当时产业革命后技冠群雄、傲视全球的英国经济成就。而此次美国旧金山世博，无疑是向世人展现已发明飞机，批量制造汽车，逐渐雄踞世界首位的美国科技、工业和经济的实力。为此，美政府在世博前后大力褒奖对经济发展作出重要贡献以爱迪生为首的一批美国科学家。而为什么选择旧金山呢？表明经过独立后百余年开发，美国既有面向大西洋以纽约为代表的东部经济，而且逐渐兴起面向太平洋以旧金山为代表的西部经济。同时，1907年旧金山经历了大地震，“全市尽毁，人民离散，陆地不能住，皆雇船泊于海中……”（《黄炎培日记》1915年4月《新大陆之教育》，以下简称日记），然此后经几年努力，旧金山又在一片瓦砾中重获新生。如今趁巴拿马运河开通，大西洋与太平洋贯通之际，旧金山无疑将引领美国西部经济，走向太平洋，走向世界，此乃美方举办旧金山世博之初衷。

（三）首都华盛顿

在旧金山参观游览十天后，访美团赴洛杉矶市，沿太平洋沿岸南行，又转赴美国中部、北部与东部：圣地亚哥、新奥尔良、纽约、费城、华盛顿、巴尔的摩、芝加哥、底特律、波士顿等，足迹遍布美二十六个主要城市。

6月26日在美国首都华盛顿，受到总统威尔逊、国务卿布莱恩的接见。黄在日记中描述白宫：“环宫皆碧草，不深而幽，不陋而朴，及门，礼服之军官一人导入……”（《日记》1915年5月26日）布莱恩国务卿与夫人将黄一行邀至家中，在后花园举行欢迎会。商务部长、全美商会、陆军部、海军部均开会欢迎。在首都期间，代表团参观了美国国会山，拜谒了美国开国总统华盛顿墓。

代表团在美访问，最为关心的是中国留学生。当时华工仍被禁入美，而留学生赴美也多少受到刁难。此行中，黄等一再就此向美方交涉。如留学生赴美时除坐一等舱者外，坐二三等舱的留学生须接受查验，这明显是针对中国穷困学生的歧视。黄等与美移民局接洽，又向前来接待代表团的美政府工部总长反映，最后甚至机智地请出美大总统，经过几回合周折，终使美方放弃原做法，凡来美的中国学生，无论住在何等舱内，一律不受此查而获准上岸，能裨益于我中华学子，黄等极感欣慰，不虚此行。

黄一行从华盛顿市南行，跨过普托马河大桥进入弗吉尼亚州，来到阿灵顿公墓，这里掩埋着著名的南北战争南军统帅罗伯特·李将军。李将军虽为败军之将，但仍为自己和部下以至整个南军赢得尊严，被保留军衔，战后被任命为华盛顿学院院长，获民众爱戴。后来，还把弗吉尼亚通往华盛顿的高速路即当年李率军与北军激战之地命名为李高速路（Li High Way）。

（四）大都市纽约

6月1日到达美国大都市纽约，停留7日。黄等参观了哥伦比亚大学，晚上赴哥大中国留学生举行的欢迎晚会。还拜谒了位于哈得逊河滨的李将军之对手，南北战争北军统帅，美第十八任总统葛兰特将军之墓，引起黄的一段回忆。对这位葛兰特将军，黄不陌生，将军后来周游世界，曾来华访中国天津等，清廷派李鸿章接待，葛兰特将李鸿章称为中国之俾斯麦。1896年李鸿章访美，将军已殁，中方乃在其墓前植树立碑，以示祷念。李鸿章访美曾引起美朝野关注，侨界轰动。而此次中国实业团访美所受欢迎，据说不亚于十九年前李鸿章之访美，该团“……尤为美国上下所一致欢迎，其竭诚尽敬，以表殷拳。据侨美老辈言，虽视曩年李文忠之来，有过无不及”（《日记》1915年4月），李文忠即李鸿章也。

为什么对立的两军统帅会同时受到美国民众的爱戴？为什么举起白旗的降将也能获得尊敬与殊荣？原来他们都忠于自己的职守和使命，勇于对自己的人民负起责任。李将军败运难逃后选择了对几万名部属生命负责的投降，同时还尽可能地维护自己及部属的尊严与利益，在林肯总统批准之下，投降后士兵返乡允许带走自己的马匹、口粮，甚至手枪和佩剑。从而在新大陆上，避免了仇恨—报复—再仇恨—再复仇的恶性循环，反之是提倡一种宽容、和解与对人格的尊重。对此，黄炎培感叹："李将军生平光明磊落，与北美人士气度宽宏可云双绝。"（《日记》1915年5月26日）对比"胜者为王败者寇"的文化，恰成鲜明对照。这种宽容、"和为贵"、以人为本的价值取向，似也或多或少地影响到黄炎培，在其后半生的几十年里，尤其是20世纪30年代开始逐渐走向政治舞台后的岁月里，在黄的历程上似乎都能看到这种取向的踪影。

随感·报道

承袭过去　承继未来　黄家三代　一脉相承

今天我当选为第十届全国政协委员，得以有机会与各位委员一起参政议政，共襄国是，感到非常荣幸，这使我想起54年前的一段历史。1949年3月，毛泽东主席率党中央从西柏坡走向北京。3月25日到达西郊，当日下午，毛主席和前来迎接的包括我的父亲黄炎培在内的各界人士在西苑机场检阅了中国人民解放军，晚上，又与各方朋友欢聚一堂，共庆即将到来的新中国的诞生。次日，3月26日起，毛主席在他下榻的香山双清别墅陆续接见朋友们，而第一个接见的就是我的父亲。当晚，毛、周与黄共同进餐，彻夜长谈，描绘了新政协的美好远景，也描绘了新中国的美好未来。谈话中，主席吐露他心目中设想的对民族工商业进行改造的框架，并希望长期从事职业教育，为包括工商业在内的各行各业输送了大量人才的父亲能够以中国实业家牵头人的身份在这场历史变革中担当特定的角色：一方面向实业家传递党的声音，另一方面也向党反映实业家的要求。他希望父亲创建的民建重点在实业家和经济学家中发展。父亲接受了这一历史的重托，并在以后的岁月中为此作出了他自己的努力。

从第一届政协到第十届政协，50多年之中，历史掀过了一页又一页，当前已进入了国有资产在各行各业有进有退的新时代。在以江泽民同志为核心的第三代领导集体领导下，党的十五大开创了国有企业改革的新局面。在“三个代表”重要思想指引下，十六大宣布了对国有资产管理的新设想。我作为一个经济学学者，从高校研究机构来到了国有资产管理的第一线，作为50年前接受党中央重托，在当时向国有经济过渡的特定历史时期的特定人物的后人，能够亲自目睹这50年的沧桑巨变，我无限感慨，又无限感奋！尤其是能够近距离目睹在以胡锦涛同志为总书记的党中央领导下国有经济改革的新探索，我充满自豪，又充满信心。同时，众所周知，我家的第三代之一也新当选为全国工商联负责人，这恐怕不能说是历史的巧合，我们黄家后人衷心感激党中央对我家几代人的信任。从第一代到第二、第三代，虽然处在很不相同的历史阶段和历史环境中，但是我们对党、对国家的感情一脉相承；对民族、对人民的责任一脉相承；对我国经济兴旺发达、繁荣昌盛，立足于世界强国之林的梦寐追求与不息探索一脉相承。从这个角度说，这种感情，这种责任，这种追求，这种探索，毫无疑问是“世袭”的，是祖辈的精神遗产，是党的长期培养，是民众和中国传统文化的长年教育，是几十年与共产党“肝胆相照，荣辱与共”的关系的历史承袭，也是与时俱进的代代演进的历史结果。对此，我们是坦承而无悔的。

作为一个长年从事经济研究的学者，我认为当前国民经济面临的焦点问题是就业，而要解决就业，根本性的出路在于发展中小企业，为此我提交大会两个专门的提案。

提案之一是《扩大就业面，关键要扶“小”》，当前社会各界均不同程度感受到了就业的压力，大学应届毕业生几年前还是“毕业即就业”，现在就业率已下降到60%—70%，不少人似乎将要“毕业即失业”。过去我们实行“抓大放小”的政策思路，这对于经济结构调整、国有资本有序退出等方面来说是有益的，当然也应该看到，中小企业是经济增长的重要推动力量，是经济中最为活跃、最富生命力的微观实体，同时也是国民就业的主渠道。我国各类中小企业已超过800万家，占企业总数的99%以上，占全国工业总产值的60%，实现利税的40%，出口总额的60%左右，在中小企业就业的职工占全国就业人数的75%以上。然而我国的现实中，长期以来形成向大企业倾斜的政策倾向，自觉或不自觉地偏向大型企业，某种程序上未对中小企业的发展予以足够重视。为此，我建议：一、树立应有的中小企业发展观。二、各级政府要重视中小企业发展。地方政府要制定中小企业发展规划，将各地中小企业发展状况，尤其是就业状况，作为对各级政府政绩考察的重要指标，地方财政中要设置中小企业科目，安排专项扶持资金，对中小企业发展给予地方税种的优惠。三、营造适于中小企业发展的环境，包括政策支持体系、技术支持体系、融资体系、间接融资体系、信用担保体系、信用制度体系。

提案之二，是关于完善信用担保体系，加强对中小企业金融支持。包括大力推进小中企业信用体系的建设；建立信用再担保机制，完善中小企业信用担保体系；改革商业银行的审贷机制，对中小企业贷款实行单独监管等。

2003年3月

中国共产党的诤友黄炎培

——访黄炎培之子黄方毅

黄炎培先生是中国共产党的著名诤友。他亲手创建中国八个民主党派中民盟、民建并任两党中央第一任主席。他与毛泽东主席的延安对话被称作“黄氏周期率”，至今仍不时被人提起。最近我们特意走访了黄炎培先生的儿子黄方毅，听他讲述黄老许多鲜为人知的往事，从这些往事中，看黄老曾走过的路以及他一生的追求与探索。

教育、经济、政治的“三栖人物”

记　者：在人们的印象里，黄老的名字是同“黄氏周期率”联系在一起的，但很多人对他早年的经历并不太了解，能否为我们简单介绍一下？

黄方毅：父亲1878年出生在上海浦东川沙的内史第宅中。内史第系江南名宅，除父亲黄炎培、堂兄音乐家黄自外，宋庆龄等三姐妹和宋子文兄弟也在此宅出生成长，胡适也在此宅度过童年。可谓一宅三家名人，世间少有。

父亲虽出身世家，然而从我爷爷起就家道中落。他13岁丧母，17岁丧父，十几岁便去打工，白天站柜台，晚间笔耕，撰文卖钱，养活自己及两个妹妹。内史第的精神环境熏陶了他出色的文化功底，清贫的物质生活又造就了他吃苦耐劳、执着奋斗的精神品质，“高精神”对“低物质”，这不啻一对优化组合。从小受文化熏陶的父亲考取秀才，之后又中举人。1901年考入盛宣怀创办的南洋公学（今上海交通大学）第一期特班。

记　者：黄炎培先生被称为教育、政治、经济“三栖人物”，仔细翻看他的经历，我们发现他的许多作为，包括在政治、经济领域内的活动，都与他发展教育、创办学校有密切关系。

黄方毅：父亲从小目睹山河破碎，国难日重，因而义愤填膺，立志救国。在救国的道路上，他也在不断摸索。他先是反清，被判死罪后由美国牧师救出，而后亡命日本。后来参加辛亥革命，但发现社会依旧，痼疾难去，便悟出要从基础做，就是教育；从基层做，就是办学。

他从25岁开始办学，小学、中学，最有名的是1916年创办的浦东中学，当时有“南浦东，北南开”之称。蒋介石先是送蒋经国到浦东中学就读，感觉不错，于是又命二儿子蒋纬国来到浦东中学，两个儿子均拜师于父亲。之后黄又参与创办了东吴大学（后中央大学，今南京大学）、同济大学、河海工程专门学校、暨南大学等。

记　者：您父亲创办的职业教育影响很大，培养出许多各领域的栋梁之材。

黄方毅：是的。在20世纪20年代时，父亲便已经闻名上海以至全国。他创办职业教育也是为了国家振兴富强。父亲曾任《申报》主笔，考察七省教育后，看到学生们所学无用，“毕业等于失业”，感到非常失望。他赴日、美等国考察，看到职业教育兴起后，国家经济腾飞，大受启发，1917年办起中华职业教育社和学校，主张“使无业者有业，使有业者乐业”。学生中有中共领导人张闻天、左联五烈士胡也频、殷夫、历史学家范文澜、罗尔纲、数学家华罗庚、会计专家潘序伦、全国人大原副委员长孙起孟、全国政协原副主席钱昌照、中子弹之父王淦昌、乒坛名宿傅其芳、演员谢晋、秦怡等，桃李遍天下。甚至越南胡志明主席也曾在年轻时受教于父亲在越南的讲座，称父亲为“我的老师”，20世纪60年代专门来家拜访。

记　者：听说黄老被称为“老板之师”，这是什么缘故呢?

黄方毅：他被人戏称为“老板之师”，同他创办职业教育是分不开的。职业教育培养出来的学生数万，分布在上海各公司企业，不少做了老总，有的当了老板。因此有人戏称他是“老板的老板”“老板之师”。20世纪30年代初在上海的周恩来就注意到父亲，对人讲：黄炎培是在社会里扎下根的人，要好好观察他，帮助他。

父亲虽然身在教育界，但对经济却不陌生。20世纪20年代初他率先提出开发浦东，牵头募股，成立公司，修建了上川铁路（上海到川沙）。他成立的中华职业教育社还自行发行债券。此外，父亲与南洋陈嘉庚、上海胡厥文、盛丕华、无锡荣德生（荣毅仁之父）兄弟、浦东穆偶初兄弟、重庆卢作孚、金融界宋汉章等都交情匪浅。抗战中蒋介石还曾有意让父亲牵头中国工商界。

记　者：您父亲也是著名的民主党派人士，创建了民盟、民建两大民主党派，在政治领域的活动也很活跃，能否给我们简单介绍一下黄老这方面的经历？

黄方毅：是这样。父亲其实从年轻开始就活跃于社会政治舞台。他20多岁便在南汇发表反清讲演，被捕后险些被杀。亡命日本后，他加入同盟会，曾任同盟会上海支部书记，辛亥期间曾奔走上海自治，活跃于地方咨议局。父亲曾随张謇创立江苏省教育会，任驻会副会长，参与地方事务。20世纪20年代，江、浙军阀对峙，父亲往返于南京、杭州之间，达成停火。

尽管他投身社会舞台，但坚决不做官，袁世凯曾拉其入阁，父亲不从；北洋政府两次通电任命他为政府教育总长，但他坚辞不就；蒋介石曾想安排父亲到政府任职，父亲表示不想从政，后来蒋又要父亲搬到南京，为时时就近请教，父亲也以考察日本、朝鲜为由推托了。

1931年淞沪抗战，他发起成立地方维持会支援前线。1937年抗战爆发，国共合作成立国民参政会，父亲作为国共之外的社会贤达当选国民参政员。1941年父亲与其他几党几派共同发起作为中国知识分子团体的中国民主政团同盟，并任第一任主席。1945年，他联合胡厥文为首的迁川工厂联合会等创建以实业家为主的中国民主新中国成立会，并任主委直至去世。

“如坐春风中”

记　者：您父亲被称为“中国共产党的诤友”，他是从什么时候开始同中国共产党交往的？

黄方毅：20世纪20年代，父亲结识了陈独秀、李大钊。中共成立前，陈独秀常来中华职教社访父亲求谈。到了1921年，父亲耳闻中共即将成立，友人沈肃文建议他去联系李大钊，于是他专程北上，到北京拜访李大钊先生。两人相谈甚洽，谈到形势、谈到各自的做法，相约今后密切合作。之后，父亲编辑的《申报》特刊上发表了李的长文《1871年的巴黎康妙恩》（《巴黎公社》）。

最早代表中共中央与父亲正式联系的是毛泽东的老师徐特立，徐特立是父亲的学生。他曾在父亲主持的江苏省教育总会开办的讲习所里学习。1938年，徐特立在武汉拜访父亲，第一次恰逢父亲不在，徐留下字条，自称是江苏省教育总会讲习班学生，第二次又访，二人相见如故。之后，随着父亲对共产党了解的加深，他开始为处于艰难中的中共友人“搭台唱戏”，并在此过程中，同毛泽东、周恩来等中共领导人都结下了友谊。

记　者：能不能具体解释一下“搭台唱戏”的含义？

黄方毅：我说“搭台唱戏”，主要是指父亲协助周恩来等中共领导人在国统区公开亮相，宣传政治主张。我所知道的有两次。

一次是在1938年4月的武汉。当时抗战烽火正浓，第二次国共合作刚开始，周恩来、董必武、吴玉章、秦邦宪（博古）、邓颖超、王若飞等代表共产党加入国民参政会。这是经过土地革命战争后共产党人在国统区的首次亮相。经过一番策划，他们选择在知识分子中具有广泛影响的生活书店召开茶谈会。生活书店早年是由中华职业教育社创办，后来父亲请来了邹韬奋先生主持，最后独立出去。周恩来、董必武等共产党参政员集体赴会，先由父亲讲演，后请周恩来作报告。周恩来的讲演在会后被广泛地传诵。

从武汉会见开始，在国民参政会内外，父亲与共产党人开始配合，力促抗日。1940年，周恩来从延安到达陪都重庆长住，不久，在父亲创办的中华职教社组织的星期讲坛上，请周恩来作讲演，这是共产党在重庆陪都的第一次公众亮相，几千人站满巴蜀中学大操场，人群鼎沸。这场讲演在当时的陪都重庆，如同一声霹雳，轰动山城。之后，父亲受到了陈立夫来信诘问，父亲回答，此论坛向各方开放，如君有意，也可来一试。陈无可奈何。

除了提供演讲场所外，父亲还在重庆创办刊物《国讯》，请周恩来等共产党人撰文。

记　者：您父亲与毛泽东的友情也是历史上的一段佳话，他们是如何相识的呢？

黄方毅：他们的交往，可以说是缘于一场演讲、几本图书，为什么这么说呢？1920年5月，父亲邀来华访问的美国哲学大师杜威在上海举行讲座。布告一发出，就吸引了不少人前来听讲，毛泽东也在其中。父亲在讲演中极力抨击传统教育的问题，根据自己掌握的数字，每百名中学毕业生中，升学的有多少、失业的有多少，数字翔实、有理有据，说明了传统教育已与社会发展不相适应。这场讲演给27岁的毛泽东留下深刻印象。所以，1945年父亲访问延安时，毛泽东前来迎接，握着父亲的手说：“我们20多年不见了！”

而父亲也倾慕毛泽东已久。1937年抗战爆发后，父亲奔走国事，往来于上海和南京之间，三个月中竟往返9次，那时舟车不便，路途很费时间，他便通过读书来消遣。他读了斯诺的《西行漫记》、毛泽东向斯诺口述的《毛泽东自传》等，对这位早已闻名遐迩的中共领袖有了较详细的了解，心中很是向往。

记　者：黄老当时为什么要访问延安呢？

黄方毅：1945年，在重庆协助周恩来工作的王若飞，登门拜访父亲，送来了刚结束的中共七大的有关文件，尤其是毛泽东的《论联合政府》。当时国共关系处于僵局，父亲拜读后很想再次推动国共和谈，便与几位社会贤达一起拜访蒋介石请求恢复和谈，另一方面通过王若飞向中共转达此意。于是便促成了此次延安之行。

这年夏天，父亲与国民参政员储辅成、章伯钧、傅斯年、左舜生、冷御秋等七人，应中共中央和毛泽东主席电邀，一起飞赴延安。毛泽东、朱德、刘少奇、周恩来、董必武等中共领导，赴机场迎接他们一行。在延安，他们受到了中共友人热诚接待，父亲见到了不少他昔日的学生、老友，如周扬、王明、张仲实等。范文澜来向父亲深深地鞠躬，说他自己是42年前浦东中学第一期学生，父亲亲自教过他。陈毅等来相见，告知留法出国前夕，父亲曾开欢送会送行，这些父亲自己早已记不起来了。

记　者：也就是在这次延安之行中，黄老提出了著名的“黄氏周期率”？

黄方毅：对。父亲在延安目睹了解放区崭新的气象和军民的精神风貌，深感这似乎是与自己的理想境界不远了。他的第一个感觉是不受限制，可以自由参观，不像在重庆身后常有“尾巴”。他参观了那里的工厂、住房、学校、医院、医疗队等。他在延安看到的是一派同国统区全然不同的新气象：人们气色红润，精神振作；街上的意见箱，每个延安人可以投书，上书建议直至毛泽东；在延安，人们对毛泽东大多是直呼其名，一般不称其“头衔”。他说：“延安5日中间所看到的，当然是距离我理想相当近的。”眼前是美好的，然而他担心，将来如何？面对即将成功的共产党领袖，父亲要与之既来共探讨，又为共勉之。如何永葆这番美好景象？这是父亲与毛泽东对话的初衷，于是就有了后来大家都知道的“黄氏周期率”。

记　者：此次延安之行对您父亲个人的思想历程、生活有没有什么影响？

黄方毅：延安之行是父亲一生的重大抉择，也是他一生的重大转折。延安归来后的父亲已与以前大不一样。

延安归来返渝后，友人一一登门相问，关切延安情景，于是为作答众友，父母闭门谢客数日。父亲口述，母亲执笔，洋洋洒洒，一气呵成，写成《延安归来》一书，且首次未经审查，自行发行，在国统区人人传诵，争购一空，又重印数版。正是《延安归来》一书，记录下父亲同毛泽东之间那段伟大的对话，方为世人所知。

同时，通过在延安考察，父亲与包括邓小平在内的中共军队将领多次接触，对他们留下了深刻的印象。他在《延安归来》中写下这样的话：“鼎鼎大名的各位高级将领，外面没有见过的总以为各个都是了不得的猛将，说不尽的多么可怕。哪里知道天天见面谈笑真是故人所说‘如坐春风中’。”

当然，父亲也为此付出了代价。1946年1月26日，特务闯入我们在重庆张家花园的家，当时父亲正在政协开会，母亲姚维钧正怀着八个月的孩子（笔者）。1949年，二哥黄竞武被特务抓去，消息传到毛泽东耳里，毛泽东极为震惊，下令周恩来、李克农不惜一切代价，甚至花重金营救，然而无果。黄竞武未供出任何机密，宁死不屈，被打断腿活埋了。闻讯后，毛泽东派周恩来到我家慰问。

1950年的万言书

记者：黄老在新中国成立前，虽然袁世凯、北洋政府、蒋介石先后多次力邀其做官，但他一直拒绝，直到新中国成立后才破除自己不做官的“传统”，出任政务院副总理兼轻工业部部长。他是在什么情况下决定“出山”的呢？

黄方毅：1949年2月，父亲逃离上海，取道香港地区，辗转北上。3月25日，毛泽东率中共中央从河北西柏坡来到北平西郊。父亲同各界人士一起到西苑机场欢迎毛主席等中央领导，并随同毛泽东等检阅了人民解放军。当晚，毛泽东等中央领导与各界人士济济一堂，欢宴庆贺。父亲十分兴奋，这是他与毛泽东四年前延安相见后的重逢。

3月26日，毛泽东邀父亲到他下榻的香山双清别墅长谈。毛泽东的谈话涉及重大的新中国成立方略。他再三强调，他要搞出不同于苏联的“中国特色”。考虑到父亲在工商业界的影响，毛泽东希望新中国成立后，由父亲来牵这个中国实业家们的“头儿”。同时，他还希望父亲起到向实业家们传递、解释共产党政策的“中介”作用。父亲接受了这一重托。漫谈中，父亲问毛泽东，中共的理财专家是何人？毛泽东回答，除了陈云、薄一波外，尚有叶季壮、南汉宸。后来，前者主管新中国的贸易，后者主持银行工作。双清别墅谈话是继延安谈话之后，毛泽东与父亲之间的一次重要的思想交流。

应该说，当时，父亲对毛泽东是从内心深处钦佩的。共产党人公而忘私，为贫苦人民所做的一切深深打动了从小苦出身的父亲，他长年所追求的人类平等、社会正义的理念，在共产党的许多政策中得到了体现。所以他接受共产党的领导也是真诚的。

后来，在周恩来两次来我家动员下，父亲打破了不做官的老规矩，出任政务院四位副总理之一，分管轻工业。次年，中央成立以陈云为主任的中央财经委员会，准备安排父亲与薄一波出任中财委的两个副主任。父亲考虑到自己七十又四的高龄又身兼数职，故推荐了老友、北大校长马寅初出任副主任，自己只接受中财委委员一职。

记　者：在做了政务院副总理、轻工业部部长之后的黄老，还会像在延安之行中那样，直接向毛主席直陈己见吗？会不会有所顾虑？

黄方毅：父亲从政之后，他认真之风如旧，直言之习不改，虽已70多岁高龄，仍坚持深入实际调查研究，经常向毛泽东、党中央反映问题，提出建议。

新中国成立后，尤其是1954年前，毛泽东经常向父亲咨询有关政策，有时夜半之时父亲就被从睡梦中唤起，赴中南海丰泽园与毛泽东晤谈。父亲向母亲交代，任何时候毛主席或其他中央领导来请，都不得延误。有时候，他从毛泽东处回来，兴奋不已，虽然已至深夜，仍又伏案疾书起来。

当然，与毛泽东的许多党内同志和党外朋友一样，父亲对一些政策并非是件件都理解和同意。在若干政策上，有些不乏重大政策，他是有所保留的。对不同意见，他有些是当面提出；有些是致信表达；有些是在相关会议上提出。但无论如何，就提不同见解方面而言，父亲堪称一位肯谏、敢谏的典型。

记　者：您父亲直谏、敢谏，恐怕与当时毛主席善于“纳谏”的态度分不开的。

黄方毅：确实如此。与父亲的肯谏、敢谏相对应，毛泽东对父亲这位以师长相待的朋友，尤其在新中国成立初期，是很尊重、很客气、很宽厚的。对他提出的意见，有的听取，有的采纳，有的参考。例如现已披露的父亲提出的关于“中国人民志愿军”的命名，关于江南文化景观（周庄）的保护等建议，毛泽东都欣然接受。

父亲从1949年开始，亲笔给毛泽东书信一百零几封。尤其是在新中国成立初期，有时一个月要写两三封。有的信洋洋几千字，有的信则只有简短的问候。毛泽东亲笔写给父亲的书函有60余封。有的信吐露重要决策，有的则是寒暄问候；有的长达数百言，也有的短短百余字。信函往来中，有政见相同时的拥戴和好评，也有政见不同时的商榷；有一般的友情致意，也有发自内心的感慨与流露；有率直的批评，也有婉转的提示。如此等等，不一而足。毛泽东字润之，黄炎培字任之，音相近，只一字之差。因此二人纸笔往来时，父亲多称毛泽东为“润之主席”或“毛主席”，而毛泽东称父亲为“任之先生”、“任老”或“黄老”或“黄副总理”。应当说，即使到了“阶级斗争”如火如荼的年代，毛泽东与父亲无论在相见时，还是书信中都是以礼相待，客气相往。

值得一提的是，1950年，在大家都认为形势大好的情况下，父亲连续两次上书毛泽东，直陈时政弊端，引起毛泽东的高度重视。他的不少建议得到了采纳。这件事也从侧面反映了父亲“肯谏敢谏”与毛泽东善于“纳谏”之间的互动关系。

记　者：现在提到黄老，大家熟知的都是“黄氏周期率”，知道您所说的这件事的人并不多，在这里能否详细介绍一下？

黄方毅：新中国成立后，在中央领导下，全国范围内以平抑物价、统一财经为主要内容的经济战线工作取得了重大成果。在金融战线上，经过银圆、粮食及纱布两个回合的较量，抑制住了恶性通货膨胀的势头。1949年底开始，物价趋于稳定，财政逐渐好转，集中统一的财经管理新体制也逐渐形成。对此，毛泽东予以高度评价，称其意义“不下于淮海战役”。然而，大好形势下，同样存在着越来越严重的问题。据薄一波回忆：“紧缩银根后，1950年春夏之交，全国经济生活中出现了市场萧条、私营工商业经营困难，部分工商业户关门、歇业，造成新的失业现象。”与社会各界尤其是上海工商界联系密切的父亲，当然也收到许多信息，惯于忧国忧民的他，心情难以平静。

1950年4月17日，父亲把自己近来形成的意见整理成文，以信函形式写给毛泽东并政务院总理周恩来、中财委主任陈云、中财委副主任兼财政部部长薄一波四人，反映银根过紧、公债过高、征粮过重、被逼人命等问题，并提出纠正的五项措施：一派大员，二轮训，三设副县长，四搞好县代表会议，五加强监察。这封信引起了中央的高度重视。政务院奉命将此信印刷成册分送有关人员传阅。

4月26日晚，毛泽东召见父亲，谈了两个半小时。父亲将信上的内容、观点又一一陈述，同时补充了新收到的信息。之后，二人在毛泽东的书房里促膝相谈，商讨父亲所提出的补救办法。临别时，毛泽东再嘱父亲，知无不言，言无不尽，未尽之言，书面续报。父亲极为兴奋，虽已连续高度紧张工作多日，但他仍被毛泽东的态度鼓舞，并为之感佩。

次日，他再行了解情况。28日，他再次给毛泽东、周恩来、陈云、薄一波写信，共7000余字，急呈毛泽东。信分三大部分，第一大部分是“关于农村和城市现况的续报”；第二大部分是“我的看法”，分析了问题产生的原因；第三大部分是“我所贡献的做法”，提出了五项建议：重新审核各种税种、税则、税率；在不致引起通货恶性膨胀的情况下，酌量放开贷款、定货购货等；扩大对外贸易；向农民抵押放贷；以文告形式说明将有新的措施，过去不合理的都将予以纠正。这五项建议应该说是一整套经济政策，涉及财政、税收、金融、外贸等领域，这是父亲几十年来的经济理念和经济主张，也是他所主张的新中国成立后应当采取的经济政策。

这些主张和建议，有的不久就成为中央的决策，如放松银根、增发货币、增加信贷等；有的则在较长一段时间后演变为政策现实，如农村金融业（农村信用社）、抵押放贷等；有的则由于当时环境的限制，未能付诸实施。但这些对于今天的中国经济来说，仍有借鉴和参考价值。

应当说，对于父亲的这两次上书，毛泽东是接纳的。对此，父亲很感动，在5月30日的日记中写下了“今如愿了”四个字。几个月后，父亲又亲笔书写条幅“毛主席善于听取和我不同的意见，善于和我不同意见的人合作”，并在他主办的《展望》杂志上发表。他感叹道：“为政之道、为人之道尽于此矣！”

诗书继世长

记　者：从前面所谈的内容看，黄老一生都在为国家民族的复兴富强而努力，他兴办教育、创建民主党派、出任新中国副总理，以及他的直言敢谏，无不是围绕着这个目标。

黄方毅：父亲就是这样一个人。他是1965年12月21日去世的，当时阶级斗争的气氛已经愈演愈烈了。然而在他尚为清醒之时，只要他认为可行的情况，他依然要运用自己的影响去坚持正义。父亲在一次公开会议上，为被打倒的党内老同志李维汉评功摆好，台下人群试图打断他的讲话，但他不为所动，照讲不误。他完全是出于公心，丝毫没有考虑自己。因此“文化大革命”结束后，一些健在的老同志，包括20世纪50年代与父亲激烈争辩过的人，都夸赞过他的为人。

父亲身后，陈云等对他有过直接的评价：“黄是好人。”1991年陈在接到父亲的故居开放请求题字的信当天，推掉其他索字排队，先给父亲题了字。“文化大革命”之后，彭真、李维汉、邓颖超、胡耀邦、习仲勋、姚依林等均对父亲有过好评。历史就是这般，一代又一代，曲折中传承，反复中发展。

记　者：黄老出身书香世家，他自己在教育、经济、政治等各领域声名显赫，而且新中国成立后出任副总理、部长，同时还是民盟、民建中央主席。很多人多会觉得，有这样一位父亲，就会有无忧无虑的生活，他会为子女的未来铺好向上的阶梯。您和自己的兄弟姐妹们有这种感觉吗？

黄方毅：可能跟大家想象得大不一样。我们兄弟姐妹很多，七男七女。父亲与前妻王纠思育有五男五女，1940年王病故。1942年父亲与我母亲姚维钧在贵阳大学邂逅，百日内通信百来封，之后成婚，育有两个姐姐和我们兄弟二人。父亲创办职教社后，面对各方资助，从不据为己有，甚至自己不领工资，只取生活费，他的收入只相当于当时上层文化人收入的几分之一。我家生活一直不宽裕，我们兄弟姐妹从小只能穿着旧衣服到不收取学费并管吃住的公费学校去上学，大哥大姐们上学时要勤工俭学。因此，抗战中，父亲被推举为国民参政会的抗日募捐委员会秘书长，也不是偶然的。

20世纪30年代，一次蒋介石与父亲晤面，对父亲讲："你教过经国、纬国两儿，听说你的'五虎上将'很厉害，留洋归来了，送两个到我身边侍从室，我会提携的。"父亲拒绝了。我大哥黄方刚，哈佛哲学博士，曾任东北大学文学院院长、武大教授，死于战乱疾病。二哥黄竞武，哈佛金融博士，新中国成立前夕被匪特活埋。

新中国成立后，我家生活有所好转，但是父母仍厉行节俭，毛主席、周总理特批建给我家在圆恩寺的小洋楼，父母一直不肯去住，十几口人加工作人员共二十多人挤在一个半院中。我们儿时父母每月只给5角钱零用，而且要记账，经父母检查支出合理（买书、文具）才领下月的。

记　者：在这样的环境中长大，你们兄弟姐妹发展得怎么样？

黄方毅：经父母言传身教，我们自小学习好，我的两个姐姐都是师大女附中高才生，我是35中的银质，弟弟也考入北京101中学。我们七兄弟中，五个留学，有四个包括我在内，获取美国名牌大学博士、硕士学位，但都是考取官费或像我这样公派留学，家里没钱留洋。

我们兄弟姐妹都以父亲为榜样，希望像他那样做一个为国家民族诚实敢言之人。我三哥黄万里，康奈尔大学、伊利诺伊大学博士，清华大学水利教授，因反对建设三门峡水库被定为右派，用一生捍卫真理和良知。四哥黄大能，留英建材专家，全国政协原常委，民建副主席。五哥黄必信，大连工学院任教，"文化大革命"中一家三口受害。在这场浩劫中，我母亲也受害至死。当时我可以说是家散人亡，在农村工厂待了十年，"文化大革命"后考入中国社科院，从事经济研究，后赴美在霍普金斯大学，哥伦比亚大学、杜克大学任访问学者并获杜克大学经济学硕士学位，归国后在北大任教，现任全国政协委员、经济委员会委员。我弟弟黄刚现在一家教育杂志社工作。四个在世的姐姐，一个出国定居，国内的黄学潮曾是著名的蓝天幼儿园副园长，黄丁年原是中国科学院信息所高工。我家第三代也大都从事科教及相关工作。去年胡锦涛主席专程登门看望了黄万里女婿数学家杨乐及夫人黄且园，全家为之感念。说到底我们这个家族属于我们民族，而百年家史则是百年中华民族史的缩影与侧面。

（原刊于《百年潮》2008年第8期，《黄炎培与毛泽东周期率对话——忆父文集》人民出版社，2012年版。）

黄炎培之子引历史佳话论民主

南若然

“70年前，我的父亲黄炎培曾在延安与毛泽东对话民主”，10日下午，在关于加强社会主义协商民主建设的小组讨论中，全国政协委员黄方毅难掩激动之情。

他动情地、大声地再次念出发生在1945年7月4日深夜在延安窑洞的那段对话：

——黄炎培说：“‘其兴也勃焉’，‘其亡也忽焉’，一人，一家，一团体，一地方，乃至一国，不少单位都没有能跳出这周期率的支配力。一部历史，‘政怠宦成’的也有，‘人亡政息’的也有，‘求荣取辱’的也有。希望找出一条新路，来跳出这个周期率的支配。”

——毛泽东答道：“我们已经找到了新路，我们能跳出这周期律。这条新路，就是民主。只有让人民来监督政府，政府才不敢松懈；只有人人起来负责，才不会人亡政息。”

“二人谈完之后，毛泽东连夜开会，专门讨论‘周期率’，这段对话也成为一段经典。”黄方毅说。

时间回到70年后，谈及当下加强社会主义协商民主建设，黄方毅认为，“这不是空穴来风，也不是新话题，这是中国共产党的优良传统，今天的协商民主是对毛泽东提出的‘民主’的具体落实。”

从这个角度理解今天的民主，黄方毅表示：“面对完全不同的崭新环境，今天的协商民主更应强调基层民主。不跟基层对话，仅坐而论道是不行的。”

黄方毅认为：“协商民主最需要真诚，只有真诚的协商才能解决问题。”

他用两段历史佳话，诠释协商中的“真诚”。

“南社发起人柳亚子曾写诗对新中国发牢骚，毛泽东看读后，与之应和、谆谆劝导，‘莫道昆明池水浅，观鱼胜过富春江’。周恩来亲自上门设宴，做柳亚子的思想工作。”

第二段历史佳话，黄方毅回忆到，在毛泽东、周恩来的多次真诚邀请下，黄炎培打破“不为官吏”的立身准则。

新中国成立后，教育家黄炎培历任中央人民政府委员、政务院副总理兼轻工业部部长、全国人大常委会副委员长、全国政协副主席及中国民主新中国成立会中央委员会领导人等。

由史论今，黄方毅认为，“协商就是一种建立真诚的过程，如果没有这种真诚，今天我们也感动不了各方面的群众”，他的话赢得了现场委员的热烈掌声。

（原载于中国新闻网2015年3月11日）

直面历史之鉴

王晓雪　何　凡　凯　雷

唯人民监督方能跳出“周期率”

1945年的延安窑洞，当爱国民主人士黄炎培为中共能否跳出“政怠宦成”或“人亡政息”的周期率而担忧时，毛泽东说“只有让人民起来监督政府，政府才不敢松懈。只有人人起来负责，才不会人亡政息”。这一场意味深长、石破天惊的对话，就是历史上著名的“窑洞对”。

2012年十八大后，新任总书记习近平走访八个民主党派中央和全国工商联，专门提到“毛泽东和黄炎培在延安窑洞关于历史周期率的一段对话，至今对中国共产党都是很好的鞭策和警示”。恰在此时，黄炎培之子、全国政协委员黄方毅新著《黄炎培与毛泽东周期率对话——忆父文集》出版，并已呈送中央主要领导，“窑洞对”中蕴含的执政党自我革命的正能量再次引发海内外关注。在接受本报专访时，黄方毅感慨地说：“从革命战争年代到改革开放新时期，中国共产党及其政府始终强调人民监督，贯穿其中的就是一种历史忧患意识——跳出周期率，唯有敬畏历史、敬畏人民，方是破解之道！”

推国共和谈终成“窑洞对”

1945年，在重庆协助周恩来工作的王若飞登门拜访黄炎培，并送来刚结束的中共七大的有关文件，尤其是毛泽东的《论联合政府》。黄方毅说：“当时国共关系处于僵局，父亲拜读后很想再次推动国共和谈，便与几位社会贤达一起拜访蒋介石，请求恢复和谈；另一方面，通过王若飞向中共转达此意，于是促成了延安之行。”也就是在这次延安之行中，黄炎培提出了著名的“黄氏周期率”。黄方毅说，“父亲在延安目睹了解放区崭新的气象和军民的精神风貌，深感这似乎是与自己的理想境界不远了。然而他担心，将来如何？于是，当毛泽东问父亲感想怎样时，父亲就说了‘黄氏周期率’”。黄炎培直言：“我生六十余年，耳闻的不说，所亲眼见到的，真所谓‘其兴也勃焉’，‘其亡也忽焉’，一人，一家，一团体，一地方，乃至一国，不少单位都没有能跳出这周期率的支配力。大凡初时聚精会神，没有一事不用心，没有一人不卖力，也许那时艰难困苦，只有从万死中觅取一生。既而环境渐渐好转了，精神也就渐渐放下了。有的因为历时长久，自然地惰性发作，由少数演为多数，到风气养成，虽有大力，无法扭转，并且无法补救，也有为了区域一步步扩大了，它的扩大，有的出于自然发展，有的为功业欲所驱使，强求发展，到干部人才渐见竭蹶、艰于应付的时候，环境倒越加复杂起来了，控制力不免趋于薄弱了。一部历史，‘政怠宦成’的也有，‘人亡政息’的也有，‘求荣取辱’的也有。总之没有能跳出这周期率。”

毛泽东肃然相答：“我们已经找到了新路，我们能跳出这周期率。这条新路，就是民主。只有让人民起来监督政府，政府才不敢松懈。只有人人起来负责，才不会人亡政息。”

用心良苦临终委婉提“周期率”

1958年10月，已逐渐淡出现实政治的黄炎培迈进80岁的门槛，他决定动笔撰写其人生回忆录，计划写80万字。但在那个特殊的年代，该书反反复复历经周折，最后由黄炎培口述大意，时任民建秘书长的孙晓村等协助，民建李文杰执笔，到1964年完成，成文仅8万字，不公开出版，取名《八十年来》。

黄方毅特别指出，在《八十年来》初版的最后一节中，其父专门提起当年赴延安时毛泽东对他所说的“我们很愿意向老百姓学习”“愿意使有书本知识的人，回到实际工作中去”“我们自称知识阶级，实则工农分子的知识，有时倒比我们多一点”等三句话，偏偏不提他与毛泽东之间的周期率对话。

黄方毅说：“父亲他确实想到当年的周期率话题，且很想要在即将告别人世之前最后一次提及，但当时整个社会已陷在浓重的阶级斗争潮流与氛围之中，于是来了个只提延安其他对话，不提周期率的委婉曲折办法，以点到为止代替全盘端出，提示毛泽东。”

提及此，黄方毅感慨万千，“父亲用心良苦，待花甲之年我才渐有所悟”。

黄方毅说，父亲给毛泽东寄上《八十年来》，之后由于未收到毛泽东的答复，认真的父亲又寄出一信，即他有生之年给毛泽东的最后一信。连接两封信的毛泽东亲笔写出了他十几年来给父亲的60封信中的最后一封：“前后两信，并附著作、报告数种，均已收到，至为感谢。《八十年来》一书尚未卒读，其余均已看过了。高年盛暑，尚望注意保重。”

然而寄出此信后，毛泽东阅读了该书。黄方毅透露说，据毛泽东晚年身边的图书管理员讲，毛泽东不仅用心读过，而且在《八十年来》上用黑铅笔画了道道。

“1964年，毛泽东当面告诉父亲，已阅读过他的《八十年来》，但未置任何评论。此时的毛泽东以不言对答父亲之不言，以“已读过”对答父亲之“盼赐教”，以不置评对答父亲提及当年延安对话却不提周期率内容本身的提示。

历史之鉴　自警自励

68年后的今天，历史的警响愈发悠远而深沉。黄方毅认为，周期率是一面历史大鉴，人民监督是镜照之后的自警、自励措施。周期率总是作用于发展大势的顺境之中，这正是难以跳出的原因所在。“周期率是一柄双刃剑，它可以导致人亡政息，亦可以催人自奋。”黄方毅强调，“执政党与政府清醒地认识到工作的缺点和前进道路上的难点，勇于直面历史之鉴，鲜明地提出人民监督，这是最难能可贵的”。

三代民主人士爱国深情一脉相承

作为著名的民主党派人士，黄炎培亲手创建民盟、民建两大民主党派并担任首任主席，从年轻开始即活跃于社会政治舞台，却始终坚持不做官。1931年淞沪抗战，黄炎培发起成立上海地方维持会支援前线。1937年抗战全面爆发，国共合作设立国民参政会，黄炎培作为国共之外的社会贤达当选国民参政员。

黄方毅说：“1941年，父亲又与其他党派共同发起作为中国知识分子团体的中国民主政团同盟，并任第一任主席。1945年，他联合胡厥文为首的迁川工厂联合会等创建以实业家为主的中国民主新中国成立会，并任主委直至去世。”

为困局中的中共“搭台唱戏”

黄炎培被称为“中国共产党的诤友”，而最早代表中共中央与他联系的是毛泽东的老师徐特立。黄方毅告诉记者：“徐特立是父亲的学生，1938年，徐特立在武汉两次拜访父亲，二人相见如故。之后，随着父亲对共产党了解的加深，开始为处于艰难中的中共友人‘搭台唱戏’，并在此过程中，同毛泽东、周恩来等中共领导人都结下了友谊。”对于“搭台唱戏”，黄方毅解释称，主要是指父亲协助周恩来等中共领导人在国统区公开亮相，宣传中共政治主张。1938年4月的武汉抗战烽火正浓，第二次国共合作刚刚开始，周恩来、董必武、吴玉章、秦邦宪（博古）、邓颖超、王若飞等代表共产党加入国民参政会，这是经过土地革命战争后共产党人在国统区的首次亮相。在当时具有广泛影响的生活书店，黄炎培请来邹韬奋主持茶谈会，周恩来、董必武等共产党参政员集体赴会，先由黄炎培讲演，后请周恩来作报告。会后，周恩来的讲演被广泛传颂。黄方毅回忆说：“从武汉会见开始，在国民参政会内外，父亲与共产党人开始配合，力促抗日。1940年，周恩来从延安到达陪都重庆长住。不久，父亲创办的中华职教社组织的星期讲坛，请周恩来作讲演，这是共产党在重庆陪都的第一次公开亮相，几千人站满巴蜀中学大操场。这场讲演在当时的陪都重庆如同一声霹雳，轰动山城。之后，父亲受到陈立夫来信诘问。父亲回答，此论坛向各方开放，如君有意，也可来一试。陈无可奈何。”

爱国深情一脉相承

而作为黄炎培的后人，黄方毅是连任三届的“资深”全国政协委员，黄方毅的侄子黄孟复亦曾任全国政协副主席，三代同心，为国家发展建言献策，尽心尽力。

谈及此，黄方毅说：“从第一代到第二、第三代，虽然处在不同的历史阶段，但是我们黄家人对党对国家的感情一脉相承，对民族对人民的责任一脉相承，对中国经济兴旺发达，立足于世界强国之林的梦寐追求与不息探索一脉相承。这是几十年与共产党‘肝胆相照，荣辱与共’的关系的历史承袭，也是与时俱进的代代演进的历史结果。”

履职政协为中国发展建言

身为三届政协委员，黄方毅秉承了其父为国谏言的品质，他研究宏观经济国策，更牵挂草根民生，献策提案直指民生国计的核心问题。他言，经济是症，根在体制，推动政治体制改革，必须发挥与落实人大与政协的作用。

九年前，黄方毅就注意到与公务员相比，企业退休职工的养老金太低，并开始做调研，“多年前，北京企业退休人员的养老金平均是1000多元，而机关干部养老金平均都4000左右了，相差太大了”。今年已经是他第九年提交《关于纠正企业退休职工养老金长期偏低的提案》。“现在企退职工能拿到两三千了，我心里挺高兴，挺欣慰的。”

有企业退休职工在网上感激地说：“黄方毅委员，你是老百姓的代言人，不愧是政协委员，不怕丢官，连续几年两会提此案！你的名字企退人员永远记住！”“人民需要黄方毅这样的政协委员。”但黄方毅谦逊地说，只是皮毛而已。

在他看来，造成企业职工退休养老金与机关事业单位退休人员待遇悬殊的原因是“双轨制”。要想根本解决这个问题，还需要政府制订更加具体的规划，改变现在的养老金双轨制，最好是能够并轨，“如果一时做不到，那也要靠拢。具体的办法比如提高企业职工待遇，继续大幅度提高企业养老金，同等情况的退休人员，养老金增长标准要一样，这样才能体现公平原则”。

中国经济“三多”

他关注环保，把脉中国经济。2010年，黄方毅提交《关于停止围垦江苏沿海滩涂的提案》，呼吁停止围垦江苏沿海滩涂；而作为长年从事经济研究的学者，黄方毅对当前中国经济亦有着清醒而深刻的见解。

在他看来，中国经济有“三多”，即货币多、过剩产能多和债多。黄方毅指出，中国经历了30多年的高速增长，当摆脱GDP崇拜症和依赖症，中国的经济该刹刹车，缓一缓，提高质量来代替速度，解决好环保和资源紧张问题，这是经济的发展方向。“观察种种经济问题，归根结底还是体制问题。进行政治改革，其实就是落实现有体制，公共财政须透明，严格按照预算支出，并经人大批准，同时也应加强政协的监督作用。”

黄方毅的“内史第情结”

建于清道光十四年（1834）的内史第，因收藏有流传于世的三块汉碑名石中的两块和一些古代书法拓片而闻名，被誉为“富甲东南藏金楼”。1878年，黄炎培在内史第出生，“从父亲的祖父、沈家女婿黄典谟，我的祖父黄叔才，父亲本人，到我的几个兄姐及堂兄音乐家黄自等，黄家四代人均生活于内史第”。

巧合的是，宋庆龄的父亲宋嘉树曾租借内史第厢房，宋家宋庆龄等三姐妹与宋子文等三兄弟也生活于此。更巧的是，胡适童年随其父母从安徽绩溪迁来上海，也曾在这里借居。内史第从而成为史上罕见的走出三家名人的沪上老宅。

内史第重返人间所有权遭忽视

遗憾的是，这座曾名震江南，具有宝贵的历史与文化价值的百年老宅，新中国成立后因扩宽新川马路被拆除。多年来经多方呼吁，内史第终于2003年得以重建，饱尝岁月沧桑的内史第重返人间。

黄方毅感慨地告诉记者：“作为黄炎培之子，近年我研究父书家史，不能不徒增‘内史第情结’。作为内史第之后人，我特为这座19世纪初年建造，20世纪后年被毁，21世纪重建，走出了三家名人的天下难得之百年古宅书下文章《内史第，走出黄、宋、胡三家名人的黄炎培故居》，愿内史第续写新篇。”

然而，黄家对内史第拥有的无可置疑的产权却始终忽视，这让黄方毅难以理解和接受。“内史第是我们家的祖宅，祖宅得以恢复是好事，但至少应该征求黄家后人的意见，也未给任何补偿。”

黄方毅告诉记者：“在重建内史第时，他们说这是沈家的房子，黄炎培与宋庆龄一样都是借了沈家的房子。事实并非如此，内史第的主人是姓沈，但沈家是黄炎培的祖先，宅主沈家之大小姐系黄炎培的祖母，沈二小姐系黄炎培的外祖母，黄家四代人都生活于内史第。”

“祖宅修复好了，虽然我家对其拥有的无可置疑的产权仍遭忽视，但我也希望能再探访黄家祖宅。”对此，俞正声批示了将近一页纸，但并没有落实。

至如今，五年间两任上海书记都已针对此事做过批示，但黄家对内史第的所有权仍未得到重视和尊重。而最让黄方毅痛心的则是写着“内史第”三字的老匾的遗失。“他们说把老匾弄丢了，然后找到书法协会主席重新写了一个，那可是清朝的老匾。”

（原载于《香港地区文汇报》2013年7月4日）

打破社保系统的地区限制

李婷婷

经济学家黄方毅认为，应划拨部分国有资产用于养老金

全国政协委员、经济学者黄方毅，连续十年关注养老金问题，并推动了养老金制度的改革。今年两会，他继续关注养老金问题，建议将国有资产划拨一部分进入社保金，并建议打破社保系统的地区限制，建立统一系统。

企业职工和公务员养老金仍有“身份差距”

新京报：你一直都在关注养老金问题，今年都提交了哪些提案？

黄方毅：企业职工的养老金问题，我连续提了10年。现在国家的职工养老金已大幅度增加，我觉得我尽力了。我也老了，70岁了。所以今年提的两个提案，是关于养老和知青养老方面的。

新京报：之前你提到过，我国的养老金存在“双轨制”，企业职工和公务员的养老金有很大差距。推进这件事情这么多年，目前的情况如何？

黄方毅：现在“双轨制”问题还是没有解决，但从量的角度来看，2004年我刚提养老金问题时，企业职工的养老金每个月平均只有七八百元，北京略高也只有1000元多点；而现在，北京的职工养老金每月达到3000多元了，其他地方也有2000元左右，当然物价也在上涨。但话说回来，如果我们不推进养老金改革，光是物价涨、养老金不涨，情况不更糟吗？

总的来说，现在的状况还是让我很欣慰的。

新京报：是否达到了你当初的预期？

黄方毅：我当时并没想过具体的目标，也没有衡量预期。但是提总归比不提好。如今企业职工和公务员的养老金“身份差距”问题虽然没有彻底解决，但是企业职工的待遇有很大的提升。

可把部分国有资产资金划拨给社保

新京报：你之前提过将国有资产用于养老金。

黄方毅：因为目前养老有个大“缺口”，这个“缺口”如果由在职职工和退休职工来缴纳，都不现实。我认为，还是应该使用国有资产。国有资产是长时间的积累形成的全民所有的资产，职工年老了，应该把这部分财政拿出来一部分给他们，这合情合理。

新京报：具体如何操作?

黄方毅：解决办法很多，可以整体性划拨，把国有资产中的一部分资金划拨到社保中；也可以基于目前已经有的社保基金。

国家应该把这件事作为一个切口，留出这样一部分资金，而不是等将来万一出了事儿再去被动处理。总的来说，需要拿出一大“块”国有资产来补上养老金的缺口。

新京报：现在养老金异地提取、缴纳困难也是一个问题，你有何建议?

黄方毅：对，这是很大的问题。养老金、医保都要统一起来，实现异地提取，不应该因为地域而有差别。

目前的网络系统和技术应该可以提供支撑，关键是政策的制定和落实。

新京报：有人大代表提到了关于农民工的养老金异地流转问题，在你看来，是否需要为流动人口等群体建立特殊的保障系统?

黄方毅：目前养老金确实存在在异地流转困难的问题，不只是农民工，很多退休职工也面临这个问题。有的职工以前在其他城市工作，老了回到北京，按理说应给予北京的待遇，但却面临看不了病等问题。我认为，不应该有这种限制，应该打破地域界限，建立统一的社保标准和系统。

我国养老保险替代率过低

目前，我国养老保险替代率过低，养老保险替代率是指养老金领取水平与退休前收入水平的比率。现时我国职工为40%，而根据国际劳工组织规定最低替代率应为55%，我国已低于国际警戒线。同时，我国现时的社保投入水平仅占财政支出的7.5%，远低于德国的55.5%、美国的30.2%等。

（原载于《新京报》2016年3月14日）

图书在版编目（CIP）数据

政协委员履职风采·黄方毅／黄方毅著．—北京：中国文史出版社，2016.11
ISBN 978-7-5034-8699-9

Ⅰ．①政… Ⅱ．①黄… Ⅲ．①政协委员—生平事迹—中国②黄方毅—生平事迹 Ⅳ．①K820.7

中国版本图书馆 CIP 数据核字（2016）第 292352 号

责任编辑：程　凤

出版发行：中国文史出版社
网　　址：www.chinawenshi.net
社　　址：北京市西城区太平桥大街 23 号　邮编：100811
电　　话：010—66173572　66168268　66192736（发行部）
传　　真：010—66192703
印　　装：北京地大天成印务有限公司
经　　销：全国新华书店
开　　本：787×1092　1/16
印　　张：18.75　插页：4
字　　数：289 千字
版　　次：2017 年 8 月北京第 1 版
印　　次：2017 年 8 月第 1 次印刷
定　　价：49.00 元